劳动人事争议仲裁办案规则和组织规则释义

劳动人事争议调解仲裁培训教材编写组　编

中国劳动社会保障出版社

图书在版编目(CIP)数据

劳动人事争议仲裁办案规则和组织规则释义/劳动人事争议调解仲裁培训教材编写组编. -- 北京:中国劳动社会保障出版社,2018
ISBN 978-7-5167-3754-5

Ⅰ.①劳… Ⅱ.①劳… Ⅲ.①劳动争议-仲裁-法规-汇编-中国②劳动争议-仲裁-法规-法律解释-中国 Ⅳ.①D922.591.9②D922.591.5

中国版本图书馆 CIP 数据核字(2018)第 265533 号

中国劳动社会保障出版社出版发行

(北京市惠新东街 1 号 邮政编码:100029)

*

保定市中画美凯印刷有限公司印刷装订　　新华书店经销

787 毫米×1092 毫米　16 开本　17.25 印张　217 千字
2018 年 12 月第 1 版　　2021 年 12 月第 3 次印刷
定价:56.00 元

读者服务部电话:(010)64929211/84209101/64921644
营销中心电话:(010)64962347
出版社网址:http://www.class.com.cn

版权专有　　侵权必究

如有印装差错,请与本社联系调换:(010)81211666
我社将与版权执法机关配合,大力打击盗印、销售和使用盗版图书活动,敬请广大读者协助举报,经查实将给予举报者奖励。
举报电话:(010)64954652

编审委员会

主　　任　邱小平
副 主 任　冯　怡　王振麒
成　　员　刘世民　王志强　郭晓宪

审稿专家

沈建峰

编写人员

施　凯　庞　莉　屈文英　徐川江　李　华
季　金　姜　静　杨文竹　段光新　王　霆
王　阳　朱晓勇　代爱军　徐　淳　云晓燕
潘　琦　杨春天　兰云鹏　张成文　曾圣谡

序

充分发挥劳动人事争议仲裁准司法的制度优势

劳动人事争议仲裁是处理劳动人事争议的一项基本法律制度，是中国特色劳动人事争议处理制度的重要内容。党中央、国务院高度重视劳动人事争议处理工作。党的十九大从我国社会主要矛盾转化、全面推进依法治国、加强和创新社会治理等方面，对加强新时代劳动人事争议调解仲裁工作提出了新要求。《中共中央 国务院关于构建和谐劳动关系的意见》等文件也对完善劳动人事争议仲裁制度、规范仲裁程序、加强仲裁队伍建设，提出了明确要求。

为贯彻《中华人民共和国劳动争议调解仲裁法》，切实做好劳动人事争议仲裁工作，人力资源社会保障部分别于2009年1月1日和2010年1月20日公布施行了《劳动人事争议仲裁办案规则》和《劳动人事争议仲裁组织规则》。两个规则施行以来，对于及时妥善处理劳动人事争议，维护劳动人事关系和谐与社会稳定，发挥了重要作用。但随着经济社会发展，劳动人事争议仲裁工作面临新的形势。一方面，我国经济社会正在加速转型，劳动人事关系矛盾处于凸显期和多发期，劳动人事争议案件逐年增多。如何通过进一步完善仲裁办案制度、加强仲裁员队伍建设，不断提高仲裁质量和效率，有效解决"案多人少"等突出矛盾，成为摆在我们面前的重要课题。另一方面，许多地区在近年来的仲裁实践中，针对仲裁工作存在的突出问题，积极探索，勇于创新，在完善仲裁办案制度、加强仲裁队伍建设方面形成了很多可复制、能推广的经验做法。

为深入贯彻落实党中央、国务院的新要求，进一步提升劳动人事争议仲裁效能，更好地发挥仲裁在劳动人事矛盾纠纷多元化解机制中的重要作用，在总结地方仲裁工作实践经验基础上，2017年5月8日，人力资源社会保障部颁布部令对两个规则进行了修订。新修订的《劳动人事争议仲裁办案规则》（人力资源和社会保障部令第33号）紧紧围绕更好发挥仲裁制度优势，依法细化终局裁决范围，新增"简易处理""集体劳动人事争议处理""调解程序"等内容；新修订的《劳动人事争议仲裁组织规则》（人力资源和社会保障部令第34号）重点从加强管理、加强监督、加强保障三方面完善了加强仲裁队伍建设的措施。为进一步做好新修订的两个规则的贯彻实施工作，人力资源社会保障部组织编写了《劳动人事争议仲裁办案规则和组织规则释义》。该释义对两个规则每一条按照原文、条文释义、经验介绍（部分）、法条链接的体例统一编写，对于加强仲裁办案指导和队伍建设具有较强的针对性和操作性。

希望各级人力资源社会保障部门和仲裁机构认真贯彻落实中央及部里要求，结合工作实际加强学习、推进工作，进一步加强劳动人事争议处理效能建设，不断提高仲裁办案的规范化、标准化和专业化水平，让当事人在每一起劳动人事争议案件仲裁中都能感受到公平正义，为使广大劳动者的获得感、幸福感、安全感更加充实、更加有保障、更可持续做出新的更大贡献。

人力资源社会保障部副部长 邱小平

2018年9月17日

目　　录

《劳动人事争议仲裁办案规则》释义

第一章　总则 ……………………………………………………（1）

　　第 一 条　立法目的和立法依据 ……………………………（1）
　　第 二 条　受理范围 …………………………………………（7）
　　第 三 条　处理原则 …………………………………………（16）
　　第 四 条　办事机构 …………………………………………（18）
　　第 五 条　集体劳动人事争议处理原则 ……………………（19）

第二章　一般规定 ………………………………………………（22）

　　第 六 条　特殊情形下的主体 ………………………………（22）
　　第 七 条　个人承包经营者争议 ……………………………（26）
　　第 八 条　管辖权 ……………………………………………（28）
　　第 九 条　移送管辖 …………………………………………（30）
　　第 十 条　管辖异议 …………………………………………（31）
　　第十一条　回避程序 …………………………………………（32）
　　第十二条　回避人员 …………………………………………（34）
　　第十三条　举证责任 …………………………………………（35）
　　第十四条　举证原则 …………………………………………（37）

· I ·

第十五条　举证期限 …………………………………（38）

第十六条　仲裁委员会收集证据 ……………………（41）

第十七条　仲裁委员会调查取证 ……………………（41）

第十八条　证据规则 …………………………………（43）

第十九条　仲裁期间 …………………………………（46）

第二十条　送达 ………………………………………（48）

第二十一条　归档 ……………………………………（52）

第二十二条　案卷整理 ………………………………（52）

第二十三条　案卷查阅 ………………………………（54）

第二十四条　案卷保存期限 …………………………（54）

第二十五条　涉密处理 ………………………………（55）

第三章　仲裁程序 ……………………………………（57）

第一节　申请和受理 …………………………………（57）

第二十六条　申请仲裁时效 …………………………（57）

第二十七条　时效中断 ………………………………（63）

第二十八条　时效中止 ………………………………（66）

第二十九条　申请材料 ………………………………（68）

第三十条　受理审查 …………………………………（72）

第三十一条　受理审查后的处理 ……………………（75）

第三十二条　撤销案件 ………………………………（77）

第三十三条　申请书和答辩书的送达 ………………（78）

第三十四条　一事不再理 ……………………………（79）

第三十五条　撤回仲裁申请 …………………………（83）

第三十六条　反申请 …………………………………（84）

第二节 开庭和裁决 （87）

第三十七条 组庭 （87）
第三十八条 通知开庭 （88）
第三十九条 拒不到庭、无故退庭处理 （90）
第 四十 条 鉴定费 （92）
第四十一条 庭审程序 （93）
第四十二条 笔录与补正 （96）
第四十三条 仲裁庭纪律 （98）
第四十四条 增加或者变更仲裁请求 （100）
第四十五条 仲裁期限 （102）
第四十六条 仲裁期限的特别规定 （103）
第四十七条 仲裁中止 （107）
第四十八条 超审限处理 （111）
第四十九条 先行裁决 （112）
第 五十 条 终局裁决 （113）
第五十一条 先予执行 （117）
第五十二条 作出裁决 （119）
第五十三条 裁决书载明事项 （121）
第五十四条 裁决书错误补正 （124）
第五十五条 提起诉讼 （125）

第三节 简易处理 （126）

第五十六条 适用条件 （126）
第五十七条 不适用情形 （129）
第五十八条 答辩期缩短 （130）
第五十九条 简便通知 （131）

第六十条　审理方式 …………………………………（133）
　　第六十一条　转一般程序的情形 ……………………（135）
　第四节　集体劳动人事争议处理 ………………………（137）
　　第六十二条　集体劳动人事争议界定 ………………（138）
　　第六十三条　推选代表 ………………………………（139）
　　第六十四条　集体劳动人事争议受理 ………………（141）
　　第六十五条　集体劳动人事争议组庭 ………………（142）
　　第六十六条　集体劳动人事争议调解 ………………（144）
　　第六十七条　集体劳动人事争议仲裁场所 …………（146）

第四章　调解程序 …………………………………………（147）

　第一节　仲裁调解 ………………………………………（147）
　　第六十八条　引导调解原则 …………………………（147）
　　第六十九条　调解建议书 ……………………………（150）
　　第七十条　委托调解 …………………………………（153）
　　第七十一条　仲裁庭调解和邀请调解 ………………（155）
　　第七十二条　制作调解书 ……………………………（157）
　　第七十三条　先行制作调解书 ………………………（159）
　第二节　调解协议的仲裁审查 …………………………（160）
　　第七十四条　申请仲裁审查 …………………………（160）
　　第七十五条　审查申请的受理与不予受理 …………（162）
　　第七十六条　审查期限和撤回申请 …………………（164）
　　第七十七条　审查和制作调解书 ……………………（165）
　　第七十八条　不予制作调解书 ………………………（167）
　　第七十九条　终止仲裁审查 …………………………（171）

第五章 附则 ……………………………………………（172）

　　第八十条　工作日与自然日 ……………………………（172）

　　第八十一条　生效日期 …………………………………（173）

《劳动人事争议仲裁组织规则》释义

第一章　总则 ……………………………………………（175）

　　第一条　立法目的和立法依据 …………………………（175）

　　第二条　仲裁委员会的设立 ……………………………（177）

　　第三条　人社部门的主要职责 …………………………（179）

第二章　仲裁委员会及其办事机构 …………………（182）

　　第四条　仲裁委员会的设立 ……………………………（182）

　　第五条　仲裁委员会组成人员 …………………………（183）

　　第六条　组成人员职责及主任的确定 …………………（185）

　　第七条　仲裁委员会职责 ………………………………（187）

　　第八条　仲裁委员会会议 ………………………………（189）

　　第九条　仲裁委员会的办事机构 ………………………（191）

　　第十条　仲裁经费 ………………………………………（193）

　　第十一条　派驻仲裁员 …………………………………（194）

第三章　仲裁庭 …………………………………………（196）

　　第十二条　仲裁庭 ………………………………………（196）

　　第十三条　组庭 …………………………………………（198）

第十四条　记录人员 …………………………………（199）

第十五条　重新组庭 …………………………………（200）

第十六条　仲裁场所 …………………………………（201）

第十七条　仲裁工作人员着装 ………………………（203）

第四章　仲裁员 ……………………………………（205）

第十八条　仲裁员 ……………………………………（205）

第十九条　仲裁员来源 ………………………………（206）

第二十条　仲裁员权利 ………………………………（207）

第二十一条　仲裁员义务 ……………………………（208）

第二十二条　合理配备人员 …………………………（210）

第二十三条　仲裁员名册 ……………………………（211）

第二十四条　仲裁员聘期 ……………………………（213）

第二十五条　仲裁员考核 ……………………………（214）

第二十六条　解聘 ……………………………………（215）

第二十七条　聘前分级培训 …………………………（217）

第二十八条　培训要求 ………………………………（218）

第二十九条　作风建设和仲裁文化 …………………（220）

第三十条　培训规范 …………………………………（221）

第三十一条　仲裁员职业保障机制 …………………（222）

第五章　仲裁监督 ……………………………………（224）

第三十二条　仲裁监督 ………………………………（224）

第三十三条　仲裁员纪律 ……………………………（227）

第三十四条　违反仲裁员纪律的处理 ………………（231）

  第三十五条 仲裁办案辅助人员的纪律和违纪处理 ………（232）

第六章 附则 ………………………………………………（234）

  第三十六条 仲裁员证和仲裁徽章 ……………………（234）
  第三十七条 收回仲裁员证和仲裁徽章的情形 …………（235）
  第三十八条 生效时间 …………………………………（235）

附录一 劳动人事争议仲裁办案规则 ………………………（237）
附录二 劳动人事争议仲裁组织规则 ………………………（254）
参考文献 ……………………………………………………（261）

《劳动人事争议仲裁办案规则》释义

第一章 总　　则

本章规定了《劳动人事争议仲裁办案规则》(以下简称《办案规则》)的立法目的和立法依据,劳动人事争议仲裁的受理范围、处理原则、办事机构等,是《办案规则》的总纲,既对《办案规则》的具体条文起着统领作用,又对理解和适用具体条文发挥着指导作用。

第一条 [立法目的和立法依据]　为公正及时处理劳动人事争议(以下简称争议),规范仲裁办案程序,根据《中华人民共和国劳动争议调解仲裁法》(以下简称调解仲裁法)以及《中华人民共和国公务员法》(以下简称公务员法)、《事业单位人事管理条例》、《中国人民解放军文职人员条例》和有关法律、法规、国务院有关规定,制定本规则。

【条文释义】

本条规定了《办案规则》的立法目的和立法依据。立法目的包括公正及时处理争议和规范仲裁办案程序两个方面。立法依据则包括涉及《办案规则》规范的不同群体的法律法规和国务院有关规定,除包括企业、个体经济组织、民办非企业单位等组织的劳动者外,还包括聘任制公务员、事业单位和社会团体工作人员、军队文职人员等群体。在了解立法目的和立法依据前,有必要了解劳动人事争议仲裁制度的发展历程。

一、劳动人事争议仲裁制度发展历程

我国的劳动争议仲裁制度发端于中华苏维埃共和国时期。这一时期的劳动争议处理体制主要经历了由"或裁或审"（即劳资纠纷或者由人民法院判决来解决，或者由劳资双方代表所组成的评判委员会及设在劳动部的仲裁委员会和平解决）向行政调解、行政仲裁的转变。新中国成立后，劳动人事争议仲裁制度大致经历了以下几个发展阶段。

（一）初创与中断阶段（1949—1985年）

1949—1955年是劳动争议处理制度的初创阶段，"一裁两审"的争议处理体制开始逐步确立。与中华苏维埃共和国时期相比，这一阶段劳动争议处理制度的发展主要在于：一是建立了先裁后审的处理体制；二是劳动争议仲裁性质由行政仲裁转变为劳动关系三方仲裁；三是确立了人民法院保障仲裁裁决执行的制度。这一阶段，国家出台的相关法律文件主要包括：中华全国总工会1949年11月发布的《关于劳资关系暂行处理办法》、劳动部1950年6月发布的《市劳动争议仲裁委员会组织及工作规则》和1950年11月发布的《关于劳动争议解决程序的规定》。

1955年以后，随着社会主义改造的推进，中央、地方劳动部门陆续撤销了劳动争议处理机构，劳动争议处理工作由信访部门承担起来，劳动争议仲裁制度随之中断。

（二）恢复与探索阶段（1986—1992年）

随着国营企业劳动合同制的逐步推行以及人才流动的逐步放开，建立劳动人事争议仲裁制度的必要性再次得到认可。国家随之出台了一系列相应规定，劳动人事争议仲裁制度得以恢复，并在探索中逐步发展。这一阶段劳动人事争议仲裁制度的发展主要在于：一是劳动争议仲裁制度的恢复与人事争议仲裁制度的建立基本并行；二是劳动争议仲裁制度基本延续了三十年前的处理方式，但在适用范围上根据当时的经济社会和劳动关系的特点，只适用于国营企业，并对解除劳动关系的争议作出专门规定；三是考虑到事业单位公职部门的性质，事业单位工作人员与企业人员的争议仲裁制度相对统一但又存在明显差别。这一阶段，国家出台的相关法律文件主要包括：国务院1986年发布的《国营企业实行劳动合同制暂行规定》《关于促进科技人员合理流动的通知》和1987年发布的《国营企业劳动争议处理暂行规定》。

（三）成熟与发展阶段（1993—2007年）

随着改革开放的不断深入，劳动关系越来越呈现复杂、多样的变化态势，劳动争议数量持续增长、案情日益复杂。为适应新形势的变化，国家出台了一系列法律法规规章，不断完善劳动人事争议处理制度。与前一阶段相比，这一阶段劳动人事争议仲裁制度的发展主要在于：一是"一裁两审"制度成为法定的劳动人事争议处理体制；二是确立了终局裁决制度，进一步明晰了仲裁与诉讼的职能分工，强化了仲裁前置作用；三是劳动、人事争议仲裁程序基本一致，但人事争议的受理范围与劳动争议仍然差别较大，仅限于因解除人事关系、履行聘用合同发生的争议。这一阶段，国家出台的相关法律法规规章主要包括：国务院1993年发布的《企业劳动争议处理条例》、全国人大常委会1994年颁布的《劳动法》和2007年颁布的《劳动争议调解仲裁法》、人事部1997年制定的《人事争议处理暂行规定》及中共中央组织部、人事部、总政治部2007年联合制定的《人事争议处理规定》等。

（四）快速发展与完善阶段（2008年至今）

这一阶段，劳动人事争议案件总量一直处于居高不下的状态，特别是随着我国经济发展进入新常态，劳动人事关系矛盾进入凸显期和多发期，调处任务艰巨繁重。与此相适应，我国的劳动人事争议仲裁制度也快速发展。与前一阶段相比，这一阶段劳动人事争议仲裁制度的发展主要在于：一是仲裁程序不断简化优化，仲裁制度简便、快捷、高效的优势得到越来越充分的发挥；二是劳动争议仲裁与人事争议仲裁程序和处理机构实现了统一；三是建立仲裁与诉讼衔接工作机制，逐步规范裁审程序衔接。这一阶段出台的法律文件主要包括：人力资源社会保障部

2009年发布的《劳动人事争议仲裁办案规则》和2010年发布的《劳动人事争议仲裁组织规则》（均于2017年修订），人力资源社会保障部会同中央综治办、最高人民法院等七部门于2017年出台的《关于进一步加强劳动人事争议调解仲裁完善多元处理机制的意见》和人力资源社会保障部与最高人民法院于2017年联合出台的《关于加强劳动人事争议仲裁与诉讼衔接机制建设的意见》。

二、《办案规则》的立法目的

《办案规则》的立法目的，既包括实体性目的，也包括程序性目的。公正及时处理争议主要体现了实体性目的，规范仲裁办案程序则主要体现了程序性目的。

（一）公正及时处理劳动人事争议

公正及时处理劳动人事争议是构建和谐劳动关系的必然要求。《中共中央关于构建社会主义和谐社会若干重大问题的决定》指出："社会公平正义是社会和谐的基本条件。"劳动关系是最基本、最重要的社会关系之一。截至2017年年末，全国就业人员总数达77 640万人，其中第二、第三产业就业人数占70%以上，绝大部分都是有劳动关系的劳动者。处理好劳动人事争议，维护劳动关系和谐，对于构建和谐社会具有重要意义。同时，公正及时处理争议也是我国劳动人事争议发展形势的迫切要求。"十二五"时期，全国劳动人事争议调解仲裁机构共处理争议案件756.6万件，年均151.3万件。2016年、2017年分别处理争议案件177.1万件、166.5万件。随着我国经济发展进入新常态，经济下行压力和供给侧结构性改革力度不断加大，事业单位改革、人才发展体制机制改革、科技管理体制改革、军队改革等各项改革不断深化，劳动人事争议进入多发期，争议数量增多与处理难度加大并存的态势将持续存在，预防化解矛盾纠纷的任务艰巨繁重，迫切要求公正及时处理争议。

（二）规范仲裁办案程序

规范仲裁办案程序，既是程序正义自身的要求，又是确保实体正义的要求。规范仲裁办案程序，主要具有以下意义。

1. 程序规范是实体公正的必然要求

要实现实体公正，需要发现案件事实真相并基于案件事实正确地适用法律，而只有规范程序，才能保障当事人充分地参与仲裁活动，保障当事人充分地举证、陈述和辩论，才能确保发现案件事实真相和正确适用法律。

2. 规范程序是发挥仲裁制度优势的基本保障

相对于诉讼程序而言，仲裁制度的最大优势在于简便、快捷、高效，而规范的程序正是发挥这一制度优势的基本保障。《办案规则》将简化优化办案程序体现在规范程序的过程中，如优化立案、庭审、调解、送达等具体程序，规范简易处理，建立健全集体劳动人事争议处理机制等。

3. 规范程序是仲裁规范化、标准化的基本前提

仲裁规范化、标准化既是多维度、多层次的，又是系统性的。仲裁工作的核心是案件办理，案件办理的规范化、标准化既包括了裁判尺度的统一，也包括了案件办理程序的规范。仲裁办案程序的规范化是仲裁工作规范化、标准化的基本前提。

三、《办案规则》的立法依据

（一）《劳动争议调解仲裁法》

作为规范仲裁程序的《办案规则》，其上位法主要是《劳动争议调解仲裁法》。《办案规则》是对《劳动争议调解仲裁法》条文的细化，适用于所有劳动人事争议案件。

（二）专项法律法规规定

除《劳动争议调解仲裁法》对仲裁程序作出系统规定外，《公务员法》第一百条规定了聘任制公务员人事争议仲裁制度，《事业单位人事管理条例》第三十七条规定了事业单位工作人员人事争议的处理，《中国人民解放军文职人员条例》第四十四条规定了军队文职人员人事争

议的处理。这些专项规定仅适用于相应的群体。

（三）兜底性规定

本条还规定了兜底性的"有关法律、法规、国务院有关规定"，同样也只适用于相应的群体。兜底性规定大致可作如下分类：第一类是上位法的原则规定，如《劳动法》第八十四条第二款、《劳动合同法》第五十六条规定了履行集体合同争议的仲裁，《办案规则》通过专节规定予以细化。第二类是上位法的受案范围规定，如《工伤保险条例》第六十六条规定非法用工导致职工或童工伤亡引发赔偿数额争议的，按照处理劳动争议的有关规定处理；《社会保险法》第八十三条第三款规定："个人与所在用人单位发生社会保险争议的，可以依法申请调解、仲裁，提起诉讼。"第三类是上位法的特殊程序规定，如《职业病防治法》第四十九条第一款对职业病诊断、鉴定过程中的部分劳动争议的仲裁期限作出了特殊规定："职业病诊断、鉴定过程中，在确认劳动者职业史、职业病危害接触史时，当事人对劳动关系、工种、工作岗位或者在岗时间有争议的，可以向当地的劳动人事争议仲裁委员会申请仲裁；接到申请的劳动人事争议仲裁委员会应当受理，并在三十日内作出裁决。"

【法条链接】

《劳动争议调解仲裁法》第一条，《公务员法》第一百条，《事业单位人事管理条例》（中华人民共和国国务院令第 652 号）第三十七条，《中国人民解放军文职人员条例》（2005 年 6 月 23 日，中华人民共和国国务院、中华人民共和国中央军事委员会令第 438 号，2017 年 9 月 27 日修订）第四十四条，《劳动法》第八十四条第二款，《劳动合同法》第五十六条，《工伤保险条例》（2003 年 4 月 27 日，中华人民共和国国务院令第 375 号，2010 年 12 月 20 日修订）第六十六条，《社会保险法》第八十三条第三款，《职业病防治法》第四十九条第一款。

第二条 [受理范围] 本规则适用下列争议的仲裁：

（一）企业、个体经济组织、民办非企业单位等组织与劳动者之间，以及机关、事业单位、社会团体与其建立劳动关系的劳动者之间，因确认劳动关系，订立、履行、变更、解除和终止劳动合同，工作时间、休息休假、社会保险、福利、培训以及劳动保护，劳动报酬、工伤医疗费、经济补偿或者赔偿金等发生的争议；

（二）实施公务员法的机关与聘任制公务员之间、参照公务员法管理的机关（单位）与聘任工作人员之间因履行聘任合同发生的争议；

（三）事业单位与其建立人事关系的工作人员之间因终止人事关系以及履行聘用合同发生的争议；

（四）社会团体与其建立人事关系的工作人员之间因终止人事关系以及履行聘用合同发生的争议；

（五）军队文职人员用人单位与聘用制文职人员之间因履行聘用合同发生的争议；

（六）法律、法规规定由劳动人事争议仲裁委员会（以下简称仲裁委员会）处理的其他争议。

【条文释义】

本条规定了劳动人事争议的受理范围，主要是从争议主体和争议内容两个方面规定了不同主体类型的不同受理范围。

一、劳动争议的受理范围（第一项）

本项规定了劳动争议的争议主体和争议内容。

（一）争议主体

根据本项规定，劳动争议的一方主体是企业、个体经济组织、民办非企业单位等组织以及机关、事业单位、社会团体，可统称为用人单位；另一方主体是劳动者。

1. 用人单位

"用人单位"是我国劳动法中的一个特定概念，与劳动者相对应，是指依法签订劳动合同，招用和管理劳动者，并按法律规定或合同约定向劳动者提供劳动条件、劳动保护和支付劳动报酬的劳动组织。依据有关法律规定，我国的用人单位主要是指企业、个体经济组织、民办非企业单位等组织；在一定情况下，还包括国家机关、事业单位、社会团体等组织。

企业是指从事产品生产、流通或者服务性活动，实行独立经济核算的经济单位。根据国家统计局、国家工商总局《关于划分企业登记注册类型的规定》（国统字〔1998〕200号）第二条和国家统计局、国家工商总局《关于划分企业登记注册类型的规定调整的通知》（国统字〔2011〕86号）第二条的规定，以工商行政管理部门对企业登记注册的类型为依据，将企业分为以下几种：内资企业，港、澳、台商投资企业，以及外商投资企业。其中内资企业包括国有企业、集体企业、股份合作企业、联营企业、有限责任公司、股份有限公司、私营企业和其他企业；港、澳、台商投资企业包括合资经营企业（港或澳、台资），合作经营企业（港或澳、台资），港、澳、台商独资经营企业，港、澳、台商投资股份有限公司和其他港、澳、台商投资企业；外商投资企业包括中外合资经营企业、中外合作经营企业、外资企业、外商投资股份有限公司和其他外商投资企业。

个体经济组织即个体工商户。根据《个体工商户登记管理办法》（2011年9月30日，国家工商行政管理总局令第63号，2014年2月20日修订）第二条相关规定，有经营能力的公民经工商行政管理部门登记，领取个体工商户营业执照，依法开展经营活动。作为用人单位的个体经济组织需符合以下两个条件：一是经工商行政管理部门登记并领取个体工商户营业执照；二是招用劳动者并在其管理下劳动。

民办非企业单位，根据《民办非企业单位登记管理暂行条例》（中华人民共和国国务院令第251号）的有关规定，是指企业事业单位、社会团体和其他社会力量以及公民个人利用非国有资产举办的，从事非营利性社会服务活动的社会组织。成立民办非企业单位，应当经其业务主管单位审查同意，并经登记管理机关登记。其登记管理机关是指各级人民政府民政部门。

国家机关是指从事国家管理或者行使国家权力，以国家预算作为独立活动经费的中央和地方各级国家机关。

事业单位，根据《事业单位登记管理暂行条例》（1998年10月25日，中华人民共和国国务院令第411号，2004年6月27日修订）和《事业单位登记管理暂行条例实施细则》（中央编办发〔2014〕4号），是指国家出于社会公益目的，由国家机关举办或者其他组织利用国有资产举办的，从事教育、科技、文化、卫生等活动的社会服务组织。事业单位应当具备法人条件，应向县级以上各级人民政府机构编制管理机关所属的登记管理机关进行设立登记，领取《事业单位法人证书》。《事业单位法人证书》是事业单位法人资格的唯一合法凭证。

社会团体，根据《社会团体登记管理条例》（1998年10月25日，中华人民共和国国务院令第250号，2016年2月6日修订）的有关规定，是指中国公民自愿组成，为实现会员共同意愿，按照其章程开展活动的非营利性社会组织。国务院民政部门和县级以上地方各级人民政府民政部门是本级人民政府的社会团体登记管理机关。国务院有关部门和县级以上地方各级人民政府有关部门、国务院或者县级以上地方各级人民政府授权的组织，是有关行业、学科或者业务范围内社会团体的业务主管单位。

2. 劳动者

法律法规对劳动法语境中的"劳动者"的主体资格进行了规定。根据《劳动法》第十五条，年满十六周岁的自然人才能被用人单位招为劳动者（文艺、体育和特种工艺单位经审批可招用未满十六周岁的未成年人）。也就是说，法律对自然人成为法律意义上的劳动者在起始年龄上作了限制。关于劳动者丧失主体资格的条件，《劳动合同法实施条例》第二十一条规定为"劳动者达到法定退休年龄"。由此可见，法律法规为劳动者主体资格划出了下限和上限，必须在此区间的才具有劳动者主体资格。

（二）争议内容

1. 因确认劳动关系发生的争议

因确认劳动关系发生的争议是指用人单位和劳动者针对是否存在劳动关系、劳动关系存续的时间段产生的争议。

2. 因订立、履行、变更、解除和终止劳动合同发生的争议

因订立、履行、变更、解除和终止劳动合同发生的争议即因劳动合同发生的争议。这类争议与本项列明的"工作时间、休息休假、社会保险、福利、培训以及劳动保护，劳动报酬、工伤医疗费、经济补偿或者赔偿金"争议存在交叉，主要原因在于对这两类争议的分类标准不同，前者是基于劳动关系的开始、发展和终结过程中的不同阶段对争议进行分类，后者则是基于争议涉及的不同实体内容进行分类。通常来说，订立、履行、变更、解除和终止劳动合同是争议发生的原因，工作时间、休息休假、社会保险、福利、培训以及劳动保护，劳动报酬、工伤医疗费、经济补偿或者赔偿金等是争议的最终表现形式。

因订立劳动合同发生的争议，是指针对劳动合同是否应当签订、是否已经签订、已签订的劳动合同是否合法有效等发生的争议。主要包括如下情形：一是就是否应当订立、续订劳动合同发生争议，如用工或者劳动合同期满未订立劳动合同；二是就已经签订的劳动合同是否成立发生争议，如因签字盖章、合同形式（劳务合同、承包合同等）等发生争议影响到劳动合同是否成立；三是就已成立的劳动合同是否合法有效发生争议，如因意思表示的真实性、内容的合法性与否影响劳动合同效力。

因履行劳动合同发生的争议，是指针对是否履行或者是否适当履行劳动合同所规定的义务、实现劳动合同内容所发生的争议。

因变更劳动合同发生的争议，是指针对劳动合同部分内容的修改、补充或者废止发生的争议。仲裁实践中较为常见的主要包括因调岗、调薪、调整工作地点等引发的争议。

解除劳动合同，是指劳动合同订立后、履行完毕前，劳动合同一方或双方提前消灭劳动关系的法律行为。终止劳动合同，是指劳动合同依法生效后，因出现法定情形而导致劳动合同的效力消灭，当事人之间的权利义务终止的法律行为。因解除和终止劳动合同发生的争议，除了体现为常见的经济补偿或者赔偿金、劳动报酬、社会保险、工伤医疗费等争议类型外，还有其特有的争议表现形式，如请求确认劳动合同解除、请求继续履行劳动合同、请求办理档案和社会保险关系转移手续等。需要注意的是，因变更劳动合同发生的争议与因解除劳动合同发生的争议通常交相融合。因变更劳动合同引发的争议，常常会在解除劳动合同时体现出来，比如因调岗降薪导致劳动合同的解除。这种情况下，变更劳动合同是争议产生的原因，解除劳动合同是争议的结果，争议的最终表现形式通常是解除劳动合同争议。

3. 因工作时间、休息休假、社会保险、福利、培训以及劳动保护发生的争议

工作时间是指劳动者为用人单位提供劳动的时间。工作时间争议主要包括因工时制度、工作时间的计算等发生的争议。

休息休假是劳动者的法定权利。根据相关法律法规，休息休假时间主要包括公休日、法定节假日以及年休假、婚丧假、生育假、病假等。休息休假争议主要包括因是否应休息休假或已休息休假、是否应支付或已支付加班工资和病假工资等引发的争议。

社会保险是国家依法建立的在劳动者暂时或永久丧失劳动能力时，为保证其基本生活需要，给予物质帮助的一种社会保障制度，包括养老、医疗、失业、工伤和生育保险等制度。因社会保险发生的争议，是指用人单位和劳动者因履行社会保险权利义务发生的争议。社会保险争

议主要分为补缴社会保险费争议和赔偿因未缴纳或未按时、足额缴纳社会保险导致待遇受损争议两大类。

福利是指用人单位为了留住或激励劳动者，为其提供的各项现金补贴和非货币性集体福利，包括货币、实物等形式，但工资、奖金、津贴、社会保险费和住房公积金等不属于福利。福利争议主要包括因是否应享有或是否已发放福利等引发的争议。

培训是指对准备就业的人员和已经就业的职工，以培养或提高其职业技能为目的而进行的技术业务知识和实际操作技能的教育及训练。主要包括入职培训、转岗培训、专业技术培训等。培训争议主要包括因培训产生的服务期争议、违约金争议等。

劳动保护是指为保障劳动者获得适宜的劳动条件而采取的各项保护措施，主要包括保障劳动安全与卫生的措施、女职工的劳动保护措施、未成年工的劳动保护措施等。劳动保护争议主要包括因是否应提供劳动保护、是否已依法或者依劳动合同约定提供劳动保护而发生的争议。需要注意的是，因劳动保护发生的争议可能转化为其他劳动争议，如劳动者以未提供劳动保护为由解除劳动合同并要求经济补偿时，就转化为经济补偿争议。

4. 因劳动报酬、工伤医疗费、经济补偿或者赔偿金发生的争议

劳动报酬，《劳动法》中也称为"工资"，《劳动部关于贯彻执行〈中华人民共和国劳动法〉若干问题的意见》（劳部发〔1995〕309号）第五十三条将其界定为"用人单位依据国家有关规定或劳动合同的约定，以货币形式直接支付给本单位劳动者的劳动报酬，一般包括计时工资、计件工资、奖金、津贴和补贴、延长工作时间的工资报酬以及特殊情况下支付的工资等"。劳动报酬争议主要是指双方因劳动报酬标准、是否已经支付或足额支付劳动报酬而发生的争议。需要注意的是，拖欠劳动报酬是指用人单位应该支付劳动者劳动报酬而未支付的情形，劳动者可以向劳动保障监察机构举报或向劳动人事争议仲裁机构申请仲裁。

工伤医疗费是职工因工负伤或患职业病而治疗花费的费用。主要包括工伤职工治疗工伤或者职业病所需的挂号费、住院费、医疗费、药费、就医路费。用人单位依法参加工伤保险的，工伤医疗费由工伤保险基金和单位按规定分别支付；用人单位没有依法参加工伤保险的，工伤医疗费由单位支付。

经济补偿是指用人单位根据国家规定或者劳动合同约定，在与劳动者解除或终止劳动合同时以货币形式直接支付的补偿费用。经济补偿主要包括解除或终止劳动合同的经济补偿、竞业限制期限内给予的经济补偿等。赔偿金是指法律规定的用人单位因自己的违法行为而向劳动者支付的赔偿费用。赔偿金主要包括未签订书面劳动合同的第二倍工资、违法约定试用期的赔偿金、违法解除或者终止劳动合同的赔偿金等。经济补偿或者赔偿金的支付范围、条件和标准等均由法律作出了明确规定。

二、人事争议的受理范围（第二项至第五项）

从争议主体范围来看，人事争议适用于实施公务员法的机关与聘任制公务员之间、参照公务员法管理的机关（单位）与聘任工作人员之间、事业单位与其建立人事关系的工作人员之间、社会团体与其建立人事关系的工作人员之间、军队文职人员用人单位与聘用制文职人员之间。

从争议内容来看，人事争议包括因履行聘用合同（聘任合同）发生的争议和因终止人事关系发生的争议。

（一）因履行聘用合同发生的争议

聘用合同是载明事业单位与工作人员权利义务关系的法律文本，也是事业单位与工作人员维护各自合法权益的重要凭证。双方按照国家有关法律、政策的要求，通过订立聘用合同确定双方的人事关系。

根据《国务院办公厅转发人事部关于在事业单位试行人员聘用制度的意见的通知》（国办发〔2002〕35号）相关规定，聘用合同必须具备下列条款：（1）聘用合同期限；（2）岗位及其职责要求；（3）岗位纪律；(4) 岗位工作条件；(5) 工资待遇；(6) 聘用合同变更和终止的条件；(7) 违反聘用合同的责任。因履行聘用合同发生争议的主体类型包括事业单位、社会团体与其建立人事关系的工作人员，以及军队文职人员用人单位与聘用制文职人员。

需要注意的是，根据《中国人民解放军文职人员条例》相关规定，文职人员是指在军民通用、非直接参与作战且社会化保障不宜承担的军队编制岗位从事管理工作和专业技术工作的非现役人员，是军队人员的组成部分。文职人员聘用合同管理办法由中央军事委员会规定。

(二) 因履行聘任合同发生的争议

根据《公务员法》相关规定，聘任合同是确定机关与所聘公务员双方权利义务的法律文件。根据中共中央办公厅、国务院办公厅 2017 年 9 月印发的《聘任制公务员管理规定（试行）》第十三条规定，聘任合同应当具备合同期限，职位及其职责要求，工作条件，工资、福利、保险待遇，解除聘任合同情形，违约责任等条款。双方根据需要，也可以在聘任合同中约定保密管理、离职后从业限制等其他事项。因履行聘任合同发生争议的主体类型包括实施公务员法的机关与聘任制公务员、参照公务员法管理的机关（单位）与聘任工作人员。

(三) 因终止人事关系发生的争议

《事业单位人事管理条例》第十九条规定："自聘用合同依法解除、终止之日起，事业单位与被解除、终止聘用合同人员的人事关系终止。"由此可见，人事关系的终止是聘用合同解除或终止的法律效果。因此，终止人事关系争议主要包括解除聘用合同争议和终止聘用合同争议，一般集中于解除、终止聘用合同的行为是否合法的争议，也包括因解除、终止聘用合同引发的其他待遇争议。

三、法律、法规规定的其他争议（第六项）

法律法规规定的其他争议属于兜底性规定，即除了前述明确列举的争议外，在其他法律法规中明确规定的争议。此处的法规既包括行政法规，也包括地方性法规。

（一）法律规定的其他争议

1. 履行集体合同争议。依照《劳动法》第八十四条、《劳动合同法》第五十六条的相关规定，因履行集体合同发生争议，经协商解决不成的，可以依法申请仲裁、提起诉讼。

2. 职业病相关争议。依照《职业病防治法》第四十九条第一款的相关规定，职业病诊断、鉴定过程中，在确认劳动者职业史、职业病危害接触史时，当事人对劳动关系、工种、工作岗位或者在岗时间有争议的，可以向当地的劳动人事争议仲裁委员会（以下简称仲裁委员会）申请仲裁。

（二）法规规定的其他争议

依照《工伤保险条例》第六十六条的相关规定，按照劳动争议有关规定处理的争议包括以下两类。

1. 无营业执照或者未经依法登记、备案的单位以及被依法吊销营业执照或者撤销登记、备案的单位的职工受到事故伤害或者患职业病的，由该单位向伤残职工或者死亡职工的近亲属给予一次性赔偿，伤残职工或者死亡职工的近亲属就赔偿数额与单位发生争议的，按照处理劳动争议的有关规定处理。

2. 用人单位使用童工造成童工伤残、死亡的，由该单位向童工或者童工的近亲属给予一次性赔偿，童工或者童工的近亲属就赔偿数额与单位发生争议的，按照处理劳动争议的有关规定处理。

如果地方性法规或其他行政法规规定有其他由仲裁委员会处理的劳动人事争议，仲裁委员会应当受理。

【法条链接】

《关于划分企业登记注册类型的规定》第二条，《关于划分企业登记注册类型的规定调整的通知》第二条，《个体工商户登记管理办法》第二条，《民办非企业单位登记管理暂行条例》第二条、第五条，《社会团体登记管理条例》第二条、第三条、第六条，《事业单位登记管理暂行条例》第三条，《事业单位登记管理暂行条例实施细则》第六条、第九条，《劳动法》第十五、第八十四条，《劳动合同法》第五十六条，《劳动合同法实施条例》第二十一条，《劳动争议调解仲裁法》第二条，《社会保险法》第八十三条，《劳动部关于贯彻执行〈中华人民共和国劳动法〉若干问题的意见》第五十三条，《国务院办公厅转发人事部关于在事业单位试行人员聘用制度的意见的通知》第四条，《中国人民解放军文职人员条例》第二条、第二十条，《公务员法》第一百条，《聘任制公务员管理规定（试行）》第十三条，《事业单位人事管理条例》第十九条，《职业病防治法》第四十九条，《工伤保险条例》第六十六条。

第三条〔处理原则〕 仲裁委员会处理争议案件，应当遵循合法、公正的原则，先行调解，及时裁决。

【条文释义】

本条规定了处理争议案件的四项原则，即合法原则、公正原则、先行调解原则和及时裁决原则。这四项原则是对《劳动争议调解仲裁法》第三条规定的合法、公正、及时、着重调解原则的进一步深化。四项原则既对《办案规则》所有条文具有统领作用，又能在缺乏具体规定时对争议案件处理起到指导作用。

一、合法原则

合法原则是处理争议案件的首要原则，也是基本前提。党的十九大报告指出："全面依法治国是国家治理的一场深刻革命，必须坚持厉行法治。"党的十八届四中全会审议通过的《中共中央关于全面推进依法治国若干重大问题的决定》也指出："法律的生命力在于实施，法律的权威也在于实施。"合法原则既包括实体合法，也包括程序合法。实体合法要求仲裁委员会对双方当事人的实体权利义务的处理必须符合实体法律规定，这就要求仲裁委员会要在查清案件事实的基础上准确适用法律。程序合法要求仲裁委员会处理争议案件的程序要符合法律规定，包括处理主体、处理过程、对当事人的权利保障等均要合法。

二、公正原则

党的十九大报告明确指出："我国社会主要矛盾已经转化为人民日益增长的美好生活需要和不平衡不充分的发展之间的矛盾。……人民美好生活需要日益广泛，不仅对物质文化生活提出了更高要求，而且在民主、法治、公平、正义、安全、环境等方面的要求日益增长。"《中共中央关于全面推进依法治国若干重大问题的决定》也指出："公正是法治的生命线。司法公正对社会公正具有重要引领作用，司法不公对社会公正具有致命破坏作用。"仲裁作为法定机构依法裁决当事人劳动权利义务的准司法制度，同样要深入贯彻党中央关于公平正义的重要精神。仲裁委员会要严格遵循法律程序，坚决守住法律底线，在法律规定的范围内行使仲裁权，努力在每一个争议案件中实现公正。

公正既包括实体公正，也包括程序公正。实体公正是程序公正的目的和结果，程序公正是实体公正的前提和保障。实体公正是指仲裁委员会查明、认定的事实要符合客观真相，确保案件的裁判结果是在分清是非的基础上依法作出的。实体公正是仲裁制度的出发点和归宿，是仲裁活动追求的最终目的，关系当事人切身利益和法律适用正确与否。程序公正是指仲裁活动依照法定程序进行，当事人和其他仲裁参与人的程序权利得到平等保护和有效行使，案件的办理过程符合法律规定的程序公正的要求。程序公正既有其独立的意义，也有保证实体公正的意义。

当然，公正原则并非意味着绝对、完全的公平。劳动人事争议有其自身特点，与民事争议中双方当事人主体地位平等不同，劳动者对用人单位的人身依附性，决定了争议案件中的双方当事人主体地位并不完全对等。因此，实施公正原则还需考虑到法律对劳动者一方给予的适当倾斜保护，以实现结果上的公正。

三、先行调解原则

调解是一种高效、便捷的纠纷解决方式，不仅处理成本低、速度快，还可以最大限度地降低争议双方的对抗性，有利于执行，具有案结事了人和的优势。一直以来，调解在争议处理中发挥着重要的作用。"十二五"期间，全国劳动人事争议仲裁机构调解结案157.8万件，占结案数的46%；2016年和2017年，全国劳动人事争议仲裁机构调解结案分别为38.9万件和39万件，分别占结案数的47%和49.4%。

先行调解原则在《办案规则》中主要体现为：一是裁决前先行调解，将调解明确为庭审必经程序，并规定集体劳动人事争议开庭前要先行调解；二是立案前发出调解建议书，将未经调解案件的当事人引导到调解组织进行调解；三是开庭前委托调解，即开庭审理前双方有调解意愿的，仲裁庭可以委托调解组织或者其他具有调解能力的组织、个人进行调解；四是审理中邀请调解，即仲裁庭审理案件时，可视情况邀请有关单位、组织或者个人参与调解。

四、及时裁决原则

及时裁决，不仅是法定时限内结案和发挥仲裁制度优势的基本要求，也是更好地维护当事人合法权益、满足人民群众对公平正义需求的必然要求。及时裁决原则主要是指在调解不成时，仲裁庭应当及时裁决，不能久拖不决。

【法条链接】

《劳动争议调解仲裁法》第三条。

第四条 [办事机构] 仲裁委员会下设实体化的办事机构，称为劳动人事争议仲裁院（以下简称仲裁院）。

【条文释义】

本条规定了仲裁委员会下设办事机构，且明确了办事机构的名称为劳动人事争议仲裁院。自 2001 年深圳市成立首家劳动争议仲裁院以来，各地为及时处理日益增多的争议案件，陆续成立了仲裁院作为仲裁委员会的办事机构。但各地仲裁院的名称不尽相同，有劳动人事仲裁院、劳动人事争议仲裁院、人事劳动争议仲裁院、劳动人事争议调解仲裁院等。本条通过统一仲裁委员会的办事机构名称，不仅保证了办事机构名称的规范性、统一性、严肃性，还明确了仲裁院的法定地位，有利于仲裁院实际开展争议案件的调解仲裁工作。

【法条链接】

《劳动争议调解仲裁法》第十九条，《劳动人事争议仲裁组织规则》（人力资源和社会保障部令第 34 号）第九条。

第五条 ［集体劳动人事争议处理原则］ 劳动者一方在十人以上并有共同请求的争议，或者因履行集体合同发生的劳动争议，仲裁委员会应当优先立案，优先审理。

【条文释义】

本条明确界定了集体劳动人事争议的两种类型，规定了处理集体劳动人事争议应当优先立案、优先审理的原则，有利于集体劳动人事争议得到及时化解，促进集体劳动人事争议处理取得良好的社会效果。

一、集体劳动人事争议

集体劳动人事争议包括两大类：一类为劳动者一方在十人以上并有共同请求的争议，此类争议较为常见，易于发生；另一类为履行集体合同争议。

（一）劳动者一方在十人以上并有共同请求的争议

1. 对"共同请求"的理解

仲裁中的"共同请求"，不同于民事诉讼中区分有独立请求权和无独立请求权的"共同请求"，劳动人事争议中一般不存在标的同一性问题，职工主张的权利往往是独立的、可分的。因此，本条的"共同请求"是指与同一用人单位基于同类事实和同一法律规定而提起的同类仲裁请求。鉴于实践中的请求类别难以实现完全整齐划一,基于便民原则和提升仲裁工作效能的考虑,在涉及多项仲裁请求时,即使劳动者之间的请求不完全一致,只要多数仲裁请求同类,都应当作为"共同请求"处理。此外,法律规定中的"以上""以下"包括本数,"超过""不满"不包括本数,本条的"十人以上"包括十人本数。

2. 仅为个别劳动争议的累加

按照共同诉讼的理论,共同诉讼中,如果标的是共同的,为必要共同诉讼;如果标的是同类的,即相同但不共同,则这种多数人诉讼为非必要共同诉讼。劳动争议中,在多人与同一用人单位发生劳动争议的情况下,当事人的仲裁标的只可能是同类,即只可能相同但不共同。因此,"十人以上并有共同请求的争议",实质上仅是多个个别劳动争议的累加,解决的是个体劳动关系的调整问题,审理时可以基于"共同请求"予以合并审理。

(二)履行集体合同争议

履行集体合同争议发生在集体合同生效后,争议主体主要是企业与工会,争议内容是集体合同规定的劳动报酬、劳动条件等标准。履行集体合同争议和签订集体合同争议同属于集体合同争议,但两者的解决方式不同。根据《劳动法》第八十四条第二款、《劳动合同法》第五十六条,履行集体合同争议可以通过协商、仲裁、诉讼程序解决。根据《劳动法》第八十四条第一款,签订集体合同争议由劳动行政主管部门组织各方协调处理,而不适用《劳动争议调解仲裁法》来解决。根据《中共中央 国务院关于构建和谐劳动关系的意见》有关要求,要依托协调劳动关系三方机制完善协调处理集体协商争议的办法,有效调处因签订集体合同发生的争议和集体停工事件。

二、优先处理原则

集体劳动人事争议往往涉及人数众多,社会影响大,容易产生连锁反应。优先处理集体劳动人事争议,既是及时保护当事人合法权利的需要,也是维护劳动关系乃至社会稳定的需要。优先处理原则主要是在处理时间顺序上优先,并不存在权利义务的优先,主要体现为以下几个方面的优先:一是优先立案,即在立案环节中优先处理。需要注意的是,强调优先进入立案环节,并不意味着必然受理争议,也并不意味着受理条件不同于一般争议。二是优先审理,主要是指排庭时要优先,尤其是在"案多人少"矛盾突出的地方,"排期"现象突出时必须优先审理。三是优先裁决,主要是指开庭审理后,调解不成的应当优先制作裁决书,明确双方权利义务,避免案件久拖不决引发新矛盾新问题。四是优先送达,主要是指裁决书制作后,应当第一时间送达双方当事人,避免不同劳动者之间因误解而引发新矛盾。

【法条链接】

《劳动争议调解仲裁法》第七条,《劳动法》第八十四条,《劳动合同法》第五十六条,《中共中央 国务院关于构建和谐劳动关系的意见》第十五条。

第二章 一般规定

本章规定了仲裁当事人主体资格、管辖原则、回避制度、举证责任、证据规则、仲裁期间、送达方式、立卷归档等，是仲裁程序中的基础性内容。

第六条 [特殊情形下的主体] 发生争议的用人单位未办理营业执照、被吊销营业执照、营业执照到期继续经营、被责令关闭、被撤销以及用人单位解散、歇业，不能承担相关责任的，应当将用人单位和其出资人、开办单位或者主管部门作为共同当事人。

【条文释义】

本条规定了特殊情形下的用人单位如何确定仲裁主体地位。本条从程序上明确了出资人、开办单位或者主管部门的仲裁当事人地位，通过扩大仲裁共同当事人的范围，最大限度地维护了劳动者的合法权益。需要注意的是，不具备合法主体资格的用人单位不能单独作为仲裁当事人。

一、用人单位仲裁主体资格的特殊情形

（一）用人单位未办理营业执照

按照《企业法人登记管理条例》（1988年6月3日，中华人民共和国国务院令第1号，2016年2月6日修订）等规定，企业法人、个体工商户、合伙企业、个人独资企业、民办非企业单位以及其他市场主体原则上均需在工商行政管理部门登记取得营业执照才能取得法人等市场主体资格，进而在实体法上成为合法用工主体，在程序法上取得仲裁和诉讼主体资格，可以承担相应的法律后果。企业未办理营业执照时，不论其对外以什么名义活动，是否有印章等，均存在上述资格上的瑕疵。

《办案规则》本身涵盖了事业单位、社会团体的人事争议的处理，而事业单位、社会团体、国家机关和军队并不需要领取营业执照。但是需要注意的是，根据《事业单位登记管理暂行条例》《社会团体登记管理条例》，除非法律另有规定，事业单位和社会团体也应经登记才能取得法人资格，所以上述"未办理营业执照"应作扩大解释，涵盖事业单位和社会团体未经登记的情况。

（二）用人单位被吊销营业执照

用人单位被吊销营业执照主要是指个体工商户、个人独资企业、合伙企业、公司制企业等因违反法律和行政法规被工商行政管理部门依法给予的一种行政处罚措施。企业被吊销营业执照后，应当依法进行清算，清算程序结束并办理工商注销登记后，该企业才归于消灭。根据《行政处罚法》的规定，法律和行政法规可以设置吊销营业执照行政处罚措施。吊销营业执照的规定散见于不同的法律和行政法规中，可以分为两类：一类是涉及市场主体的立法，例如《企业法人登记管理条例》第三十条规定的情况，《公司登记管理条例》（1994年6月24日，中华人民共和国国务院令第156号，2016年2月6日修订）第十章规定的各种情况等；另一类是有关市场行为和产业规制的立法，例如《消费者权益保护法》第五十六条的规定，《安全生产法》第一百零八条的规定。

（三）用人单位的营业执照到期继续经营

不同用工主体营业执照到期设置有不同的规定，总体趋势是随着商事登记改革的进行，经营期限的限制越来越少，例如个体工商户营业执照并没有期限、内资合伙企业的经营期限根据合伙协议确定等。在营业执照存续期限内，期限届满前经营者应当办理变更手续，如果未能办理变更手续，则应进行清算并办理注销登记。营业执照到期后，用人单位继续经营的，将处于一种没有营业执照经营的违法状态。

（四）用人单位被责令关闭

被责令关闭是一种行政处罚，即公司因违反相应的法律规范，主管部门责令其整改、停业整顿直到关闭，例如政府部门对于严重污染环境的企事业单位，经过限期治理仍逾期未完成治理任务时，依法作出决定，责令其关闭。

（五）用人单位被撤销

对企业来说，是指在登记设立过程中因虚报注册资本、提交虚假证明文件或者采取其他欺诈手段隐瞒重要事实取得登记，导致登记行为存在严重瑕疵，工商行政管理机关依法撤销登记许可并注销其营业执照的行为。对事业单位来说，是指出现了《事业单位登记管理暂行条例》第十九条规定的行为，而经主管机关同意由登记机关撤销登记的行为。对社会团体来说，是指在设立过程中或者存续过程中存在违反法律规定的行为，符合《社会团体登记管理条例》第二十九条至第三十一条规定的被登记管理机关撤销登记的行为。

（六）用人单位解散

用人单位解散是指已经成立的用人单位基于一定的法定事由而不再继续经营并开始进入清算程序的行为。根据《民法总则》的规定，法人形态的用人单位因为下列原因而解散：（1）法人章程规定的存续期间届满或者法人章程规定的其他解散事由出现；（2）法人的权力机构决议解散；（3）因法人合并或者分立需要解散；（4）法人依法被吊销营业执照、登记证书，被责令关闭或者被撤销；（5）法律规定的其他情形。其他类型用人单位的解散事由分别规定在其他法律中。

（七）用人单位歇业

歇业是企业法人特有的一种现象。根据《企业法人登记管理条例》的规定，企业法人领取了企业法人营业执照后，满六个月尚未开展经营活动或者停止经营活动满一年的，视同歇业。公司歇业后，登记主管机关应当收缴企业营业执照及其副本，收缴公章，并将注销登记情况告知其开户银行。

二、共同当事人

（一）共同当事人的适用

在出现上述用人单位的特殊状态，导致用人单位不能承担相关责任时，在劳动人事争议仲裁中应将上述用人单位和其出资人、开办单位或者主管部门作为共同当事人。在适用《办案规则》时需要注意：一是将上述特殊状态的用人单位和出资人等列为共同当事人的前提是上述用人单位出现特殊情况时不能承担责任，但其仲裁主体资格并没有消灭；二是作为共同当事人的出资人、开办单位或者主管部门，应分别针对不同的用人单位适用。

（二）列为仲裁共同当事人的阶段和途径

1. 申请仲裁时，已经将共同当事人列为申请人或者被申请人。

2. 申请仲裁时未列入共同当事人，经释明或者一方当事人发现后提出请求追加当事人的，可以撤回仲裁申请书重新申请，或者追加其他仲裁当事人作为共同当事人。

3. 案件受理后，仲裁委员会发现必须追加当事人的情形，可以依职权主动追加为共同当事人。

（三）仲裁程序中列为共同当事人的其他主要情形

除本条规定的列为共同当事人的情况外，根据现行法还存在如下其他应当列为共同当事人的情况：

1. 劳务派遣案件中，将劳务派遣单位和用工单位列为共同当事人。

《劳动争议调解仲裁法》第二十二条规定，劳务派遣单位或者用工单位与劳动者发生劳动争议的，劳务派遣单位和用工单位为共同当事人。《劳动合同法》第九十二条规定，劳务派遣单位违反本法规定，给被派遣劳动者造成损害的，劳务派遣单位和用工单位承担连带赔偿责任。这从程序上明确了劳务派遣单位和用工单位作为共同当事人的地位。

2. 劳动者与个人承包经营者发生争议的,将发包的组织和个人承包经营者作为共同当事人。本部分详见《办案规则》第七条释义的内容。

【法条链接】

《劳动争议调解仲裁法》第二十二条,《劳动法》第二条,《劳动合同法》第二条、第九十二条,《公司法》第六条、第二百一十三条,《民事诉讼法》第五十六条、第一百三十二条,《合伙企业法》第十一条,《公司登记管理条例》第三条、第十章,《个体工商户条例》(2011年4月16日,中华人民共和国国务院令第596号,2016年2月6日修订)第八条,《最高人民法院关于审理劳动争议案件适用法律若干问题的解释(二)》(法释〔2006〕6号)第九条,《最高人民法院关于审理劳动争议案件适用法律若干问题的解释(三)》(法释〔2010〕12号)第四条,《最高人民法院关于适用〈中华人民共和国民事诉讼法〉的解释》(法释〔2015〕5号)第五十三条、第五十四条、第五十九条、第六十条、第六十二条至第六十四条、第七十条、第七十三条、第七十四条,《最高人民法院关于审理工伤保险行政案件若干问题的规定》(法释〔2014〕9号)第三条。

第七条[个人承包经营者争议] 劳动者与个人承包经营者发生争议,依法向仲裁委员会申请仲裁的,应当将发包的组织和个人承包经营者作为共同当事人。

【条文释义】

本条规定了劳动争议涉及个人承包经营者时如何确定仲裁主体。本条明确了个人承包经营者招用劳动者并发生劳动争议时,劳动者应当将发包组织和个人承包经营者列为共同当事人。这有利于查清案件事实,在个人承包经营者违反《劳动合同法》规定招用劳动者,给劳动者造成损害时,也便于直接裁决发包的组织与个人承包经营者承担连带赔偿责任。

一、个人承包经营的含义

个人承包经营是一种较为常见的用工现象。其表现为两种形态：一是企业与自己的劳动者约定就相对独立的生产过程或生产领域由劳动者相对自由地进行劳动，劳动者应自己完成工作，并向企业上交一定比例的经营收益或者按照经营结果提取报酬，可以称其为内部承包，它只是一种劳动关系中的薪酬计算方式。二是外部承包，企业与承包人约定将经营过程中相对独立的生产过程或生产领域交由承包人独立经营、自主管理，承包人交纳承包费并自负盈亏。在承包过程中，承包人可以自己完成，也可以由他人完成。本条规定仅适用于外部承包情形。

二、个人承包中的实体法问题

《劳动和社会保障部关于确立劳动关系有关事项的通知》（劳社部发〔2005〕12号）规定，建筑施工、矿山企业等具备用工主体资格的发包方承担用工主体责任。此处的用工主体责任仅包括支付劳动报酬和承担工伤保险责任。《劳动合同法》第九十四条规定，个人承包经营违反法律规定招用劳动者，给劳动者带来损害时，发包方和个人承包经营者承担连带责任。

三、个人承包经营中的程序法问题

在上述实体法规定的背景下，如果劳动者和个人承包经营者发生争议，为了更好地查明案件事实，尽快彻底解决争议，保护劳动者权益，《办案规则》规定，在仲裁程序中劳动者可以将发包的组织和个人承包经营者作为共同当事人。但是需要注意的是，作为共同当事人并不意味着就要承担连带责任，在实体法上发包组织和个人承包经营者之间的关系如何，需要根据具体情况作具体判断。

【法条链接】

《劳动合同法》第九十四条，《最高人民法院关于审理工伤保险行政案件若干问题的规定》第三条。

第八条 [管辖权] 劳动合同履行地为劳动者实际工作场所地,用人单位所在地为用人单位注册、登记地或者主要办事机构所在地。用人单位未经注册、登记的,其出资人、开办单位或者主管部门所在地为用人单位所在地。

双方当事人分别向劳动合同履行地和用人单位所在地的仲裁委员会申请仲裁的,由劳动合同履行地的仲裁委员会管辖。有多个劳动合同履行地的,由最先受理的仲裁委员会管辖。劳动合同履行地不明确的,由用人单位所在地的仲裁委员会管辖。

案件受理后,劳动合同履行地或者用人单位所在地发生变化的,不改变争议仲裁的管辖。

【条文释义】

本条规定了劳动人事争议案件的管辖问题,明确了劳动合同履行地和用人单位所在地的具体含义,确定了劳动合同履行地优先管辖及管辖恒定原则。

一、仲裁管辖地的界定

(一)劳动合同履行地

劳动合同履行地是指劳动者实际工作场所地。如果劳动合同中约定的工作地点与劳动者实际工作场所地不一致,应当以劳动者实际工作场所地为劳动合同履行地。如果劳动合同有多个履行地,则多个履行地均具有管辖权。

(二)用人单位所在地

用人单位所在地为用人单位注册、登记地或者主要办事机构所在地。用人单位注册、登记地是指对用人单位设立进行注册或者登记的机关所在地,用人单位主要办事机构所在地是指决定和处理用人单位主要事务的机构所在地。

(三)用人单位未经注册、登记时的处理

当用人单位未经注册、登记时,其出资人、开办单位或者主管部门所在地即为用人单位所在地。

二、管辖权冲突的处理

根据《办案规则》，在出现多个仲裁委员会都有管辖权的情况下，就可能出现管辖权冲突，需要把握以下处理规则。

（一）劳动合同履行地优于用人单位所在地

一般情况下，劳动合同履行地即为用人单位所在地，但也有两者不一致的情形存在，如果争议双方当事人分别向劳动合同履行地和用人单位所在地的仲裁委员会申请仲裁，由劳动合同履行地的仲裁委员会管辖，有利于劳动者申请仲裁，并查明案件事实。

（二）先受理的劳动合同履行地管辖

劳动者在多个地方工作，由此形成多个劳动合同履行地的，多个劳动合同履行地的仲裁委员会都有管辖权时，由最先受理案件的仲裁委员会管辖。

（三）劳动合同履行地不明确时，由用人单位所在地的仲裁委员会管辖

劳动合同履行地不明确包括当事人没有证据证明劳动合同履行地以及因岗位或用工方式的特殊性而导致劳动合同履行地本身就不确定的情况等。当劳动合同履行地不明确时，由用人单位所在地的仲裁委员会管辖。

三、受理后不改变管辖

在仲裁实践中经常会遇到仲裁委员会受理案件后，劳动者的工作场所地或者用人单位的注册登记地发生变动的情况。根据管辖权恒定的原则，为确保争议案件得到及时处理，维护仲裁秩序，当案件被受理后，劳动合同履行地、用人单位所在地发生变化的，不改变案件的审理，已受理案件的仲裁委员会应当继续审理至案件终结。

【法条链接】

《劳动争议调解仲裁法》第二十一条，《民事诉讼法》第二十三条。

第九条 [移送管辖] 仲裁委员会发现已受理案件不属于其管辖范围的,应当移送至有管辖权的仲裁委员会,并书面通知当事人。

对上述移送案件,受移送的仲裁委员会应当依法受理。受移送的仲裁委员会认为移送的案件按照规定不属于其管辖,或者仲裁委员会之间因管辖争议协商不成的,应当报请共同的上一级仲裁委员会主管部门指定管辖。

【条文释义】

本条规定了移送管辖、指定管辖的程序问题,明确了仲裁委员会发现已受理案件不属于其管辖范围时,如何确定仲裁委员会受理案件的分工问题,细化了移送管辖、指定管辖的操作程序。移送管辖、指定管辖的前提是仲裁委员会发现已受理案件不属于其管辖范围,为确保处理案件主体的合法性,将其移送至有管辖权的仲裁委员会。

本条规定了受理后仲裁委员会发现管辖问题的移送管辖途径;《办案规则》第十条规定了受理后当事人发现管辖问题可提出管辖异议;《办案规则》第三十一条则规定了受理前发现管辖问题的,应当予以书面说明。这三条共同构成了纠正错误管辖的制度体系。

一、移送管辖

移送管辖是指仲裁委员会受理案件后,发现对该案件无管辖权时,依法将该案件移送给有管辖权的仲裁委员会。移送管辖必须符合三个条件:一是仲裁委员会已经受理该案件。如未受理的,则应当作出管辖说明。二是移送的仲裁委员会经审查确定本仲裁委员会对该案件无管辖权。三是受移送的仲裁委员会依法对该案件具有管辖权。如果受移送的仲裁委员会认为自己没有管辖权,应先报请共同的上一级仲裁委员会主管部门指定管辖,待管辖权确定后,再由具有管辖权的仲裁委员会受理。

二、指定管辖

指定管辖即共同的上一级仲裁委员会主管部门将管辖权有争议的案

件指定给某个仲裁委员会管辖。指定管辖一般有下列两种情况：一是受移送的仲裁委员会认为移送案件不属于其管辖；二是仲裁委员会之间因管辖争议协商不成。仲裁委员会之间因管辖权发生争议时，应当由争议双方或者几方协商解决，确实协商解决不了的，不能搁置不理或者抢先受理，而是应当报请共同的上一级仲裁委员会主管部门决定管辖权的归属。

在把握"共同的上一级仲裁委员会主管部门"时应当注意：一是享有指定权限的并不是上一级仲裁委员会，而是上一级仲裁委员会主管部门。在实践中，此处的仲裁委员会主管部门指的是设立仲裁院的人力资源社会保障部门。根据《劳动争议调解仲裁法》《劳动人事争议仲裁组织规则》的规定，人力资源社会保障部门对仲裁工作具有指导职能，指定管辖应属于指导职能的体现。二是在分属不同地级市或省份的仲裁委员会发生管辖权之争的情况下，共同上级仲裁委员会指的是省级人力资源社会保障厅（局）或者人力资源社会保障部。

【法条链接】

《劳动争议调解仲裁法》第二十一条，《办案规则》第十条、第三十一条。

第十条 [管辖异议] 当事人提出管辖异议的，应当在答辩期满前书面提出。仲裁委员会应当审查当事人提出的管辖异议，异议成立的，将案件移送至有管辖权的仲裁委员会并书面通知当事人；异议不成立的，应当书面决定驳回。

当事人逾期提出的，不影响仲裁程序的进行。

【条文释义】

本条规定了当事人提出管辖异议时的程序问题，明确了当事人提出管辖异议的期限、仲裁委员会的处理、逾期提出的法律后果。本条的前提是案件当事人一方提出，并且向仲裁委员会提交书面申请。仲裁委员会对管辖异议具有审查权，不论管辖异议能否成立，仲裁委员会都应当作出书面回应。当事人未在答辩期满前提出管辖异议的，不影响仲裁程序的进行。

一、提出管辖异议

劳动者和用人单位均可以提出管辖异议。管辖异议应当在答辩期内提出，并采取书面形式，而不能口头申请。如果当事人未按期依法提出管辖异议，即逾期提出时，不影响仲裁程序的进行及其合法性。

二、审查管辖异议

（一）审查期限

针对管辖异议，仲裁委员会应当立即进行审查，及时作出决定。由于管辖异议的复杂程度并不相同，《办案规则》并没有明确管辖异议审查的期限，但管辖异议审查期间计入争议仲裁期间。

（二）处理方式

1. 一般来讲，管辖异议审查期间不得进行案件审理。

2. 管辖异议成立的，将案件移送至有管辖权的仲裁委员会并且书面通知当事人到有管辖权的仲裁委员会参加仲裁活动。

3. 管辖异议不成立的，仲裁委员会应当以决定书的形式驳回，仲裁程序继续进行。

【法条链接】

《劳动争议调解仲裁法》第三十条。

第十一条 ［回避程序］ 当事人申请回避，应当在案件开庭审理前提出，并说明理由。回避事由在案件开庭审理后知晓的，也可以在庭审辩论终结前提出。

当事人在庭审辩论终结后提出回避申请的，不影响仲裁程序的进行。

仲裁委员会应当在回避申请提出的三日内，以口头或者书面形式作出决定。以口头形式作出的，应当记入笔录。

【条文释义】

本条规定了当事人申请回避的程序问题，即当事人提出回避的期间限制、提出方式以及仲裁委员会的审查决定期限、决定形式等。

一、回避

（一）回避情形

依照《劳动争议调解仲裁法》第三十三条的规定，仲裁工作人员有下列情形之一的，应当回避：（1）是本案当事人或者当事人、代理人的近亲属的；（2）与本案有利害关系的；（3）与本案当事人、代理人有其他关系，可能影响公正裁决的；（4）私自会见当事人、代理人，或者接受当事人、代理人的请客送礼的。

（二）主动回避和申请回避

回避分为两种情况：一是主动回避。主动回避是指审理案件的仲裁员或者记录人员，认为自己有回避的法定情形之一而主动提出回避。二是申请回避。申请回避是指当事人认为审理案件的仲裁员或者记录人员有回避的法定情形之一的，以口头或者书面形式申请仲裁员或者记录人员退出该案的审理。本条指申请回避。

二、提出回避申请

（一）提出主体

提出回避申请的主体是案件当事人，即申请人、被申请人或者第三人。

（二）提出时间

回避申请原则上应当在案件开庭审理前提出；只有在回避事由于案件开庭审理后才知晓的情况下，才可以在审理后庭审辩论终结前提出。庭审辩论结束后提出回避，则不影响仲裁程序的进行，即一方面不影响已做出的仲裁行为的合法性，另一方面也不影响仲裁员继续从事案件办理行为。

（三）提出方式

回避申请应以口头或者书面形式提出。在提出回避申请时，应说明理由以作为仲裁委员会判断回避申请是否成立的依据。

三、仲裁委员会决定

（一）决定机构

作出回避申请是否批准决定的是仲裁委员会，而不是仲裁院。

（二）决定的方式和时间

仲裁委员会决定是否同意回避申请的形式可以是口头或者书面形式。口头决定应当记入笔录。仲裁委员会收到回避申请的，应当在三日内作出决定。

【法条链接】

《劳动争议调解仲裁法》第三十三条。

第十二条 ［回避人员］ 仲裁员、记录人员是否回避，由仲裁委员会主任或者其委托的仲裁院负责人决定。仲裁委员会主任担任案件仲裁员是否回避，由仲裁委员会决定。

在回避决定作出前，被申请回避的人员应当暂停参与该案处理，但因案件需要采取紧急措施的除外。

【条文释义】

本条规定了回避人员的相关问题。

一、回避范围

回避范围包括仲裁员和记录人员。《办案规则》与《劳动争议调解仲裁法》相比，可被申请回避的人员范围有所扩大。记录人员的工作与职责决定了其对案件的审理结果可能产生实质性影响，应纳入回避的范围。

二、回避决定权

为了公正、科学地决定是否同意回避，本条根据被申请回避人员的身份和职责规定了不同的回避决定权。其中，仲裁员和记录人员的回避由仲裁委员会主任决定，但仲裁委员会主任也可以将此项权力委托给仲裁院负责人，该项委托可以个案进行，也可以一揽子进行；可以书面委托，也可以规定在仲裁委员会工作规则中。在仲裁委员会主任担任案件仲裁员时，其回避决定由仲裁委员会作出。需要注意的是，本条规定没有明确仲裁院负责人回避的问题。但根据对仲裁委员会主任回避决定权的规定，可以推论出其不能决定本人的回避。因此，即使仲裁委员会主任已经委托仲裁院负责人决定回避问题，在该负责人担任仲裁员被申请回避时，其回避决定权依然由仲裁委员会主任掌握。

三、回避决定期间的案件处理

（一）决定回避期间的处理

在有回避决定权的人员作出决定前，被申请回避的人员原则上应当立即暂停参与本案的处理，除非案件需要采取紧急措施。所谓需要采取紧急措施，是指案件亟须及时送达、对有可能灭失的证据采取保全措施等情况。如果不采取措施，案件处理将受到不可逆的影响。

（二）决定回避后的处理

当事人回避申请理由成立的，被申请回避的人员应当退出该案件的审理，仲裁委员会另行指派其他仲裁员或记录人员参与处理该案件。当事人申请回避理由不成立的，仲裁员或记录人员应当继续案件的处理。

【法条链接】

《劳动争议调解仲裁法》第三十三条。

第十三条 [举证责任] 当事人对自己提出的主张有责任提供证据。与争议事项有关的证据属于用人单位掌握管理的，用人单位应当提供；用人单位不提供的，应当承担不利后果。

【条文释义】

本条规定了劳动人事争议仲裁的举证责任问题，谁主张谁举证是劳动人事争议举证的基本规则。

一、仲裁证据与举证责任

仲裁证据是指仲裁委员会认定证明对象事实是否存在所依据的材料。在争议解决实践中，只有证据证明的事实才是法律上真正存在的事实。仲裁证据对当事人进行仲裁活动、维护自身合法权益，对仲裁庭查明案件事实、依法正确作出裁决都具有十分重要的意义。在实践中，仲裁证据应当具备真实性、合法性和与案件的关联性，仲裁庭审查证据也应当从上述三个角度展开。

举证责任，从立法本意来讲，是指当事人对自己主张的事实有提出证据加以证明的责任；从实践来讲，是指当作为裁决基础的法律要件事实在仲裁中处于真伪不明的状态时，当事人一方因未能有效举证导致仲裁委员会不能认定这一事实而承担不利裁决的风险。举证责任分配的核心问题是应当按照什么样的标准来分配举证责任，如何分配举证责任使其既符合公平、正义的要求，又能使仲裁案件较为迅速地得到解决。在劳动人事争议仲裁过程中，举证责任分配的原则主要有三个：一是谁主张谁举证；二是举证责任倒置；三是公平分担。本条主要规定了谁主张谁举证的原则。

二、妨碍证据规则

妨碍证据规则是指掌握证据的一方应当提供证据，否则将承担不利后果。它并不改变举证责任的归属，而是仅仅对妨碍证据的行为规定了特殊的法律责任；如果妨碍证据的一方出示了证据，依然事实不清，此时败诉的风险继续由承担举证责任的对方承担。因此，妨碍证据本身并不导致举证责任转移。妨碍证据规则在劳动人事争议中的体现是《劳动争议调解仲裁法》第六条以及本条的规定。

劳动人事争议仲裁中的妨碍证据规则与一般民事诉讼的差异在于，它主要围绕用人单位的妨碍举证行为展开，而不涉及劳动者的妨碍作证行为。在具体运用该规则时应注意：一是先要证明用人单位掌握证据。

妨碍证据规则适用的前提是用人单位掌握着相关证据。用人单位掌握证据的事实由劳动者承担举证责任，除非它构成无须证明的事实。二是出现了用人单位拒不出示证据的事实，在用人单位确定掌握相关证据的前提下，用人单位隐匿而不出示证据。三是承担不利后果。承担不利后果，在《最高人民法院关于民事诉讼证据的若干规定》（法释〔2001〕33号）第七十五条中被表述为"可以推定该主张成立"。仲裁庭依然需要尽可能根据案件其他证据的情况来综合判断，发现案件事实，在此基础上依然无法查明时再确认对用人单位不利的后果。例如，用人单位拒不出示工资签收证据、考勤表，即便如此也不能不做其他调查，而完全根据劳动者的主张来认定案件事实。

【法条链接】

《劳动争议调解仲裁法》第六条、第三十九条，《民事诉讼法》第六十三条至第七十三条、第七十五条。

第十四条 ［举证原则］ 法律没有具体规定、按照本规则第十三条规定无法确定举证责任承担的，仲裁庭可以根据公平原则和诚实信用原则，综合当事人举证能力等因素确定举证责任的承担。

【条文释义】

本条规定了公平分担的举证责任原则，理顺了举证责任倒置规则、谁主张谁举证规则以及公平分担举证责任规则的关系。在法律有具体规定时适用具体规定，没有具体规定时适用谁主张谁举证规则，依然不能平衡当事人举证责任时，则适用公平分担的举证责任原则。

一、公平确定举证责任

（一）适用前提

在根据一般的谁主张谁举证规则、特殊的举证责任倒置规则以及其他法律的具体规定依然无法确定责任承担时，则需要进一步适用本条公平确定举证责任。该举证责任分配规则具有以下特征：一是具有补充性，补充其他证明责任分配规则；二是具有综合性，即需考虑案件的全部情况，尤其是案件的特别状况，在全面考量之后再进行举证责任分配。

（二）适用方法

为保证公平确定举证责任这一规则得到落实，法律从价值原则等角度提出了三项指引：一是公平原则，即公正、平等的准则，仲裁员在举证分配过程中不但要注意分配结果的公平性，还要兼顾分配过程的公平性；二是诚实信用原则，要求当事人讲究信用，信守诺言，以诚实不欺的标准规范自己的举证行为；三是考虑当事人举证能力，强调考虑个案中当事人的特别情况，这种特别情况除了要考虑职工和用人单位不同的证据收集能力、提出能力、证据综合能力等来决定个案中应当如何适用举证原则，更应当涵盖所裁判案件中具体当事人的特殊情况。

二、公平原则与诚实信用原则及其适用

公平原则体现在法律实体方面，也体现在法律程序方面，公平原则要求在处理事情的过程中，不偏袒某一方或某一人，每个社会主体承担应承担的责任，得到应得的利益。诚实信用原则是现代法治社会的一项基本道德规则，即当事人在社会活动中应当诚实守信，恪守诺言，在追求自己利益的同时不损害他人和社会利益，正当行使权利和履行义务。

【法条链接】

《劳动争议调解仲裁法》第三十九条，《最高人民法院关于民事诉讼证据的若干规定》第七条，《最高人民法院关于适用〈中华人民共和国民事诉讼法〉的解释》第九十一条。

第十五条 [举证期限] 承担举证责任的当事人应当在仲裁委员会指定的期限内提供有关证据。当事人在该期限内提供证据确有困难的，可以向仲裁委员会申请延长期限，仲裁委员会根据当事人的申请适当延长。当事人逾期提供证据的，仲裁委员会应当责令其说明理由；拒不说明理由或者理由不成立的，仲裁委员会可以根据不同情形不予采纳该证据，或者采纳该证据但予以训诫。

【条文释义】

本条规定了劳动人事争议案件的举证期限、申请延长期限的条件及逾期举证的后果。

一、举证期限

举证期限是指仲裁委员会依法指定的当事人向其履行提供证据责任的期间。当事人有义务在举证期限内向仲裁委员会提交证据材料，当事人在举证期限内不提交的，应当承担相应的法律责任。本条并没有规定具体的举证期限，这是因为各种案件的复杂程度、举证难度等各不相同，无法一刀切地进行规定，而应当由仲裁庭根据案件具体情况具体确定举证期限。

二、延长举证期限的申请

当事人在举证期限内提供证据确有困难的，可以向仲裁委员会申请延长期限。仲裁委员会对当事人申请延长举证期限的理由应当进行审查，该审查应围绕在期限内提供证据是否确有困难来进行。如果经研究理由成立的，仲裁委员会应决定对举证期限适当加以延长。

三、逾期提供证据的后果

逾期举证的法律后果是可能导致证据失权，即提供证据的当事人可能丧失提出证据证明自己的事实主张和反驳对方的权利，仲裁委员会可能不会对当事人逾期提供的证据进行审理，当事人逾期提供的证据可能丧失证据效力。根据《办案规则》的规定，当事人逾期提供证据，可能产生如下法律效果。

（一）责令说明理由

仲裁委员会应当责令当事人说明逾期提供证据的理由。

（二）可以不予采纳证据

当事人因故意或者重大过失逾期提供的证据，仲裁机构不予采纳。

一般来讲，仲裁机构对当事人在收到举证通知书后，既不按时举证，也不申请延迟举证，也没有其他中止、中断的情形，视为当事人因故意或重大过失造成逾期。

(三) 可以采纳证据但予以训诫

当事人非因故意或者重大过失逾期提供证据，且该证据与案件有直接利害关系或者系案件的关键证据的，仲裁委员会可以采纳该证据，但予以训诫并记入笔录。训诫是以批评、警告的方式，指出行为人的违法事实和错误，并责令其不许再犯，其强制性在所有强制措施中是最弱的。训诫这种强制措施要当场进行，以达到纠正行为人违反仲裁庭规则行为的目的。在适用程序上，要将训诫的内容、危害后果等记入庭审笔录，确保强制措施的适用依法有据。在实践中，对于违反仲裁庭规则的当事人、案件代理人等，仲裁庭可以采取训诫这一强制措施来制止和制裁妨害案件审理的行为。

(四) 仲裁委员会要求当事人补充证据的权力

举证期限规则主要约束当事人，要求其在该期间内履行提供证据的义务。这并不意味着仲裁委员会在该期限之外不能收集证据或者要求当事人进一步提交证据。对个别特殊案件，在庭审过程中仲裁员认为该证据在案件中起决定性作用或者缺乏该证据会造成审理事实不清，确需当事人提供的，可以要求当事人当庭提供或者在庭审结束后指定的期限内另行提交。负有举证责任的一方当事人，在裁决之前提交了对案情有重大影响的证据的，仲裁庭认为对查明事实、分清责任确有必要时，也可以适当予以考虑。

【法条链接】

《劳动争议调解仲裁法》第三十九条，《民事诉讼法》第六十五条，《最高人民法院关于民事诉讼证据的若干规定》第三十四条、第三十六条，《最高人民法院关于适用〈中华人民共和国民事诉讼法〉的解释》第一百零一条、第一百零二条。

第十六条 [仲裁委员会收集证据] 当事人因客观原因不能自行收集的证据，仲裁委员会可以根据当事人的申请，参照民事诉讼有关规定予以收集；仲裁委员会认为有必要的，也可以决定参照民事诉讼有关规定予以收集。

【条文释义】

本条规定了仲裁委员会可以收集证据的权力、情形及法律依据。

本条中的收集证据，是指仲裁委员会按照法律规定的范围和程序，依当事人申请，或者依职权主动收集证据的法律活动。仲裁委员会收集证据分为以下两种情形。

一、依当事人申请收集证据

当事人申请仲裁委员会收集证据的，应符合本条规定的因客观原因无法收集这一前提条件。比较典型的当事人因客观原因无法收集的证据主要包括：一是申请收集的证据属于国家有关部门保存并需有关机构依职权调取的档案材料；二是证据属于涉及国家秘密、商业秘密、个人隐私的材料；三是当事人因其他客观原因不能自行收集的其他材料。

二、依职权收集证据

仲裁委员会也可以依职权主动收集证据。根据本条规定，仲裁委员会依职权主动收集证据的前提条件是"仲裁委员会认为有必要的"。何谓"有必要"，属于仲裁委员会自主判断的范畴，一般应当是对查明案件事实有重要影响的情形出现时，才认为是"有必要"的情形，仲裁委员会才可以依职权主动收集。

【法条链接】

《民事诉讼法》第六十四条，《最高人民法院关于适用〈中华人民共和国民事诉讼法〉的解释》第九十四条至第九十六条。

第十七条 [仲裁委员会调查取证] 仲裁委员会依法调查取证时，有关单位和个人应当协助配合。

仲裁委员会调查取证时，不得少于两人，并应当向被调查对象出示工作证件和仲裁委员会出具的介绍信。

【条文释义】

本条规定了仲裁委员会调查取证时相关单位和个人有协助配合的义务以及取证程序的问题。

一、有关单位和个人的协助配合调查取证义务

仲裁委员会依据《劳动争议调解仲裁法》《办案规则》以及其他法律规定调查取证时，有权向掌握证据的单位或个人查阅与案件有关的档案、资料和其他证明材料，向知情人询问调查，上述单位和个人应依法积极协助和配合，提供必要的便利，不得拒绝，不得刁难，更不得提供伪证。

二、调查取证的程序

仲裁委员会在调查取证时，调查人员应为两人及以上，应当向被调查对象出示工作证件和仲裁委员会出具的介绍信。出示的工作证件一般包括工作证、仲裁员证或者其他可以证明其工作单位及身份的证件。

【经验介绍】

1. 《浙江省劳动人事争议调解仲裁条例》第二十八条规定，仲裁庭根据当事人申请或者审理案件需要，可以依法调查收集证据，也可以根据需要，委托其他劳动人事争议仲裁委员会或者其他单位调查取证。仲裁庭调查取证时，不得少于两人，并应当向被调查人出示工作证件。仲裁庭调查收集证据时，市场监督管理（工商行政管理）部门、社会保险经办机构、社会保险费征收机构等有关单位和个人应当予以协助配合，不得收取费用。

2. 《山东省劳动人事争议调解仲裁条例》第二十七条规定，有下列情形之一的，劳动人事争议仲裁委员会可以依法调查取证，也可以委托其他劳动人事争议仲裁委员会或者其他单位调查取证：

（1）当事人因客观原因不能自行收集证据，提出申请的；

(2) 劳动人事争议仲裁委员会认为裁决案件需要的。

劳动人事争议仲裁委员会调查取证时，不得少于两人，并应当向当事人或者有关人员出示工作证件。

劳动人事争议仲裁委员会调查取证时，具有市场监督管理职能的部门、金融机构、社会保险经办机构等有关单位应当予以协助配合，不得收取费用。

3. 山东省人力资源社会保障厅、山东省高级人民法院联合下发的《关于加强劳动人事争议仲裁与诉讼衔接机制建设的实施意见》规定，有条件的地区，仲裁委员会可以根据案件审理需要，委托本辖区的基层人民法院调取、查证相关证据材料。委托查证事项包括银行代发的工资凭证及相关行政、司法机关保存的证据材料等。

【法条链接】

《民事诉讼法》第六十七条，《最高人民法院关于适用〈中华人民共和国民事诉讼法〉的解释》第九十七条。

第十八条 [证据规则] 争议处理中涉及证据形式、证据提交、证据交换、证据质证、证据认定等事项，本规则未规定的，可以参照民事诉讼证据规则的有关规定执行。

【条文释义】

本条规定了《办案规则》未明确规定的证据形式、证据提交、证据交换、证据质证、证据认定等事项可以参照民事诉讼证据规则的有关规定执行，实现了仲裁与诉讼在证据规则上的衔接。

一、仲裁委员会对民事诉讼证据规则的参照

现有立法和相关司法解释中的民事诉讼规则是对民事争议解决过程中一般规则的总结，劳动人事争议仲裁作为一种准司法形式的争议解决机制，原则上可以适用上述证据规则。但劳动人事争议仲裁又有其特殊性，这些特殊性主要体现在《劳动争议调解仲裁法》《办案规则》中。

因此，本条确定了对于相关事项，《办案规则》中的证据规则优先适用，《办案规则》没有规定的参照适用民事证据规则的一般规则。民事诉讼证据规则的有关规定主要包括《民事诉讼法》《最高人民法院关于民事诉讼证据的若干规定》《最高人民法院关于适用〈中华人民共和国民事诉讼法〉的解释》等。

二、证据形式

证据形式即证据的表现形式，或者证据的种类。在仲裁实践中，关于证据的种类，参照《民事诉讼法》及《最高人民法院关于民事诉讼证据的若干规定》等规定，一般分为当事人的陈述、书证、物证、视听资料、证人证言、鉴定意见、勘验笔录、电子数据等。

三、证据认定

证据认定是指仲裁员在仲裁当事人的参与下，就当事人举证、质证所涉及的证据的真实性、关联性及其合法性进行综合审查判断，从而对其需证明的事实进行综合考量、确认的过程。

（一）证据认定原则

1. 合法性原则

（1）主体合法

证据主体合法。证据主体是指形成证据内容的个人或者单位，证据主体合法，是指形成证据的主体须符合法律的要求。主体不合法也将导致证据的不合法。因此，法律根据证据特点，对某些证据的作出主体规定了相应的要求。例如用人单位以文件的形式作出对劳动者受伤为因工负伤的决定就不具有法律效力，因为工伤认定结论的作出应当由人力资源社会保障部门依法完成，而非用人单位，虽然这份文件是真实的，确实是由用人单位作出，并盖有用人单位的公章，但由于作出主体并没有确认工伤的权力，仲裁委员会不能采信这份文件证据。

（2）形式合法

证据形式的合法性是指作为证据，从形式上应当符合法律规定的要求。例如，劳动合同需有双方的签字或盖章等。

（3）取得方式合法

证据取得方式合法，即证据取得途径、来源合法。证据取得的途径、来源不合法的，不能作为案件事实认定的依据。

（4）程序合法

证据必须经过仲裁委员会庭审质证才能作为认定案件事实的依据。在开庭前进行过证据交换的证据，经仲裁员在庭审中说明并记录后，可以不经过质证，直接作为案件事实认定的依据。

2. 真实性原则

证据的真实性即证据的客观性，一是证据本身应当是真实的；二是证据所反映的内容应当是真实的、确定的、客观存在的。一切证据材料必须经过查证属实，才能作为案件事实认定的依据。

3. 关联性原则

证据的关联性是指证据与案件事实之间存在的客观的、必然的联系。证据与案件事实的联系是多种多样的，有因果、条件、时间、空间、必然和偶然联系等。其中，因果联系是最常见、最主要的联系。例如用人单位依据劳动者违反规章制度作出解除劳动合同处理决定，其中，违反规章制度证据与解除劳动合同处理决定应当存在必然的因果关系。

（二）单一证据的审核认定

仲裁员对单一证据可以从以下几个方面进行审核认定：

1. 证据是否是原件、原物，复印件、复制品与原件、原物是否相符；

2. 证据与本案事实是否相关；

3. 证据的形式、来源是否符合法律规定；

4. 证据的内容是否真实；

5. 证人或者提供证据的人，与当事人有无利害关系。

仲裁庭应按照《劳动争议调解仲裁法》《民事诉讼法》等法律对证据进行审查。

【法条链接】

《民事诉讼法》第十五条、第十六条、第六十三条、第六十五条、第六十六条、第六十八条、第七十条，《最高人民法院关于民事诉讼证据的若干规定》，《最高人民法院关于适用〈中华人民共和国民事诉讼法〉的解释》第四章，《最高人民法院关于审理劳动争议案件适用法律若干问题的解释》（法释〔2001〕14号）第十三条。

第十九条［仲裁期间］ 仲裁期间包括法定期间和仲裁委员会指定期间。

仲裁期间的计算，本规则未规定的，仲裁委员会可以参照民事诉讼关于期间计算的有关规定执行。

【条文释义】

本条规定了仲裁期间的分类，即法定期间和指定期间。法定期间包含受理期间、送达期间、举证期、答辩期、仲裁期限等，法定期间非法定情形不得变更。指定期间是由仲裁委员会依法作出的，具有一定的灵活性，比如当事人申请延长举证期限，仲裁委员会可就此指定相应的期限时长等。本条同时规定了《办案规则》未规定的仲裁期间的计算可以参照适用民事诉讼的有关规定。

一、仲裁期间

仲裁期间是指仲裁委员会、当事人和其他仲裁参与人实施或者完成某种仲裁行为所应当遵守的时间期限。仲裁期间包括法定期间和仲裁委员会指定的期间。

（一）法定期间

法定期间是指法律直接规定的时间。对于法定期间，除法律另有规定外，任何人不得变更。法定期间通常是以特定法律事实为起算点，例如仲裁的审限是从受理仲裁申请之日的次日开始计算。当事人在法定期间内不能完成相应的仲裁活动，就会引起相应的法律后果。例如《劳动争议调解仲裁法》规定仲裁委员会逾期未作出仲裁裁决的，当事人可以就该劳动争议事项向人民法院提起诉讼。

（二）指定期间

指定期间是指仲裁委员会根据案件的具体情况依职权指定的期间。指定期间可以是期间，也可以是期日。例如仲裁委员会指定当事人在十日内举证的期限是期间，仲裁委员会指定的开庭日期为期日。

二、仲裁期间的计算

（一）仲裁期间计算的一般规则

仲裁期间的计算是仲裁程序中的特殊问题，也是民事争议解决中的一般性问题。为了立法体例的简洁、清晰，《办案规则》主要规定了仲裁期间计算的特殊问题，而仲裁期间计算的其他问题则直接规定参照适用民事诉讼关于期间的规定执行。

（二）仲裁期间的计算单位与始终

仲裁期间以时、日、月、年计算。期间开始的时和日，不计算在期间内。例如《劳动争议调解仲裁法》第二十九条规定，仲裁委员会收到仲裁申请之日起五日内，认为符合受理条件的，应当受理，并通知申请人。2017年8月1日，仲裁委员会收到申请人递交的仲裁申请书，五日内受理，应从第二日开始计算，即从2017年8月2日开始计算五个工作日。终期则根据期间的实际天数相加确定。同样地，如果期间是以月和年为单位计算的，由于它们实际上是由日组成的，因此也是从第二天开始计算，终期则是根据期间所对应的实际月或者年数相加所确定的届满月或者届满年的始期对应日，如果没有对应日的，就以该月的最后一天为届满日。

（三）仲裁期间计算时节假日的处理

期间届满的最后一日是节假日的，以节假日后的第一个工作日为期间届满的日期。此处的"节假日"是指国家统一规定的节假日，例如元旦、春节、劳动节、国庆节、双休日等，不包括专门为部分公民规定的节假日，比如青年节、儿童节等，也不包括民族节日或者地方节日等。

（四）不计入仲裁期间的时间

期间不包括在途时间，仲裁文书在期满前交邮的，不算逾期。此处的"在途时间"是指仲裁文书在邮寄途中所花费的时间。确定仲裁文书交邮的时间，通常是以邮寄地邮局所盖邮戳上的时间为准。

三、期间耽误的法律后果

期间的耽误是指当事人和其他仲裁参与人本应在法定期间、指定期间内实施或者完成仲裁活动，却因为某种原因未能实施或者完成该仲裁活动的状态。期间耽误的法律后果一般是丧失了进行某种仲裁活动的权利，即发生失权，例如仲裁裁决书送达后，当事人未在收到仲裁裁决书十五日内依法向有管辖权的人民法院起诉的，仲裁裁决书即发生法律效力，当事人丧失起诉权。

【法条链接】

《劳动争议调解仲裁法》第十四条、第二十七条、第二十九条、第三十条、第三十二条、第三十五条、第三十九条、第四十三条、第四十八条至第五十条，《民事诉讼法》第八十二条、第八十三条、第九十二条。

第二十条 [送达] 仲裁委员会送达仲裁文书必须有送达回证，由受送达人在送达回证上记明收到日期，并签名或者盖章。受送达人在送达回证上的签收日期为送达日期。

因企业停业等原因导致无法送达且劳动者一方在十人以上的，或者受送达人拒绝签收仲裁文书的，通过在受送达人住所留置、张贴仲裁文书，并采用拍照、录像等方式记录的，自留置、张贴之日起经过三日即视为送达，不受本条第一款的限制。

仲裁文书的送达方式，本规则未规定的，仲裁委员会可以参照民事诉讼关于送达方式的有关规定执行。

【条文释义】

本条规定了仲裁文书的送达问题。

一、送达主体及送达方式

送达是指仲裁委员会依照法定的程序和方式，将仲裁文书交给当事人和其他仲裁参与人的行为。送达必须依法依规进行，否则会造成送达无效的后果，影响整个案件的处理效力。仲裁文书送达中，最常用的是直接送达，即通过仲裁委员会工作人员直接将各类法律文书送给当事人和其他仲裁参与人的送达方式。

（一）送达主体

送达中包含以下几类主体。

1. 送达人。送达人就是送达法律文书的主体，送达人只能是仲裁委员会的工作人员，但不仅限于仲裁员。

2. 受送达人。受送达人为案件的当事人，包括申请人、被申请人、第三人以及其他仲裁参与人等。

3. 接收送达文书的人。案件的当事人不能领取仲裁文书的，与其同住的成年家属或者是委托代理人可以作为接收仲裁文书的人。在实践中，用人单位一方，即使不是案件的委托代理人，用人单位负有接收文件职责的工作人员，也可以代领仲裁文书。

（二）送达方式

常见的送达方式主要包括直接送达、邮寄送达、公告送达、留置送达、委托送达、转交送达、电子送达等，可以参考《民事诉讼法》第七章及《最高人民法院关于适用〈中华人民共和国民事诉讼法〉的解释》第一百三十四条至第一百三十九条规定。

本条第二款规定的送达方式可称为留置、张贴送达。这种送达方式是在受送达人拒绝签收仲裁文书，或者企业非正常经营，难以联系到用人单位工作人员的情况下，为了高效率低成本处理争议案件而采用的快捷送达方式。在适用留置、张贴送达方式时，需注意以下几点。

1. 适用情形。第一种情形是因企业停业等原因导致无法送达的，此种情形下，若适用留置、张贴送达的，必须符合劳动者一方在十人以上的条件。第二种情形是受送达人拒绝签收仲裁文书的，这种情形可以直接适用留置、张贴送达。

2. 留置、张贴送达的具体方式。共有两种方式：第一种方式是将仲裁文书留在受送达人的住所，并采用拍照、录像等方式进行记录。需要注意的是，条文本身中用的是"留置"，但此处的"留置"与一般意义上的留置送达不同，仅指将仲裁文书留在受送达人住所并拍照、录像等，无须见证人。第二种方式是在受送达人住所张贴仲裁文书，并采用拍照、录像等方式进行记录。

从条文本义来看，符合上述两种适用情形中任何一种的，均可以适用两种送达方式的任何一种。

3. 送达生效时间。采用留置、张贴送达的，自将仲裁文书留在或者张贴在受送达人住所之日起经过三个工作日即视为送达，不需要受送达人签收，只需送达人记录在案，送达人至少两人以上。例如仲裁委员会工作人员于2017年7月3日在用人单位张贴仲裁文书后，可视为7月7日送达仲裁文书行为生效。

在进行留置、张贴送达时，需要附张贴送达说明一式两份，载明送达方式、送达时间、送达地点、送达人等情况，一份张贴于送达文书附近，一份存档。拍照、录像时，不仅要记录所送达的仲裁文书内容，还要记录仲裁文书张贴的位置为受送达人住所，并将拍照、录像资料存档。

二、送达的效力和送达回证

（一）送达的效力

送达的效力是指仲裁委员会依法定程序和方式，将仲裁文书送达当事人或者其他仲裁参与人后所产生的法律效果。根据所送达的仲裁文书不同，送达的效力表现为以下五个方面：一是通过仲裁委员会告知受送达人相关事宜，通过确保其知情权，保障其享有权利和救济权利。二是受送达人实施仲裁行为、行使仲裁权利和履行仲裁义务的起始时间得以确定。例如当事人对裁决的起诉期为十五日，是从裁决书送达之日开始计算。三是受送达人接收到法律文书以后，如果没有按照所送达的仲裁文书的要求实施特定的仲裁行为，就要承担相应的法律后果。例如被申请人收到开庭通知书后，应当在指定日期参加庭审活动。被申请人未按时出庭的，不影响仲裁程序的进行，裁决时按被申请人缺席裁决。四是送达能够引起特定仲裁法律关系的产生或者消灭。例如仲裁委员会受理案件以后，将申请书副本送达被申请人，使被申请人与仲裁委员会之间产生仲裁法律关系。五是送达是某些仲裁文书发生法律效力的要件之一。例如调解书只有经过当事人签收才能发生法律效力，如果当事人一方拒绝签收调解书的，调解书就不发生法律效力。

（二）送达回证

送达回证是指仲裁委员会制作的用于证明受送达人已经收到仲裁委员会所送达的仲裁文书的凭证，包括纸质凭证和电子凭证。实践中常见的也是常用的是书面送达回证。当然，针对仲裁文书的电子送达，相对应的接收程序不仅限于纸质送达回证，但最好有一份书面说明与其相对应。送达回证必须明确送达仲裁文书名称，须有受送达人与送达人的签章及签收日期；受送达人拒签或者因其他情形导致受送达人未在送达回证上签章的，应当由送达人在送达回证上载明未能送达情形或未签字原因，并由送达人签章，明确送达日期。

【法条链接】

《民事诉讼法》第七章第二节，《最高人民法院关于适用〈中华人民共和国民事诉讼法〉的解释》第一百三十条至第一百三十九条。

第二十一条 [归档] 案件处理终结后，仲裁委员会应当将处理过程中形成的全部材料立卷归档。

【条文释义】

本条规定了仲裁案件结案归档问题，明确了案件处理完毕后，应当将案件处理过程中形成的材料全部立卷归档，案件材料收集须完整。

一、仲裁案卷

（一）纸质档案

仲裁档案一般是纸质档案，是仲裁委员会、仲裁当事人及其他仲裁参与人依法共同进行仲裁活动形成的，具有查考价值并应当依法立卷归档保存的原始信息记录。在仲裁案件办结以后，要认真检查案件的所有文书材料是否收集齐全，发现手续不完备的，应当及时补齐或者补救，进行排列整理。

（二）电子档案

电子档案是指通过计算机磁盘等设备进行存储，与纸质档案相对应、相关联的通用电子图像文件集合。电子档案将电子信息从应用系统中独立出来，形成能够直接阅读的带样式的文档。随着电子信息的发展，"互联网+"在仲裁工作中的运用越来越广泛，纸质档案归档的同时，也同步录入电子档案，极大地提高了案卷利用效率。

二、立卷归档

在仲裁案卷整理立卷归档过程中，应当及时归档。案件处理结束后，仲裁委员会应当将案件材料及时归档，确保档案材料归档的及时性、完整性。

【法条链接】

《档案法》第一条至第三条、第五条。

第二十二条 [案卷整理] 仲裁案卷分正卷和副卷装订。

正卷包括：仲裁申请书、受理（不予受理）通知书、答辩书、当事人及其他仲裁参加人的身份证明材料、授权委托书、调查证据、勘验笔录、当事人提供的证据材料、委托鉴定材料、开庭通知、庭审笔录、延期通知书、撤回仲裁申请书、调解书、裁决书、决定书、案件移送函、送达回证等。

副卷包括：立案审批表、延期审理审批表、中止审理审批表、调查提纲、阅卷笔录、会议笔录、评议记录、结案审批表等。

【条文释义】

本条规定了仲裁案卷的装订方式及其各部分的材料内容，旨在规范仲裁案卷装订，实现对活动中形成的各类文书材料的规范整理。

一、案卷装订

仲裁案卷分正副卷分别立卷，既有利于仲裁档案的高效利用，又适当控制了使用范围。正卷主要列入当事人提供的仲裁申请书、证据、仲裁委员会制作的仲裁文书正本等对外公开的文书材料。副卷主要列入不宜公开、需要保密的文书材料，例如仲裁委员会领导批示、仲裁委员会讨论记录、评议记录、仲裁文书原稿（审签稿）等。一般来讲，案卷均分正副卷装订，正卷内容较多时，可以分立多卷。

二、正卷

仲裁案卷的正卷包括仲裁申请书、受理（不予受理）通知书、答辩书、当事人及其他仲裁参加人的身份证明材料、授权委托书、调查证据、勘验笔录、当事人提供的证据材料、委托鉴定材料、开庭通知、庭审笔录、延期通知书、撤回仲裁申请书、调解书、裁决书、决定书、案件移送函、送达回证等，但不限于此，例如当事人向仲裁委员会提交的要求延期开庭申请、追加仲裁请求申请等。

三、副卷

仲裁案卷的副卷包括立案审批表、延期审理审批表、中止审理审批表、调查提纲、阅卷笔录、会议笔录、评议记录、结案审批表等。此外，仲裁委员会案件讨论记录，或者裁决书、调解书、决定书等底稿，也应当归入副卷内容。

【法条链接】

《人民法院诉讼文书立卷归档办法》。

第二十三条 [案卷查阅] 仲裁委员会应当建立案卷查阅制度。对案卷正卷材料，应当允许当事人及其代理人依法查阅、复制。

【条文释义】

本条规定了案卷查阅、复制问题，明确了仲裁委员会有建立阅卷制度的义务以及当事人及其代理人查阅、复制的权利及其范围。

一、建立案卷查阅制度

根据本条规定，仲裁委员会有建立阅卷制度的职责。各地仲裁委员会应当结合自己的工作实际，依法建立案卷查阅制度，保障当事人及其代理人查阅、复制卷宗的权利。

二、应当允许查阅、复制的内容

（一）查阅、复制的内容

可以查阅、复制的内容应当为案卷的正卷内容。

（二）查阅、复制案卷的当事人范围

当事人及其委托代理人可以依法查阅、复制案卷内容。

（三）在仲裁委员会的法定保管期限内查阅或者复制

当事人及其委托代理人要求查阅或者复制的案卷，应当在仲裁委员会的法定保管期限内，即裁决类案件在十年之内，其他类型案件在五年之内。超过保管期限的，仲裁委员会没有保管的法律义务，也没有提供查阅、复制的法律义务。

【法条链接】

《档案法》第四章，《民事诉讼法》第四十九条、第六十一条。

第二十四条 [案卷保存期限] 仲裁裁决结案的案卷，保存期不少于十年；仲裁调解和其他方式结案的案卷，保存期不少于五年；国家另有规定的，从其规定。

保存期满后的案卷，应当按照国家有关档案管理的规定处理。

【条文释义】

本条规定了案卷的保存期限，明确将仲裁案卷的保存期分为十年、五年以及执行国家其他规定等三种情况。

一、保存期十年

仲裁裁决结案的案卷，保存期不少于十年。

二、保存期五年

仲裁调解和其他方式结案的案卷，保存期不少于五年。其他方式结案的，包括不予受理、撤销案件等情形。

本条中的"不少于"是指大于或者等于。

【法条链接】

《档案法》第十九条。

第二十五条 [涉密处理] 在仲裁活动中涉及国家秘密或者军事秘密的，按照国家或者军队有关保密规定执行。

当事人协议不公开或者涉及商业秘密和个人隐私的，经相关当事人书面申请，仲裁委员会应当不公开审理。

【条文释义】

本条规定了仲裁的保密问题，明确在仲裁案件审理中涉及国家秘密的，应当按照《保守国家秘密法》规定执行；涉及军事秘密的，应当按照《中国人民解放军保密条例》规定执行。

一、国家秘密

国家秘密是关系国家安全和利益，依照法定程序确定，在一定时间内只限一定范围的人员知悉的事项。

二、军事秘密

军事秘密是关系国家军事利益，依照规定的权限和程序确定，在一定时间内只限一定范围的人员知悉的事项。军事秘密是国家秘密的重要组成部分。

三、不公开审理情形

（一）公开审理为原则，不公开审理为例外

仲裁委员会审理争议案件，适用公开审理原则，但部分情形除外。

（二）协议不公开

双方当事人协议不公开审理的争议案件，向仲裁委员会提出申请的，仲裁委员会应当不公开审理。

（三）涉及商业秘密与个人隐私不公开

商业秘密是指不为公众所知悉、能为权利人带来经济利益、具有实用性并经权利人采取保密措施的技术信息和经营信息。个人隐私是指公民个人生活中不愿为他人（一定范围以外的人）公开或者知悉的秘密。争议案件涉及商业秘密或个人隐私的，仲裁委员会应当不公开审理。

（四）不公开需申请

涉及以上（二）、（三）情形的，必须经相关当事人向仲裁委员会递交书面申请，仲裁委员会才应当不公开审理。

【法条链接】

《保守国家秘密法》第二条、第三条、第九条，《最高人民法院关于诉讼代理人查阅民事案件材料的规定》（法释〔2002〕39号）第七条、第八条，《中国人民解放军保密条例》第二条、第八条。

第三章 仲 裁 程 序

本章规定了仲裁案件的办案流程,包括申请、受理、开庭、裁决等各个环节中相关问题和情形的处理,是仲裁委员会在办理案件时必须遵守的程序性规定。修订《办案规则》时,在吸收各地办案实践经验的基础上,将"简易处理"及"集体劳动人事争议处理"作为各自独立的一节在本章中予以规定,并将仲裁简便、高效、快捷、为民的理念贯穿其中,目的在于提高仲裁办案效率,缩短当事人维权时间。此外,在本章中对终局裁决进行了进一步明确和细化,以期统一各地终局裁决尺度,加大终局裁决力度,尽可能地将争议案件终结于仲裁阶段,提高仲裁公信力。

第一节 申请和受理

第二十六条 [申请仲裁时效] 本规则第二条第(一)、(三)、(四)、(五)项规定的争议,申请仲裁的时效期间为一年。仲裁时效期间从当事人知道或者应当知道其权利被侵害之日起计算。

本规则第二条第(二)项规定的争议,申请仲裁的时效期间适用公务员法有关规定。

劳动人事关系存续期间因拖欠劳动报酬发生争议的,劳动者申请仲裁不受本条第一款规定的仲裁时效期间的限制;但是,劳动人事关系终止的,应当自劳动人事关系终止之日起一年内提出。

【条文释义】

本条是关于争议仲裁时效期间的规定。本条统一规定了劳动争议和人事争议的仲裁时效。争议仲裁时效是指当事人因发生争议要求保护其合法权利，必须在法定的期限内向仲裁委员会提出仲裁申请，否则法律规定在义务人提出时效抗辩权时消灭其胜诉权的一种制度。本条将仲裁时效区分为普通仲裁时效和特殊仲裁时效。其中，第一款、第二款规定了普通仲裁时效，第三款规定了特殊仲裁时效。

一、仲裁时效的分类

（一）普通仲裁时效

本条第一款、第二款规定了争议仲裁的普通仲裁时效。普通仲裁时效分为两种：一种是用人单位与劳动者之间发生的劳动争议、事业单位和社会团体与其建立人事关系的工作人员之间发生的人事争议、军队文职人员用人单位与其聘用制文职人员之间发生的人事争议，均适用一年的仲裁时效；另一种是实施公务员法的机关与聘任制公务员之间发生的人事争议、参照公务员法管理的机关（单位）与其聘任工作人员之间发生的人事争议，则适用六十日的仲裁时效。

1. 原有关于人事争议仲裁时效的规定标准不一

《劳动争议调解仲裁法》第五十二条规定："事业单位实行聘用制的工作人员与本单位发生劳动争议的，依照本法执行；法律、行政法规或者国务院另有规定的，依照其规定。"《公务员法》第一百条第四款规定："聘任制公务员与所在机关之间因履行聘任合同发生争议的，可以自争议发生之日起六十日内向人事争议仲裁委员会申请仲裁。"《公务员法》第一百零六条规定："法律、法规授权的具有公共事务管理职能的事业单位中除工勤人员以外的工作人员，经批准参照本法进行管理。"《事业单位人事管理条例》第三十七条规定："事业单位工作人员与所在单位发生人事争议的，依照《中华人民共和国劳动争议调解仲裁法》等有关规定处理。"《人事争议处理规定》（2007年8月9日，国人部发〔2007〕109号，2011年8月15日修订）第十六条第一款规定："当事人从知道或应当知道其权利受到侵害之日起六十日内，以书面形式向有管辖权的人事争议仲裁委员会申请仲裁。"《中国人民解放军文职人员条例》第四十四条规定："文职人员与用人单位发生的人事争议，按照国家和军队有关规定依法处理。"从上述规定来看，人事争议仲裁时效期间究竟应该适用一年还是六十日，在法律规范层面并不统一。另外，各地实践对待人事争议仲裁时效问题也存在较大差异。

2.《办案规则》对人事争议仲裁时效予以统一

为避免各地再次出现做法迥异的情况，《办案规则》对人事争议仲裁时效予以统一规定，统一规定的主要原因有以下几个方面。

（1）从法律规定的效力位阶考虑

虽然《人事争议处理规定》将全部人事争议的仲裁时效期间均规定为六十日，但《事业单位人事管理条例》第三十七条规定，事业单位工作人员与所在单位发生人事争议的，依照《劳动争议调解仲裁法》等有关规定处理。《人事争议处理规定》是由中共中央组织部、原人事部、原总政治部联合制定，级别类似于部门规章；《事业单位人事管理条例》属于国务院行政法规，依照上位法优于下位法的一般规则，对于人事争议仲裁时效的法律适用问题，在作为上位法的《事业单位人事管理条例》有明确规定的情况下，不应再适用《人事争议处理规定》第十六条的规定。此外，《公务员法》与《劳动争议调解仲裁法》同属全国人大常委会制定的法律，依照《劳动争议调解仲裁法》第五十二条中"法律、行政法规或者国务院另有规定的，依照其规定"的规定，实施公务员法的机关与聘任制公务员之间发生的人事争议、参照公务员法管理的机关（单位）与其聘任工作人员之间发生的人事争议，则仍应适用六十日仲裁时效期间的规定。

（2）从依法维护事业单位工作人员合法权益的角度考虑

《人事争议处理规定》第十六条第一款所规定的六十日过于短暂，

不利于事业单位工作人员维护其合法权益。适用《劳动争议调解仲裁法》第二十七条关于一年的时效规定，无疑在权利行使期间的设计上更为科学合理，能够给处于相对弱势地位的事业单位工作人员更加充分的保护，使其有充分的时间搜集证据，选择合理的救济途径，做好必要的准备等。

（3）从裁审衔接的角度考虑

从最高人民法院 2013 年 9 月公布的《关于人事争议申请仲裁的时效期间如何计算的批复》（法释〔2013〕23 号）的相关内容来看，人民法院对人事争议时效适用的问题也基本上采纳了与本次修订相同的意见。

（二）特殊仲裁时效

本条第三款规定了特殊仲裁时效，是对《劳动争议调解仲裁法》第二十七条规定的具体化。在有些情况下，一年的时效期间不足以保护劳动者的合法权益。尤其是在建筑业等行业，拖欠工资问题较为突出，劳动者的劳动报酬很多到年底才结算；还有些劳动者为了维持劳动关系，在劳动关系存续期间不敢向用人单位主张劳动报酬。而获取劳动报酬权是劳动者权益中最基本、最重要的权益。如果都适用一年的仲裁时效，不利于保护他们的合法权益。因此，本条第三款规定："劳动人事关系存续期间因拖欠劳动报酬发生争议的，劳动者申请仲裁不受本条第一款规定的仲裁时效期间的限制。"对于劳动者与单位的劳动人事关系已经终止的情况，则没有维系劳动人事关系这样的顾虑，因此本条第三款作出了"劳动人事关系终止的，应当自劳动人事关系终止之日起一年内提出"的规定。

（三）特殊情形的仲裁时效

在实践中，各地对于部分仲裁请求该如何适用仲裁时效存在一定争议。例如未订立书面劳动合同的第二倍工资，未休带薪年休假工资报酬，确认劳动合同无效或者部分无效，确认劳动关系等。

1. 未订立书面劳动合同的第二倍工资的仲裁时效。《办案规则》已在第五十条中明确将未订立书面劳动合同的第二倍工资列入赔偿金而非劳动报酬范畴，故该第二倍工资应当适用普通仲裁时效。

2. 未休带薪年休假工资报酬的仲裁时效。未休带薪年休假工资报酬，从其性质来说，属于劳动报酬，因此应当适用特殊仲裁时效。

3. 确认之诉的仲裁时效。对于确认劳动合同无效或者部分无效、确认劳动关系的仲裁请求是否应当适用仲裁时效，因现行法律法规并未对确认之诉的时效问题作出特别规定，故仍适用仲裁时效。

二、仲裁时效的运用

在实践中，运用仲裁时效制度需注意：一是仲裁时效不受当事人的意志控制并能发生权利减损，属于法律事实中的事件。二是仲裁时效的效果是期间与事实的结合。三是在仲裁时效完成后，权利人所丧失的是胜诉权而非向仲裁委员会申请仲裁的权利。权利人仍有权向仲裁委员会申请仲裁，只是在义务人提出时效抗辩时，仲裁委员会才不再保护其权利。仲裁时效届满后，义务人虽可拒绝履行其义务，权利人请求权的行使仅发生障碍，权利本身及请求权并不消灭。当事人超过仲裁时效后申请仲裁的，仲裁委员会应当受理。受理后，如果另一方当事人提出仲裁时效抗辩且查明无时效中止、中断情形的，裁决驳回仲裁请求；如果另一方当事人未提出仲裁时效抗辩，则视为其自动放弃该权利，仲裁委员会不得主动释明或适用仲裁时效，不得以时效为由驳回仲裁请求。义务人履行义务后，也不能以不知晓仲裁时效制度或者已过仲裁时效为由要求权利人返还。四是法律关于仲裁时效的规定，属于强制性规范，当事人不得协议排除对仲裁时效的适用，也不得协议变更仲裁时效的期间。

三、仲裁时效期间的起算

依照本条第一款规定，仲裁时效期间从当事人知道或者应当知道其权利被侵害之日起计算。权利人知道自己的权利受到了侵害，这是其请求仲裁委员会保护其权利的基础。从这一时间点开始计算仲裁时效期间，符合仲裁时效是权利人请求仲裁委员会保护其权利的法定期间的本意。知道权利受到了侵害，指权利人主观上已了解自己的权利被侵害事实的发生；应当知道权利受到了侵害，指权利人尽管可能主观上不了解其权利已被侵害的事实，但根据案件具体情况，有理由推定他已了解其权利被侵害的事实，他对侵害的不知情，可能是出于对自己的权利未尽到必要的注意或将其作为推延仲裁时效期间起算点的借口等情形。仲裁时效的起算，以权利人的权利客观上受到了侵害，且主观上已知晓或应当知晓其权利被侵害的事实为构成要件。权利人主观上认为自己的权利受到了侵害，而事实上其权利并未受到侵害的，不能使仲裁时效期间开始计算。本条第三款所称"劳动人事关系终止的"，这里的"终止"既包括劳动合同的解除、终止，也包括事实劳动关系的终止；既包括聘用合同的终止，也包括聘用合同的解除（如解聘、辞聘等）。

四、仲裁时效期间届满的法律效果

按照时效制度的理论及我国实践，仲裁时效期间届满应当具有如下法律效果：一是义务人取得时效抗辩权，可以提出不履行义务的抗辩，权利人无法请求法律的强制性保护；二是仲裁时效期间届满后，义务人同意履行义务的，不得以仲裁时效期间届满为由进行抗辩；三是义务人自愿履行的，不得请求返还；四是权利人仍享有申请仲裁的权利，仲裁委员会应当受理。如果义务人不援引时效抗辩权，仲裁委员会不得以仲裁时效期间届满为由不予保护。

五、仲裁时效在诉讼阶段的适用

应当指出，争议案件无论是在仲裁阶段还是在诉讼阶段，仲裁委员会和人民法院均应适用仲裁时效期间的规定，而非两阶段分别适用仲裁时效和诉讼时效。如未订立书面劳动合同的第二倍工资在仲裁阶段应当适用一年的普通仲裁时效，在诉讼阶段也应适用同样的时效，而非适用《民法总则》第一百八十八条第一款所规定的三年诉讼时效。对此，

《民法总则》第一百九十八条予以了明确规定："法律对仲裁时效有规定的，依照其规定；没有规定的，适用诉讼时效的规定。"

《第八次全国法院民事商事审判工作会议（民事部分）纪要》第二十七条规定，当事人在仲裁阶段未提出超过仲裁申请期间的抗辩，劳动人事争议仲裁委员会作出实体裁决后，当事人在诉讼阶段又以超过仲裁时效期间为由进行抗辩的，人民法院不予支持。当事人未按照规定提出仲裁时效抗辩，又以仲裁时效期间届满为由申请再审或者提出再审抗辩的，人民法院不予支持。从上述规定来看，当事人在仲裁阶段未提出时效抗辩的，在诉讼阶段再行提出时效抗辩将不被人民法院支持。

【法条链接】

《劳动争议调解仲裁法》第二十七条第一款和第二款、第五十二条，《公务员法》第一百条第四款、第一百零六条，《民法总则》第一百九十二条、第一百九十八条，《事业单位人事管理条例》第三十七条，《中国人民解放军文职人员条例》第四十四条，《人事争议处理规定》第十六条第一款。

第二十七条 [时效中断] 在申请仲裁的时效期间内，有下列情形之一的，仲裁时效中断：

（一）一方当事人通过协商、申请调解等方式向对方当事人主张权利的；

（二）一方当事人通过向有关部门投诉，向仲裁委员会申请仲裁，向人民法院起诉或者申请支付令等方式请求权利救济的；

（三）对方当事人同意履行义务的。

从中断时起，仲裁时效期间重新计算。

【条文释义】

本条是关于仲裁时效中断的规定。本条规定了仲裁时效中断的法定事由及仲裁时效中断的法律后果。仲裁时效中断是指在仲裁时效期间进行过程中，出现了当事人积极主张权利的法定情形，从而使已经经过的仲裁时效期间归于消灭、仲裁时效期间重新计算的制度。

一、仲裁时效中断的特征

仲裁时效中断有以下三个特征。

1. 发生时间段。时效中断发生在仲裁时效期间进行过程中，仲裁时效期间尚未开始计算或仲裁时效期间已经届满的情况下，则不存在仲裁时效中断的情况。

2. 中断事由法定。在仲裁时效期间进行过程中发生了一定的法定事由而导致仲裁时效期间继续计算的基础消失。

3. 重新计算。仲裁时效中断导致已经进行的仲裁时效期间重新计算，之前经过的时效期间被消灭。

从上述特征来看，仲裁时效中断与诉讼时效中断并无本质区别。

二、引起仲裁时效中断的情形

1. 一方当事人向对方当事人主张权利。主张权利意味着当事人已经在积极行使自己的权利，应当发生仲裁时效中断的法律后果。在实践中，一方当事人向对方当事人主张权利的形式有：（1）当事人一方直接与对方当事人沟通协商，要求其履行义务；（2）当事人一方向对方当事人送交主张权利的相关文书如律师函、声明等，对方当事人签收或者有其他证据证明该文书已经送达对方当事人；（3）当事人一方通过电子邮件、传真、短信、微信等向对方当事人主张权利，且该送达方式能够到达或者应当到达对方当事人；（4）通过用人单位内部劳动人事争议调解组织、乡镇街道或者行业性劳动人事争议调解组织、人民调解委员会等各类调解组织申请调解；（5）对方当事人下落不明的，通过公告向对方当事人主张相关权利；（6）其他可以将主张权利的意思表示送达或者告知对方当事人的形式。

2. 当事人向有关部门寻求救济。《民法总则》第一百九十五条规定："有下列情形之一的，诉讼时效中断，从中断、有关程序终结时起,诉讼时效期间重新计算:……(三)权利人提起诉讼或者申请仲裁;(四)与提起诉讼或者申请仲裁具有同等效力的其他情形。"这里的"有关部门"指的是"有权处理相关争议的部门",例如拖欠工资,可到人力资源社会保障部门劳动保障监察机构投诉或到劳动人事争议仲裁委员会申请仲裁。

3. 对方当事人同意履行义务。对方当事人同意履行义务,表明其知晓当事人权利的存在,并且在主观上承认该权利,在大多数情况下是一方当事人向对方当事人主张权利时对方当事人所作出的承诺。该承诺是当事人积极主张自己的权利所产生的效果,它使得双方当事人之间的权利义务重新明确并稳定下来,说明当事人未怠于行使自己的权利,故应当产生仲裁时效中断的法律后果。

三、仲裁时效中断的法律效果

发生仲裁时效中断的情形时,已经经过的仲裁时效期间归于消灭,仲裁时效期间从头开始重新计算。

权利人通过本条第一款第(一)项、第(三)项规定的方式中断仲裁时效的,一旦权利主张到达义务人或者义务人同意履行义务的意思表示到达权利人,即可发生仲裁时效中断的法律效果。故在上述两项规定的情形下,仲裁时效期间从中断时起重新计算。

在本条第一款第(二)项规定的情形下,如果规定仲裁时效期间从提起仲裁或者诉讼、报案或者控告之日等起算,则可能导致因相关法律程序时间过长出现法律程序尚未终结而仲裁时效期间已经届满的情形,故应当从相关法律程序终结之日起重新计算仲裁时效期间。如上述机关决定不立案、撤销案件、不起诉的,仲裁时效期间从权利人知道或者应当知道不立案、撤销案件或者不起诉之日起重新计算。权利人向仲裁委员会或者人民法院提出仲裁申请或提起诉讼后,撤回仲裁申请或者撤诉的,仲裁时效期间也应当从收到仲裁委员会准许撤回仲裁申请的决定书或者人民法院准许撤诉的裁定书之日起重新计算。

【法条链接】

《劳动争议调解仲裁法》第二十七条第二款，《民法总则》第一百九十五条。

第二十八条 ［时效中止］ 因不可抗力，或者有无民事行为能力或者限制民事行为能力劳动者的法定代理人未确定等其他正当理由，当事人不能在规定的仲裁时效期间申请仲裁的，仲裁时效中止。从中止时效的原因消除之日起，仲裁时效期间继续计算。

【条文释义】

本条是关于仲裁时效中止的规定。本条规定了仲裁时效中止的法定事由及仲裁时效中止的法律后果。仲裁时效中止是指因法定事由的存在使仲裁时效期间停止计算，待法定事由消除后仲裁时效期间继续计算的制度。仲裁时效制度的目的在于督促权利人及时行使权利，但在当事人主观上没有怠于行使权利，却受制于客观原因而无法行使权利时，如果仲裁时效期间继续计算，将会导致权利人因仲裁时效经过而利益受损，从而产生对其不公平的结果，因此有必要规定仲裁时效中止制度。

一、仲裁时效中止

（一）仲裁时效中止的特征

仲裁时效中止有以下三个特征。

1. 时效中止发生在仲裁时效期间的进行过程中，仲裁时效期间尚未开始计算或者仲裁时效期间已经届满的情况下，则不存在仲裁时效中止的情况。

2. 在仲裁时效期间进行过程中发生了一定的法定事由，导致仲裁时效期间继续计算的基础消失。

3. 仲裁时效中止导致正在进行的仲裁时效期间暂停计算，而非之前经过的时效期间被消灭，待暂停计算的事由消失后，仲裁时效期间继续计算。

（二）引起仲裁时效中止的情形

依照本条的规定，引起仲裁时效中止的主要情形如下。

1. 不可抗力。不可抗力是指不能预见、不能避免并不能克服的客观情况，如火山爆发、地震、洪水等自然灾害。需要注意的是，须是发生不可抗力导致当事人一方在客观上不能行使权利，才能引起仲裁时效中止。虽然发生了不可抗力，但并未足以影响到当事人一方行使权利的，仲裁时效不中止。

2. 无民事行为能力或者限制民事行为能力劳动者的法定代理人未确定。因为无民事行为能力或者限制民事行为能力人不能独立实施民事法律行为，法定代理人缺位会对其行使权利造成客观障碍。为了更好地保护无民事行为能力或者限制民事行为能力人，使其不会因为法定代理人缺位而导致仲裁时效期间届满，从而导致其利益受损，故有必要对此予以规定。

3. 其他导致当事人一方不能行使权利的障碍。考虑到社会生活及仲裁办案实践的多样性，法律不可能穷尽所有仲裁时效中止的事由，因此有必要赋予仲裁庭一定的自由裁量权，来认定其他也属于仲裁时效中止的事由。在实践中，仲裁庭可以参考《民法总则》第一百九十四条的规定予以把握。

（三）仲裁时效中止的法律效果

出现中止情形时，仲裁时效期间中止计算，待中止情形消失后，仲裁时效期间自中止情形消失之日起继续计算。

二、仲裁时效中断与中止的区别

仲裁时效中断与中止均是仲裁时效制度中的重要内容，两者主要具有如下区别。

（一）法定事由不同

仲裁时效中断的法定事由是当事人主观意志可以决定的事实，如当事人提起仲裁申请、义务人同意履行义务等；仲裁时效中止的法定事由是当事人主观意志不能左右的事实，如无民事行为能力或者限制民事行为能力劳动者的法定代理人死亡或宣告死亡等。

（二）仲裁时效期间重新（继续）计算的时间点不同

仲裁时效中断的情形可能为某个时间点，也可能为某个时间段，如果为时间段，则应当从该时间段的终点开始重新计算仲裁时效期间；仲裁时效中止的情形只能为某个时间段，只能从该时间段的终点继续计算仲裁时效期间。

（三）法律后果不同

仲裁时效中断的法定事由发生前已经经过的仲裁时效期间不再计算（归零），从法定事由发生后重新开始计算仲裁时效期间；仲裁时效中止是仲裁时效期间暂停计算，待法定中止事由消除后，继续计算仲裁时效期间。

【法条链接】

《劳动争议调解仲裁法》第二十七条第三款，《民法总则》第一百九十四条。

第二十九条 ［申请材料］ 申请人申请仲裁应当提交书面仲裁申请，并按照被申请人人数提交副本。

仲裁申请书应当载明下列事项：

（一）劳动者的姓名、性别、出生日期、身份证件号码、住所、通讯地址和联系电话，用人单位的名称、住所、通讯地址、联系电话和法定代表人或者主要负责人的姓名、职务；

（二）仲裁请求和所根据的事实、理由；

（三）证据和证据来源，证人姓名和住所。

书写仲裁申请确有困难的，可以口头申请，由仲裁委员会记入笔录，经申请人签名、盖章或者捺印确认。

对于仲裁申请书不规范或者材料不齐备的，仲裁委员会应当当场或者在五日内一次性告知申请人需要补正的全部材料。

仲裁委员会收取当事人提交的材料应当出具收件回执。

【条文释义】

本条是关于仲裁申请材料的规定。本条规定了申请仲裁的两种方式、仲裁申请书的书写要求、仲裁立案一次性告知及仲裁收件回执等内容。申请仲裁是指在发生争议后,当事人一方向仲裁委员会提出仲裁请求,要求仲裁委员会行使裁判权,依法裁决双方争议,以保护自己的合法权益的行为。为维护当事人的合法权益,同时便于仲裁委员会对仲裁申请进行审查,法律对申请的方式及申请书应当写明的事项等进行一定的规范是有必要的。这样既可以保障当事人顺利申请仲裁,节约当事人的时间成本,也可以在一定程度上防止当事人滥用权利,规范仲裁立案秩序。

一、申请仲裁的方式

依照本条的规定,申请仲裁有两种方式:一是书面方式;二是口头方式。两种方式以书面方式为原则,只有在申请人"书写仲裁申请确有困难的"前提下,为便于其行使权利,才允许申请人口头提出仲裁申请。本条所称"书写仲裁申请确有困难的",主要是指申请人本人因文化水平欠缺或者身体残疾等造成其自行书写申请书确有困难的情形,另外也包括申请人是无民事行为能力人或者限制民事行为能力人时,其法定代理人因类似原因而无法书写申请书的情形。依照本条的规定,申请人提出仲裁申请时,应当按照被申请人的人数提交副本,以便仲裁委员会在决定受理后向被申请人送达。所谓申请书副本,即与申请书内容完全相同的文本,是相对于递交给仲裁委员会的申请书而言的。递交给仲裁委员会的申请书称为正本,副本可以抄写或者打印、复印。

口头申请仲裁的,由仲裁委员会记入笔录,笔录应当由申请人或者其法定代理人签名、盖章或者捺印,与申请书具有同等效力。需要注意的是,签名、盖章或者捺印具有同样的法律效力,三种确认方式择一即可。《办案规则》进行修订时，增加了捺印这种确认方式，主要是考虑到口头申请仲裁的当事人，可能存在既无法签名也没有签章的情形。仲裁委员会在向被申请人送达申请书时，直接送达该笔录副本即可。正本应当保留在仲裁委员会。

二、仲裁申请书应当写明的事项

（一）当事人的基本情况

当事人是自然人的，应当写明姓名、性别、出生日期、身份证件号码、住所、通讯地址和联系电话等能够确定其身份的信息。《办案规则》进行修订时，增加了身份证件号码这项内容，主要是确保自然人的身份具有唯一确定性。当事人是法人或者其他组织的，应当记明名称、住所、通讯地址、联系电话和法定代表人或者主要负责人的姓名、职务等事项。上述当事人的基本情况应当按照申请人、被申请人的顺序分别列明。

（二）仲裁请求和所根据的事实、理由

仲裁请求是申请书中的重要内容，它既是申请人申请仲裁必须符合的法定条件之一，也是申请书必须写明的法定事项。申请人必须在申请书中明确提出自己对实体权利的主张，以便仲裁委员会明确其通过仲裁所要达到的目的，并围绕其仲裁请求开展庭审、调解及裁决工作。仲裁请求应当尽量明确、逐项列明，时间及金额均应具体明确，切忌模棱两可、含混不清，如加班费请求应写明时间段、加班类型、具体金额。事实与理由部分应当实事求是，陈述力求准确，不应有攻击、侮辱对方当事人等不恰当言语，理由部分应当作出有理有据的论述。

（三）证据和证据来源，证人姓名和住所

申请人的仲裁请求是否合法合理，所根据的事实是否存在，应当有证据加以证明。申请人在提出证据的同时，应当提供证据的来源，以便仲裁委员会核实。如果提供的是证人，应当记明证人的姓名、住所等，以便仲裁委员会核实。

除上述书写要求外，申请书落款处还应当写明申请仲裁的日期，并由申请人签名或者盖章。如果申请时已经委托他人代为仲裁的，还应当将授权委托书等材料一并提交。

此处申请人提供的证据需符合立案受理的基本条件，具备初步的证明能力，无须达到足以胜诉的证明标准。在实践中，仲裁委员会不可用裁判的证据标准替代立案的证据标准。

三、仲裁委员会应当当场或者在五日内一次性告知申请人需要补正的全部材料

如果申请人提交的申请书书写内容不符合要求或者材料不齐全，仲裁委员会可以要求申请人及时补正申请书或者相关材料。如果在收取立案材料时即能查明需要补正申请书或者相关材料，可以当场向申请人告知。如果是在收取立案材料后才发现的，则应当在五日内要求申请人予以补正。为避免给当事人造成诉累，也为了贯彻仲裁简便、高效、为民的原则，仲裁委员会在告知申请人补正申请书或者相关材料时，应当一次性告知全部需要告知的内容。

四、仲裁委员会收取当事人提交的材料应当出具收件回执

无论是否需要补正材料，对于所收案件材料，仲裁委员会都应当向申请人出具收件回执。从各地的实践来看，收件回执的内容主要应当记载收到申请人提交的申请书、身份证件材料、授权委托书、证据材料及其份数等。

需要注意的是，收件回执与送达回证具有完全不同的性质。收件回执由仲裁委员会向申请人出具，用以证明仲裁委员会已收到申请人提交的立案材料，该回执交由申请人持有；送达回证是用于证明仲裁委员会已向当事人送达相关材料如受理通知书、开庭通知书、裁决书等，送达回证由仲裁委员会持有，是仲裁案件卷宗中的重要材料。

【法条链接】

《劳动争议调解仲裁法》第二十八条。

第三十条 [受理审查] 仲裁委员会对符合下列条件的仲裁申请应当予以受理,并在收到仲裁申请之日起五日内向申请人出具受理通知书:

(一) 属于本规则第二条规定的争议范围;

(二) 有明确的仲裁请求和事实理由;

(三) 申请人是与本案有直接利害关系的自然人、法人或者其他组织,有明确的被申请人;

(四) 属于本仲裁委员会管辖范围。

【条文释义】

本条是关于仲裁立案受理条件及时限的规定。本条明确了仲裁委员会应当立案受理的条件,即同时符合属于争议受案范围、请求事实理由明确、申请人与本案有直接利害关系且被申请人明确、属于管辖范围四项条件。同时,本条还规定了仲裁委员会受理案件的受理时限。

一、受理条件

(一) 是否主动审查仲裁时效

在争议案件处理过程中,仲裁时效是案件的首要焦点问题,是否超过仲裁时效往往决定了案件处理结果。在实践中,对于仲裁委员会是否应当主动审查仲裁时效存在不同观点。本条明确了仲裁委员会在立案阶段不再主动审查仲裁时效。不主动审查仲裁时效还需注意的是,一是立案阶段不主动审查仲裁时效,审理阶段同样不主动审查仲裁时效,除非涉及国家利益、社会公共利益、第三人合法权益;二是不能主动向被申请人释明仲裁时效。立案和审理过程中不审查仲裁时效并不主动释明的原因主要有如下几点。

1. 时效属于当事人的抗辩权。时效被设计为抗辩权的理由主要有两个方面:一是该制度的目的是促使权利人尽快行使权利,防止因为时间流逝引起证据灭失等导致对方当事人利益受到侵害。从根本上来说,它是为了保护相对人的利益,维持当事人之间法律关系的稳定,并不涉及国家利益、社会公共利益，因此公权力机关不应当主动介入，而应当将其留给当事人自己决定。二是一般认为通过时效而获得法律上的权益或者免于履行义务是不道德的，在社会中被视为有损名誉，所以现代法更多将这种时效利益享受与否交由当事人自行决定。

2. 时效问题比较复杂，涉及中断、中止等问题，立案时不一定能够查清；同时，立案时审查时效，即意味着已经在进行实体审理，等于未立案而先审理。

3. 与民事诉讼时效制度衔接，避免裁审不衔接。民事诉讼时效规则明确了裁判机关不主动释明、不主动援引时效规定。

（二）将有明确的被申请主体作为受理的基本条件

确定被申请人是申请人的义务，而非仲裁委员会的义务。本条规定要求申请人与案件有利害关系，可以在一定程度上防止和杜绝恶意仲裁、滥用仲裁资源、"黑代理"等扰乱仲裁秩序的行为。从以往的仲裁实践来看，常有被申请人不明确而造成主体不适格、无法核实被申请人信息而导致无法送达等问题。修订后的仲裁立案受理条件基本上与《民事诉讼法》所规定的起诉条件保持了一致。

（三）属于争议受案范围

依照《办案规则》第二条的规定，仲裁委员会受理六大类争议案件。不属于上述范畴的案件，仲裁委员会无权受理。在实践中，常有当事人基于其他法律关系如行政法律关系（申请工伤认定、要求社会保险经办机构支付社会保险待遇等）、普通民事关系（雇佣关系、承揽法律关系、民事承包法律关系等）向仲裁委员会提出仲裁申请，在告知当事人仲裁委员会无权受理的同时，可以向其指出相应的权利救济途径。

（四）有明确的仲裁请求和事实理由

明确的仲裁请求是指申请人必须明确其申请仲裁所要解决的具体问题，也就是向仲裁委员会提出保护自己权益的具体内容。仲裁请求一般有三种类型：一是积极的确认或者消极的确认型，如请求仲裁委员会确认劳动关系或者确认劳动合同无效或者部分无效；二是给付金钱型，请求对方当事人履行给付义务，如支付劳动报酬、经济补偿或者赔偿金等；三是履行行为型，要求对方当事人履行某种行为，如继续履行劳动合同或聘用合同、开具解除劳动合同证明等。上述请求应当逐项列明，其中涉及期间、时间及金额的，应当具体明确，如申请人要求支付加班费的，应当尽量明确加班的时间段、加班类型（延时、休息日或法定节假日）及具体金额。

申请人提出仲裁请求应当根据事实和理由。申请人提供的事实主要是案件的事实经过，即案件的客观情况。有证据证明客观情况的，应当提供相应的证据，并在事实的基础上提出申请仲裁的具体理由。

（五）申请人是与本案有直接利害关系的自然人、法人或者其他组织，有明确的被申请人

"与本案有直接利害关系"，是指当事人自己的权益受到侵害或者与对方当事人发生争议。只有为保护自己的权益而提起仲裁申请的人才是本案合格的申请人，如用人单位请求确认与本单位招用的劳动者所订立的劳动合同无效、劳动者请求用人单位支付加班费、工亡职工的近亲属请求工亡职工生前所在用人单位支付工亡待遇等。申请人提出仲裁申请，应当明确被申请人是谁，也就是需要明确申请人与谁发生了争议，或者是谁应当承担相应的法律责任。没有明确的被申请人，仲裁委员会则无从进行审理活动，也就无从立案受理。

（六）属于本仲裁委员会管辖范围

申请人提出仲裁申请，除了符合《办案规则》第二条所规定的受案范围外，还需符合《劳动争议调解仲裁法》第二十一条关于仲裁管辖的相关规定。此外，各地依照《劳动争议调解仲裁法》的相关规定，制定了辖区内各仲裁委员会受理案件的具体管辖规定的，申请人在申请仲裁时也需要遵守。

二、受理时限

为提高仲裁委员会办案效率，维护当事人的合法权益，仲裁委员会受理案件必须遵守法定期间。仲裁委员会收到申请人的仲裁申请，经审查，认为符合受理条件的，应当在五日内受理，并以书面受理通知书的形式通知当事人。

【法条链接】

《劳动争议调解仲裁法》第二十九条，《民事诉讼法》第一百一十九条。

第三十一条［受理审查后的处理］ 对不符合本规则第三十条第（一）、（二）、（三）项规定之一的仲裁申请，仲裁委员会不予受理，并在收到仲裁申请之日起五日内向申请人出具不予受理通知书；对不符合本规则第三十条第（四）项规定的仲裁申请，仲裁委员会应当在收到仲裁申请之日起五日内，向申请人作出书面说明并告知申请人向有管辖权的仲裁委员会申请仲裁。

对仲裁委员会逾期未作出决定或者决定不予受理的，申请人可以就该争议事项向人民法院提起诉讼。

【条文释义】

本条是关于不符合受理条件及其处理规则的规定。仲裁委员会对当事人的仲裁申请按照四项受理条件逐项审查，分不同情形进行不同处理，同时本条规定了当事人的救济途径。

一、不予受理

在实践中，并非所有的争议均属于仲裁委员会的受理范围，仲裁委员会应当依照《办案规则》第三十条的规定对当事人的仲裁申请进行审查，对符合受理条件的，应当予以受理，不得以其他借口予以拒绝；对不符合受理条件的，应当视不同情形予以不同处理。

一是不属于争议受理范围、无明确的仲裁请求和事实理由、申请人与本案无直接利害关系或者无明确的被申请人的，仲裁委员会要以书面形式出具不予受理通知书。无明确仲裁请求的，可向当事人释明并要求补正，补正后仍不明确的，则不予受理。

二是不符合管辖规定的，仲裁委员会应当通过书面形式告知申请人向有管辖权的仲裁委员会另行提起仲裁申请。

不予受理处理的，仲裁委员会都应当在法定的期限内，即收到仲裁申请之日起五日内，向申请人出具不予受理通知书或作出书面说明并告知申请人向有管辖权的仲裁委员会申请仲裁。

应当指出的是，仲裁委员会在对当事人的仲裁申请进行审查时，应当仅是形式上的审查，而非实质性的审查。例如申请人提出仲裁申请，要求确认其与某公司存在事实劳动关系，这里需要审查的是"某公司"是明确存在的，而非审查"某公司"就是与申请人建立事实劳动关系的用人单位，不能以立案审查意见代替仲裁庭庭审，从而拒绝立案受理。

需要注意的是，如果只是不属于本仲裁委员会管辖范围内的仲裁申请，仲裁委员会不应当向申请人出具不予受理通知书，而是应当书面说明情况并告知其向有管辖权的仲裁委员会申请仲裁。

二、时限及救济途径

无论是出具不予受理通知书还是出具书面说明，仲裁委员会均应当在五日内作出。对于仲裁委员会逾期未作出决定或者决定不予受理的，申请人可以向人民法院提起诉讼。

同时，实践中不排除仲裁委员会未在时限内出具不予受理通知书或者书面说明，申请人未向人民法院起诉或者起诉后人民法院以未经仲裁前置程序处理为由不予受理的情形，仲裁委员会仍应当对该申请继续进行处理。

这些关于不予受理处理的救济途径的设计，一方面充分保证了制度设计的严谨逻辑性；另一方面保护了公民、法人和其他组织的诉权，避免出现当事人申诉无门、维权艰难的问题。

【法条链接】

《劳动争议调解仲裁法》第二十九条、第四十三条。

第三十二条 [撤销案件]　仲裁委员会受理案件后，发现不应当受理的，除本规则第九条规定外，应当撤销案件，并自决定撤销案件后五日内，以决定书的形式通知当事人。

【条文释义】

本条是关于仲裁委员会对案件予以撤销的条件及方式的规定。在民事诉讼中并无案件撤销的相关规定，故本条所规定的案件撤销制度具有仲裁特色，它建立了仲裁立案纠错机制，体现了仲裁快捷的特点。

一、案件撤销的时间

本条并未明确规定案件撤销的具体时限，只是规定在案件受理这一时间节点后。从办案实践来看，仲裁案件撤销应当发生在案件受理之后，案件尚未审结之前。如果案件尚未受理，则无案件撤销的可能；如果案件已经审结，则无案件撤销的必要。

二、案件撤销的条件

依照本条规定，仲裁委员会在受理案件后，如果发现案件存在不属于争议受案范围、无明确的仲裁请求和事实理由、申请人与本案无直接利害关系或者无明确的被申请人等情形之一的，应当作出撤销案件决定。此外，依照《办案规则》第三十四条规定，如果仲裁案件违反"一事不再理"的原则，仲裁委员会应当不予受理；依照《办案规则》第三十九条规定，申请人的仲裁申请按撤回仲裁申请处理的，申请人再次申请仲裁，如果仲裁委员会未能审查发现而对上述案件予以了立案受理，则同样应当对该案件作撤销处理。如果发现受理的案件不属于本仲裁委员会管辖的，则应当适用仲裁移送管辖的规定，向申请人作出书面说明，告知其救济途径，并将案件移送至有管辖权的仲裁委员会，而非将案件予以撤销。

三、案件撤销的告知

对于决定撤销的案件，应当在法定期限五日内向当事人出具撤销案件决定书，决定书中应当载明撤销案件的具体理由。

四、案件撤销的法律效果

案件撤销后，当事人不得基于同一请求、同一被申请人再次向仲裁委员会申请仲裁，也不得以对仲裁委员会作出的撤销案件决定书不服为由向人民法院提起诉讼，但可基于同一请求及同一被申请人向人民法院提起诉讼。

第三十三条 [申请书和答辩书的送达] 仲裁委员会受理仲裁申请后，应当在五日内将仲裁申请书副本送达被申请人。

被申请人收到仲裁申请书副本后，应当在十日内向仲裁委员会提交答辩书。仲裁委员会收到答辩书后，应当在五日内将答辩书副本送达申请人。被申请人逾期未提交答辩书的，不影响仲裁程序的进行。

【条文释义】

本条是关于申请书送达被申请人以及被申请人提交答辩书的相关规定。受理案件后，仲裁委员会负有送达申请书副本、答辩书副本的职责，被申请人有答辩的权利。申请书是申请人明确请求并说明事实理由的重要文书，答辩书是被申请人对申请书中载明的仲裁请求及所依据的事实、理由所作出的答复与反驳。两种文书的送达是仲裁委员会以中立第三方的身份与双方沟通的第一步。明确申请书和答辩书的送达期限和程序，有利于督促仲裁委员会依法履行职责、全面了解案情，也有利于争议焦点的确定以及双方当事人庭前的沟通对话。本条同时明确书面答辩是被申请人的一项权利，放弃书面答辩并不影响其在仲裁活动中的其他权利，也不影响仲裁程序的依法推进。

一、申请书副本的送达

仲裁委员会受理仲裁申请后，应当在五日内将仲裁申请书副本送达被申请人。向被申请人送达仲裁申请书副本的期限从受理之日的次日起计算。如果申请人是口头申请仲裁的,仲裁委员会也应当在五日内将口述笔录的副本送达被申请人。

二、答辩书的提交

被申请人收到仲裁申请书副本后,应当在十日内向仲裁委员会提交答辩书。被申请人提交答辩书的期间自其收到仲裁申请书副本之日的次日起计算。提交答辩书是被申请人在仲裁中的一项权利,被申请人可以提交答辩书,也可以不提交答辩书。被申请人未提交答辩书的,不影响仲裁程序的进行。在实践中,被申请人不作书面答辩的现象比较普遍,往往是在庭审时进行口头答辩。但被申请人的书面答辩不仅是行使自己的权利、全面表达意思的重要手段,也有助于仲裁庭了解案情,掌握双方当事人争议的焦点,促进庭审调查的有效推进。需要注意的是,提交答辩书除须向仲裁委员会提交外,还需按照被答辩人的人数提交答辩书副本。

被申请人的答辩既可以是实体方面的内容,也可以是程序方面的内容。在程序方面主要是申请人无权申请仲裁、仲裁委员会无权管辖、超过仲裁时效、不应当受理等。在实体方面主要是针对申请人的仲裁请求及其所依据的事实和理由进行反驳和辩解,阐明自己的主张和根据。

三、答辩书副本的送达

提前将答辩书副本送达申请人,目的是使申请人及时了解对方的答辩内容,使双方当事人在庭审前尽量处于信息平等的地位,以便在开庭前为庭审做有针对性的、更充分的准备。

【法条链接】

《劳动争议调解仲裁法》第三十条。

第三十四条 [一事不再理] 符合下列情形之一,申请人基于同一事实、理由和仲裁请求又申请仲裁的,仲裁委员会不予受理:

（一）仲裁委员会已经依法出具不予受理通知书的；

（二）案件已在仲裁、诉讼过程中或者调解书、裁决书、判决书已经发生法律效力的。

【条文释义】

本条是关于仲裁"一事不再理"原则的规定。"一事不再理"或者"禁止重复诉讼"是公认的司法原则。《办案规则》将重复仲裁作为规制对象，弥补了"一事不再理"原则在争议仲裁制度中的缺失，并与《民事诉讼法》保持了统一，确保了受理标准的裁审一致。本条明确了"禁止重复仲裁"原则适用的具体标准，肯定了生效裁判结果的既判力。一方面从申请事实、理由和仲裁请求三个维度，为仲裁委员会提供了审查方向与决定依据，提供了不予受理仲裁申请的法定理由；另一方面也保障了当事人不受重复仲裁带来的诉累侵扰，规定了申请人的仲裁权利在特定情况下将消耗殆尽，为被申请人对仲裁委员会的受理决定、申请人的主张提供了抗辩依据。

一、基于同一事实、理由和仲裁请求

一般情形下，重复仲裁应当是"事实""理由""仲裁请求"三者均为同一，但不排除存在三者并非完全同一的情形下仍然构成重复仲裁，即后一仲裁申请的仲裁请求实质上被否定、被包含在前一裁判结果当中，或者该仲裁请求与前一裁判结果不能兼存的情形。如劳动者就用人单位违法解除劳动合同的行为要求继续履行劳动合同，胜诉裁判生效后，该劳动者又基于同一事实理由要求该单位支付违法解除劳动合同的赔偿金。此时，虽然该劳动者基于同一事实、理由提出后一仲裁请求，后一仲裁请求与前一仲裁请求并不相同，但其请求是依据同一请求权基础，先后提出了两种不可兼存的请求事项，在前一生效裁判未被撤销的情况下，构成了重复仲裁。

当事人提交的仲裁申请书中，部分仲裁请求属于重复申请仲裁，部分仲裁请求符合受理条件的，仲裁委员会应当对符合受理条件的仲裁请求予以受理，对重复申请仲裁的请求事项不予受理。如在受理案件后发现部分仲裁请求属于重复申请仲裁的，可在仲裁裁决书中写明依据本条规则对该重复申请的仲裁请求事项不再处理。

二、重复仲裁的主体

重复仲裁发生于相同当事人之间，若一方当事人发生权利继承，对继承人提起的仲裁申请，仲裁委员会应当视为当事人一方提起的仲裁活动并审查是否构成重复仲裁。

重复仲裁的申请人并不限于前一仲裁申请当中的申请人。即使双方当事人在后一申请中交换仲裁地位，只要争议内容符合本条规定，仍然将被认定为违反"一事不再理"原则。如在前一仲裁申请中，用人单位请求劳动者支付违反竞业限制义务的违约金，裁决生效后，劳动者提出仲裁申请，要求确认劳动合同中的竞业限制条款无效，仍然构成重复仲裁。

三、仲裁委员会已经依法出具不予受理通知书

用人单位住所地、主要办事机构所在地和劳动合同履行地的仲裁委员会对案件均有管辖权。而此处的不予受理通知书并不限于本仲裁委员会作出的不予受理通知书，而是涵盖具有管辖权的所有仲裁委员会作出的不予受理通知书。

需要注意的是，没有管辖权的仲裁委员会以案件不属于该仲裁委员会管辖范围为由出具不予受理通知书后，有管辖权的仲裁委员会不能据此直接对该案不予受理，仍应当进行立案审查。

四、案件已在仲裁、诉讼过程中或者调解书、裁决书、判决书已经发生法律效力的

已在仲裁、诉讼过程中的案件，指已被本仲裁委员会或者其他有管辖权的仲裁委员会受理的，或者已经进入一审、二审或者再审等诉讼程序的案件。

已经发生法律效力的调解书不仅指仲裁委员会或者人民法院制作的

调解书，而且包括经依法设立的调解组织调解，达成调解协议后，经人民法院司法确认或者仲裁委员会审查确认制作的调解书。仲裁委员会不得以下列理由决定不予受理：（1）申请人要求撤回仲裁申请并经仲裁委员会准予后，再次申请仲裁的；（2）人民法院以争议未经过仲裁程序为由裁定驳回的；（3）工伤认定决定处于行政复议或者行政诉讼期间的；（4）劳动能力鉴定结论处于再次鉴定期间的。

五、与《办案规则》第三十一条的关系

虽然本条规定与《办案规则》第三十一条均规定了对案件不予受理，但两者既有一定的关联，也有实质性的区别。

两者的关联在于，上述两条规定中不予受理的情形，如果仲裁委员会在立案阶段未能审查发现而予以受理，则在案件审结前均应当对案件作撤销处理。

两者的区别在于，《办案规则》第三十一条规定的是不满足受理条件而不予受理，而本条规定则是既包括已经依照《办案规则》第三十一条规定出具不予受理通知书而再次不予受理的情形，也包括案件已经经过实质处理而不予受理的情形。此外，在上述不予受理的情形中，是否应当出具不予受理通知书有所不同。依照《办案规则》第三十一条规定应当不予受理的，仲裁委员会应当在法定时限内向申请人出具不予受理通知书。依照本条规定不予受理的，本条并未明确规定是否应当出具不予受理通知书。在实践中，仲裁委员会不宜出具不予受理通知书，主要理由如下：一是案件已经出具了不予受理通知书或者经过了仲裁委员会或者人民法院实质性处理，再次出具不予受理通知书明显违背法律逻辑；二是出具不予受理通知书会造成对方当事人诉累，浪费司法资源。在本条规定的情形下，仲裁委员会出具不予受理通知书后，申请人可以凭借该不予受理通知书向人民法院申请立案。在人民法院采取立案登记制的情况下，可能会造成对方当事人诉累，浪费司法资源。

【法条链接】

《劳动争议调解仲裁法》第二十九条,《民事诉讼法》第一百二十四条第(五)项,《最高人民法院关于适用〈中华人民共和国民事诉讼法〉的解释》第二百四十七条。

第三十五条 [撤回仲裁申请] 仲裁处理结果作出前,申请人可以自行撤回仲裁申请。申请人再次申请仲裁的,仲裁委员会应当受理。

【条文释义】

本条是关于申请人撤回仲裁申请的规定。本条规定了申请人可以自行撤回仲裁申请的条件以及仲裁委员会应当受理当事人再次申请。将当事人自行撤回仲裁申请后的再次申请排除在应当出具不予受理通知书的情况之外,明确了仲裁委员会应当受理案件情形的同时,保障了当事人能够在仲裁处理结果作出前自由处分自己的仲裁权利。《劳动争议调解仲裁法》第五条虽明确了申请仲裁是当事人权利的内涵,但表述较为原则,本条规定将该条明确并具体化,有利于当事人申请仲裁权利的保护。

一、仲裁处理结果作出前

仲裁处理结果主要包括调解书和裁决书。在处理结果作出前,申请人可以自行撤回仲裁申请。仲裁庭对于是否准许撤回仲裁申请,有审查决定权。一般情况下,应当准许撤回,但如果撤回仲裁申请会损害国家利益、社会公共利益或其他人的合法权益,或者存在申请人恶意浪费仲裁资源等情形的,可以不准许撤回。

需要特别说明的是,《劳动争议调解仲裁法》第四十二条第四款规定:"调解不成或者调解书送达前,一方当事人反悔的,仲裁庭应当及时作出裁决。"结合该规定,在调解书送达前,一方当事人反悔的,仲裁庭应当及时作出裁决,在裁决作出前申请人撤回仲裁申请的,由仲裁庭审查决定是否准许。

二、自行撤回仲裁申请

自行撤回仲裁申请的情形包括申请人主动申请撤回（如申请人自愿放弃全部仲裁请求、双方当事人自行和解、经调解组织调解达成调解协议等）以及仲裁庭介入后经调解撤回等。与《办案规则》第三十九条规定的按撤回仲裁申请处理的情况不同，申请人若无正当理由拒不到庭或者未经仲裁庭同意中途退庭的，仲裁庭可以按撤回仲裁申请处理，在此情况下申请人重新申请仲裁的，仲裁委员会不予受理。

三、再次申请仲裁

再次申请仲裁是指已撤回仲裁申请的申请人对同一被申请人就同一事实、理由提出了相同的仲裁请求。该申请人针对不同被申请人申请仲裁，或者对相同被申请人就不同的事实和理由，或者对相同被申请人就同一事实和理由提出了不同的仲裁请求的，均不构成再次申请仲裁，仲裁委员会应当将其作为一个新的仲裁申请进行审查处理。

【法条链接】

《最高人民法院关于适用〈中华人民共和国民事诉讼法〉的解释》第二百一十四条。

第三十六条 [反申请] 被申请人可以在答辩期间提出反申请，仲裁委员会应当自收到被申请人反申请之日起五日内决定是否受理并通知被申请人。

决定受理的，仲裁委员会可以将反申请和申请合并处理。

反申请应当另行申请仲裁的，仲裁委员会应当书面告知被申请人另行申请仲裁；反申请不属于本规则规定应当受理的，仲裁委员会应当向被申请人出具不予受理通知书。

被申请人答辩期满后对申请人提出反申请的，应当另行申请仲裁。

【条文释义】

本条是关于仲裁反申请的规定。本条对提出仲裁反申请的实体和程序条件，以及仲裁委员会对反申请的受理和处理方式进行了规范。在指引被申请人及时合法行使反申请权利的同时，明确反申请的受理条件与本申请的受理条件相同，并将决定是否合并审理的权力赋予仲裁委员会。

一、答辩期内反申请的处理规则

（一）答辩期内提起反申请

快速、高效地处理争议案件是仲裁的重要特点之一，因此，仲裁的审理期限仅为四十五日。《办案规则》第四十六条第（四）项规定仲裁申请和反申请合并处理的，仲裁期限从受理反申请之日起重新计算。在此情形下，在庭审前尽早固定争议事项，对庭审的有效开展和争议案件的迅速解决有着重要作用。因此，被申请人如果希望其反申请能够与本申请合并审理，则其反申请应当尽早提出，即在答辩期结束之前提出。

（二）仲裁委员会的处理

针对答辩期内被申请人提出反申请的不同情况，仲裁委员会将作出不同的处理。

1. 五日内决定是否受理

被申请人在答辩期内提出反申请的，仲裁委员会应当在五日内决定是否受理，受理程序同本申请。

2. 处理结果

仲裁委员会对被申请人在答辩期内提出反申请的处理，可能出现以下四种不同的结果。

一是反申请不属于《办案规则》规定应当受理的，则向被申请人出具不予受理通知书。

二是反申请属于《办案规则》规定应当受理的，且反申请与本申请具有关联性，仲裁委员会决定与本申请合并审理。参照《最高人民法院关于适用〈中华人民共和国民事诉讼法〉的解释》第二百三十三条规定，可以合并审理的反申请从以下几个角度考量：（1）反申请的当事人应当限于本申请的当事人的范围；（2）反申请与本申请的仲裁请求基于相同法律关系，仲裁请求之间具有因果关系，或者反申请与本申请的仲裁请求基于相同事实的，可以合并审理，如因双方对劳动者是否旷工这一事实有争议，劳动者要求用人单位支付违法解除劳动合同的赔偿金，而用人单位要求劳动者返还旷工期间工资的争议便属于基于相同事实产生的正反申请。上述反申请与本申请具有关联性，仲裁委员会可以合并处理。

三是反申请属于《办案规则》规定应当受理的，且反申请与本申请具有关联性，但仲裁委员会决定不合并审理。需要指出的是，是否合并审理可以由仲裁委员会根据案件情况自主决定。因此，即使反申请属于《办案规则》规定应当受理的，且反申请与本申请具有关联性，仲裁委员会仍可根据案件处理的需要，决定将反申请与本申请不合并审理，例如反申请案情过于复杂等不适宜合并处理的情形。

四是反申请属于《办案规则》规定应当受理的，但反申请与本申请不具有关联性，则可以书面告知被申请人另行提出仲裁申请。

二、答辩期满后反申请的处理规则

（一）答辩期满后提出反申请

被申请人在答辩期满后提出反申请的，仲裁委员会应当将该申请作为一个新的案件进行处理。

（二）仲裁委员会的处理

被申请人在答辩期满后提出反申请的，仲裁委员会应当告知其另行提出仲裁申请，故不会出现与本申请合并处理的情形。

【经验介绍】

为保障申请人与反申请人在仲裁活动中的平等地位，部分地区进一步明确了双方当事人在申请与反申请中的权利。例如《江苏省劳动人事争议调解仲裁办法》第四十二条规定："劳动人事争议仲裁委员会已受理被申请人反申请的，申请人撤回仲裁申请不影响被申请人反申请的继续审理。"《重庆市劳动争议调解仲裁办法》第三十六条规定："申请人变更或增加仲裁请求，被申请人提出反申请的，对方当事人享有答辩期。"

【法条链接】

《民事诉讼法》第五十一条、第一百四十条，《最高人民法院关于适用〈中华人民共和国民事诉讼法〉的解释》第二百三十三条。

第二节　开庭和裁决

第三十七条[组庭]　仲裁委员会应当在受理仲裁申请之日起五日内组成仲裁庭并将仲裁庭的组成情况书面通知当事人。

【条文释义】

本条规定了仲裁庭的组成及告知程序。本条内容主要包括两方面：一方面规定了仲裁委员会应在决定受理案件后的五日内确定该案件适用独任制或者由三名仲裁员组庭的具体组庭模式以及仲裁员名单；另一方面规定了仲裁委员会应当在受理案件后的五日内，将仲裁庭组成情况以书面形式告知各方当事人。仲裁委员会处理争议案件实行一案一庭制。

一、仲裁庭组成

（一）组庭形式

审理争议案件的仲裁庭组织形式分为以下两种。

1. 需三名仲裁员组庭的情形

依照《劳动人事争议仲裁组织规则》相关规定，凡涉及十人以上并有共同请求的争议案件、履行集体合同所发生的争议案件、有重大影响或者疑难复杂的争议案件，以及仲裁委员会认为应当组庭处理的争议案件，均应当由三名仲裁员组庭处理。其中涉及处理因履行集体合同发生的劳动争议，按照三方原则组成仲裁庭处理。

2. 可独任处理的情形

仲裁委员会对事实清楚、权利义务关系明确、争议不大的争议案件，标的额不超过本省、自治区、直辖市上年度职工年平均工资的争议案件，双方当事人同意简易处理的争议案件，可以指定由一名仲裁员独任仲裁，并应当告知当事人。

（二）组庭人员

《办案规则》关于回避范围的规定，新增加了当事人要求记录人员回避的权利，但记录人员不属于仲裁庭组成人员，仲裁庭的仲裁员也不得兼任本庭记录人员。

二、通知

（一）通知方式

除简易处理可以变通外，仲裁委员会应当以书面形式而非其他形式进行通知。

（二）通知时限

除简易处理可以变通外，仲裁委员会应当自仲裁申请受理之日起五日内进行通知。

（三）通知内容

通知中应当列明仲裁庭组成人员的姓名及联系方式，便于当事人及时行使其申请回避等权利。此外，通知中也应列明记录人员的姓名及联系方式。

【法条链接】

《劳动争议调解仲裁法》第三十二条，《劳动人事争议仲裁组织规则》第十二条、第十三条、第五十六条、第六十二条、第六十五条。

第三十八条 ［通知开庭］ 仲裁庭应当在开庭五日前，将开庭日期、地点书面通知双方当事人。当事人有正当理由的，可以在开庭三日前请求延期开庭。是否延期，由仲裁委员会根据实际情况决定。

【条文释义】

本条规定了争议案件开庭告知的程序。一方面规定了仲裁委员会应当以书面形式告知当事人庭审时间和地点的具体日期；另一方面规定了当事人申请延期开庭的日期，并赋予了仲裁委员会对是否延期开庭的最终决定权。本条设置的优点在于：一是便于当事人提前安排出庭时间，确保准时到庭；二是避免突击审理，保证仲裁的公正性；三是为仲裁委员会作出视为撤回申请决定和缺席裁决明确先决条件；四是赋予当事人因实际困难无法如期举证的延期救济途径，同时将是否延期开庭的决定权明确赋予仲裁委员会。

一、开庭前五日书面通知

"开庭前五日书面通知"属于强制性规定，除简易处理的案件可以依法予以变通外，其他适用一般程序处理的案件应当严格遵守。开庭前五日，应当将开庭的具体时间和地点书面通知当事人。

二、延期开庭

（一）申请延期开庭的时间和主体

当事人申请延期开庭的，应当在开庭三日前提出。

延期开庭的决定，可以依当事人申请作出，也可以由仲裁委员会主动作出。

（二）申请延期开庭的正当事由

当事人申请延期开庭应具有正当事由，正当事由应当是妨碍当事人参加庭审的客观理由。在实践中，正当事由一般是不可抗力、意外事件或者突发的特别情况等。一般以下情况可以被认定为需要延期开庭审理：一是必须到庭的当事人有正当理由不能到庭；二是当事人临时提出回避申请的；三是需要通知新的证人到庭、调取新的证据的，或者重新鉴定、需要补充调查的；四是其他需要延期开庭审理的情形，由仲裁庭视情况而决定。

（三）仲裁委员会决定

对于当事人申请延期开庭的，仲裁委员会可以根据案件的实际情况予以决定并书面告知。仲裁委员会决定延期开庭的，应当书面告知当事人开庭的具体日期及地点。

【法条链接】

《民事诉讼法》第一百四十六条。

第三十九条　[拒不到庭、无故退庭处理]　申请人收到书面开庭通知，无正当理由拒不到庭或者未经仲裁庭同意中途退庭的，可以按撤回仲裁申请处理；申请人重新申请仲裁的，仲裁委员会不予受理。被申请人收到书面开庭通知，无正当理由拒不到庭或者未经仲裁庭同意中途退庭的，仲裁庭可以继续开庭审理，并缺席裁决。

【条文释义】

本条规定了申请人及被申请人无故不参加仲裁活动所应当承担的法律后果。在仲裁活动中，经仲裁委员会依法通知，当事人有义务按时到庭，以保证仲裁活动及时、顺利进行，明确当事人权利义务关系，保护当事人的合法权益，也使法律的严肃性和仲裁委员会的权威得以维护。当事人不依法参加庭审活动的，应承担不利后果。

一、申请人无正当理由拒不到庭或者未经仲裁庭同意中途退庭

（一）可以按撤回仲裁申请处理

申请人收到书面通知，无正当理由拒不到庭或者未经仲裁庭同意中途退庭的，基于权利的可放弃性，仲裁委员会可以视为申请人以实际行动向仲裁委员会表明放弃行使仲裁权利，撤回仲裁申请。当然，仲裁委员会也可以根据案件的具体情况，继续等待或者安排第二次开庭。

（二）重新申请仲裁不予受理

被按撤回仲裁申请处理后，申请人基于同一事实理由，以同样的仲裁请求再次向仲裁委员会申请仲裁的，仲裁委员会不予受理。这与民事诉讼中的做法存在较大差异。在民事诉讼中，对原告按撤诉处理的，其

仍然可以基于同一事实理由，对同样的诉讼请求再次提起诉讼，人民法院应当予以受理。仲裁制度对此作出与民事诉讼完全不同的规定，主要是基于仲裁快捷原则的考虑，同时避免当事人滥用仲裁申请权。在此情形下，仲裁委员会应在收到仲裁申请之日起五日内向申请人出具不予受理通知书。

二、被申请人无正当理由拒不到庭或者未经仲裁庭同意中途退庭

（一）可以缺席审理并缺席裁决

被申请人之所以参加仲裁活动，是基于申请人认为其可能侵害了自己的合法权益而提出仲裁申请，因此，被申请人若经合法通知拒绝参加仲裁活动或者未经仲裁庭同意中途退庭，势必严重影响对申请人可能被侵害权利的及时救济，故被申请人有义务到庭参加仲裁活动。被申请人在收到书面开庭通知后，无正当理由拒不到庭或者未经仲裁庭同意中途退庭的，系怠于行使自己的权利（答辩权、举证质证权、抗辩权等），但其不能不履行自己的义务，仲裁委员会可以基于保护申请人权益的考虑，缺席审理该案件，并作出缺席裁决。当然，仲裁委员会也可以根据案件的具体情况（如被申请人不到庭可能影响查明案件事实、申请人可能虚假仲裁等），继续等待或者安排第二次开庭。

（二）缺席审理及缺席裁决注意事项

在缺席审理中，仲裁庭的审理流程与非缺席审理流程并无显著差异，但由于被申请人未到庭无法进行质证、辩驳及辩论，仲裁庭需特别注意审核、认定申请人所提交的证据及申请人在申请书中的陈述与当庭陈述是否相符等，防止申请人利用被申请人未出庭而虚假仲裁。此外，在裁决书中，应注明案件因被申请人无正当理由拒不到庭或者未经仲裁庭同意中途退庭而被缺席审理的情况。

三、拒不到庭时间的认定

《办案规则》并未对超过开庭时间多久应视为拒不到庭作出具体限定，而庭审当日发生特殊状况也属不可避免。基于仲裁委员会在庭审前

已经书面通知当事人开庭时间以及不浪费仲裁资源的考虑，仲裁庭等待当事人开庭时间不宜过长，否则就是对另一方当事人权利的侵害。例如，北京地区现行做法是以规定的开庭时间等待三十分钟为标准。仲裁庭可以在开庭时间对未到庭的当事人进行询问，当事人应对突发状况如遭遇恶劣天气等向仲裁庭进行反馈，并由仲裁庭根据现实情况确定等待时间，并告知未到庭一方超过等待时间仍未到庭的不利后果。在规定的等待时间内仍未出庭的，申请人未出庭可视为自动撤回仲裁申请，被申请人未出庭的，仲裁庭可以进行缺席审理。在实践中，可能出现用人单位一方忘记携带营业执照副本复印件或者委托代理人忘记携带授权委托手续的情形，仲裁庭应当作出区分处理。对于忘记携带营业执照副本复印件，但携带了加盖有用人单位公章确认或者法定代表人签字确认的授权委托手续的，可视为该用人单位委托的出庭人员获得了用人单位的授权而应允许其参加仲裁活动，仲裁庭可以要求用人单位在庭后及时补交营业执照副本复印件等材料；对于仅提交了营业执照副本复印件而未提交有效授权委托手续的，因不能确定该出庭人员获得了用人单位的授权而具有出庭资格，故开庭三十分钟内无法提交有效授权委托手续的，可视为用人单位未到庭参加仲裁活动，仲裁庭可以进行缺席审理。

【法条链接】

《劳动争议调解仲裁法》第三十六条，《办案规则》第三十一条。

第四十条 [鉴定费] 当事人申请鉴定的，鉴定费由申请鉴定方先行垫付，案件处理终结后，由鉴定结果对其不利方负担。鉴定结果不明确的，由申请鉴定方负担。

【条文释义】

本条规定了在争议仲裁阶段鉴定费的承担，即启动鉴定程序方先行垫付，最终依据鉴定机构的鉴定结果来确定最终承担方。

对证据材料进行鉴定是为了辨明证据材料的真伪，从而维护一方当事人的合法权益。因此，根据"谁主张谁举证"的法律原则，鉴定费应当由一方当事人而非仲裁委员会负担。

一、先行垫付

鉴定费首先由提出鉴定申请的一方当事人垫付。应当指出，提出鉴定申请的一方当事人应当是对对方当事人提交证据材料的真实性产生质疑的当事人，而非提交证据材料方的当事人。如果对对方当事人提交的证据材料的真实性有所质疑，但又不同意或者不提出鉴定申请，则无须进行鉴定，此时若无其他相关举证可以推翻对方当事人此证据的，则由该方当事人就对方当事人所提交证据材料需要证明的法律事实直接承担举证（反证）不能的法律后果。

二、不利方负担

先由提出鉴定申请方垫付只是对鉴定费负担的暂时安排，最终鉴定费应当由鉴定结果对其不利的一方当事人承担，这也是"谁主张谁举证"法律原则的具体体现。既然鉴定结果对一方当事人不利，说明该方当事人未能提供有力证据证明自己的主张或反驳对方当事人，故应当由其承担不利的法律后果，其中应当包括对鉴定费的承担。

三、申请鉴定方负担

在实践中，不排除出现鉴定结果不明确的情形。在此情形下，应由申请鉴定方负担鉴定费。主要理由是，基于"谁主张谁举证"法律原则，因鉴定结果不明确，属于提出申请鉴定方未能完成举证责任，故应当由其负担鉴定费。但在此情形下，申请鉴定方是否负担案件待证事实的不利后果，需要根据各方当事人的举证情况、举证能力的大小及证明责任的分配等综合加以考量。

【法条链接】

《劳动争议调解仲裁法》第三十七条。

第四十一条 [庭审程序] 开庭审理前，记录人员应当查明当事人和其他仲裁参与人是否到庭，宣布仲裁庭纪律。

开庭审理时，由仲裁员宣布开庭、案由和仲裁员、记录人员名单，核对当事人，告知当事人有关的权利义务，询问当事人是否提出回避申请。

开庭审理中，仲裁员应当听取申请人的陈述和被申请人的答辩，主持庭审调查、质证和辩论、征询当事人最后意见，并进行调解。

【条文释义】

本条规定了仲裁开庭审理的程序。具体根据仲裁员和记录人员的职责分工，按照开庭审理前、开庭审理时及开庭审理中的时间顺序规定了仲裁庭的准备、调查、辩论、调解等流程及步骤，明确了各阶段仲裁员和记录人员的仲裁活动内容，形成了统一的规范性操作步骤。

一、开庭审理前的仲裁庭活动

本阶段的仲裁庭准备活动指狭义的"准备阶段"，即在指定的开庭时间及地点进行的仲裁庭准备活动，主要组织者为记录人员。首先，记录人员引导各方当事人及委托代理人按指示牌就座，旁听人员进入旁听席就座；其次，记录人员核实各方当事人和其他仲裁参与人的到庭情况，宣布仲裁庭纪律；最后，向仲裁员报告，仲裁庭准备工作就绪，可以开庭。

在实践中，记录人员在核实当事人的到庭情况时，如果必须到庭的当事人和其他仲裁参与人没有到庭，由记录人员向仲裁员报告。申请人收到书面开庭通知，无正当理由拒不到庭的，可以按撤回仲裁申请处理；被申请人收到书面开庭通知，无正当理由拒不到庭的，仲裁庭可以继续开庭审理，并缺席裁决。

二、开庭审理时的仲裁庭活动

开庭审理时，仲裁庭负责处理程序性事务，主要内容包括以下两个方面。

1. 宣布开庭、案由和仲裁员、记录人员名单，核实当事人及委托代理人的身份，询问双方当事人对彼此身份有无异议后，宣布当事人及委托代理人可以参加仲裁庭活动。本环节主要通过查验身份证件及法人营业执照（登记证）等方式核实当事人的基本信息，并通过授权委托书核实委托代理人的身份及代理权限。

2. 告知双方当事人在仲裁活动中的权利和义务，主要包括：（1）提出、变更、增加、放弃仲裁请求，提出反申请以及和解的权利；（2）申请回避、提供证据、进行辩论、请求调解的权利；（3）陈述事实、提供证据的义务；（4）遵守仲裁庭纪律、服从仲裁庭指挥的义务。本环节重点询问当事人是否存在申请回避的请求。当事人申请回避的，仲裁员在问明理由后宣布休庭，随即向仲裁委员会主任或者其委托的仲裁院负责人汇报，仲裁委员会主任或者其委托的仲裁院负责人作出决定不同意回避申请的，仲裁员可在口头或者书面告知当事人后宣布继续开庭，口头告知的，应记入笔录；仲裁委员会主任或者其委托的仲裁院负责人作出决定同意回避申请的，仲裁员可在告知当事人后宣布延期开庭审理。如果当事人申请仲裁委员会主任或者其委托的仲裁院负责人（担任仲裁员时）回避的，仲裁员在问明理由后宣布休庭，并提交仲裁委员会决定，但回避决定应当自申请回避之日起三日内作出。

三、开庭审理中的仲裁庭活动

本阶段是对案件进行实质审理的关键环节，主要由仲裁员引导双方当事人进行充分陈述、抗辩，主持仲裁庭依次进行陈述调查、当事人举证质证和双方当事人围绕争议焦点进行辩论。辩论终结时，仲裁员应当征询当事人的最后陈述意见，并询问各方当事人是否同意进行调解。本阶段应当遵循以下四项原则。

1. 质证原则。在庭审过程中应当逐一由申请人、被申请人（或者共同当事人、第三人）举证、质证，针对仲裁委员会调取的证据材料，应当及时组织双方当事人进行质证，未经质证的证据材料不得作为定案的依据，否则仲裁庭程序违反法律规定。庭前证据交换中双方均认可的证据、双方均认可的事实可以不再组织质证。

2. 辩论原则。当事人辩论是仲裁庭审理的重要程序，仲裁庭调查、质证结束，仲裁员应当总结案件的主要争议焦点，引导双方当事人围绕争议焦点进行辩论，避免当事人进行冗长的赘述，但必须保障当事人享有充分辩论权。

3. 调解优先原则。争议案件应当遵循调解优先的基本原则，将调解工作贯穿于仲裁庭审理活动的始终，充分发挥调解简便、快捷、降低双方对抗性、有利于社会和谐稳定等优势。

4. 征询意见原则。仲裁员需征询当事人的最后意见，即使在简易处理中，此程序也不得省略，这是《劳动争议调解仲裁法》所规定的。

【经验介绍】

北京市编制的《劳动人事争议仲裁庭审若干规范》，对争议案件庭审中的程序、庭审中仲裁员的语言、不同争议案件所涉及的必须查清的问题以及庭审笔录的内容等进行了标准化规范，以供仲裁庭办案时参考使用。

【法条链接】

《劳动争议调解仲裁法》第三十八条、第三十九条。

第四十二条 ［笔录与补正］ 仲裁庭应当将开庭情况记入笔录。当事人或者其他仲裁参与人认为对自己陈述的记录有遗漏或者差错的，有权当庭申请补正。仲裁庭认为申请无理由或者无必要的，可以不予补正，但是应当记录该申请。

仲裁员、记录人员、当事人和其他仲裁参与人应当在庭审笔录上签名或者盖章。当事人或者其他仲裁参与人拒绝在庭审笔录上签名或者盖章的，仲裁庭应当记明情况附卷。

【条文释义】

本条规定了仲裁庭审笔录及补正。记录人员应当将仲裁庭审活动客观、如实地记入笔录，明确当事人对仲裁庭审笔录有提出合理补正的权利，并对当事人或者其他仲裁参与人拒绝在庭审笔录上签字的行为设定了处理规则，从而保证仲裁庭审笔录能够切实反映庭审过程，服务于仲裁庭审活动。

一、庭审笔录

仲裁庭审活动应当以笔录的形式予以体现。庭审笔录是对全部庭审活动的客观反映，是仲裁庭裁决案件的重要依据。记录人员应当客观、如实地记录整个庭审过程，不得曲解当事人和其他仲裁参与人的意思表示，切不可在庭审记录过程中掺入个人的主观臆断。对于当事人进行人身攻击、侮辱性的词语等则不宜记录在庭审笔录中。

二、庭审笔录的补正

仲裁庭宣布休庭时，当事人和其他仲裁参与人可以对庭审笔录进行审阅，认为笔录存在陈述遗漏或者差错时，可以提出补正申请，但时限为"当庭"。当事人和其他仲裁参与人超过上述时间界限提出补正申请的，仲裁庭不再予以补正。对于当事人和其他仲裁参与人提出的补正申请，仲裁庭有权决定是否予以补正，对于合理或者必要的补正申请予以同意，否则不予补正，但应当记录该申请。

三、庭审笔录的签章

（一）签章的人员

在庭审笔录上签章的人员包括全部仲裁活动参与人，即仲裁员、记录人员、当事人和其他仲裁参与人如证人、鉴定人等。

（二）签章的方式

在庭审笔录上签章，可以是签名，也可以是盖章。在实践中，对仲裁员和记录人员可以是签章，而其他人员则需本人签名。需要注意的是，当事人应当在庭审笔录的每页上均签名，证人或鉴定人只需在证言部分或者接受询问部分签名，而仲裁员和记录人员只需在最后一页签名或者盖章即可。

(三) 拒绝签章的处理

当事人或者其他仲裁参与人拒绝在庭审笔录上签名或者盖章的，仲裁庭应当记明情况附卷。仲裁庭对该情况的附卷记录可以视为当事人已经在庭审笔录上签字，仲裁庭可以将该庭审笔录作为裁判案件的依据。

【法条链接】

《劳动争议调解仲裁法》第四十条。

第四十三条 [仲裁庭纪律] 仲裁参与人和其他人应当遵守仲裁庭纪律，不得有下列行为：

(一) 未经准许进行录音、录像、摄影；

(二) 未经准许以移动通信等方式现场传播庭审活动；

(三) 其他扰乱仲裁庭秩序、妨害审理活动进行的行为。

仲裁参与人或者其他人有前款规定的情形之一的，仲裁庭可以训诫、责令退出仲裁庭，也可以暂扣进行录音、录像、摄影、传播庭审活动的器材，并责令其删除有关内容。拒不删除的，可以采取必要手段强制删除，并将上述事实记入庭审笔录。

【条文释义】

本条规定了仲裁庭纪律及违反仲裁庭纪律的法律后果，以列举的方式明确了三种违反仲裁庭纪律的行为，并针对上述行为规定了训诫、责令退出仲裁庭、暂扣器材并删除有关内容等强制措施，在一定的范围内、合理的限度内，授予仲裁庭对妨害仲裁庭审活动的仲裁参与人和其他人员一定的惩处权及强制力，目的在于排除妨害仲裁庭审有序进行的行为，惩戒违反仲裁庭纪律的仲裁参与人和其他人员，确保仲裁庭审有序进行。

一、妨害仲裁庭审活动强制措施的适用主体及对象

对于违反仲裁庭纪律的行为，仲裁庭可以采取强制措施，但应当将上述情况记入笔录。对于妨害仲裁庭审活动强制措施的适用对象，主要

为仲裁参与人,包括申请人、被申请人、第三人、委托代理人、证人、鉴定人、翻译人员等,也可以为旁听人员。

二、妨害仲裁庭审活动强制措施的适用范围

对违反仲裁庭纪律、扰乱仲裁庭秩序的行为,因该行为也直接影响到仲裁参与人的合法权益和其他行为人的正当权益保护,本条授予仲裁庭可以采取必要的强制措施。结合仲裁委员会的职责权限,考虑到惩处权力的合理限制问题,妨害仲裁庭审活动强制措施的适用范围界定如下。

1. 未经准许进行录音、录像、摄影,主要包括仲裁参与人、旁听人员利用手机、相机、平板电脑、录音笔等器材对庭审活动进行声音、图像、影像记录。

2. 未经准许以移动通信等方式现场传播庭审活动,主要包括仲裁参与人、旁听人员通过发送电子邮件、微信、博客、微博客等方式传播庭审情况(经法定途径获准采访、转播或者直播庭审活动的除外)。

3. 其他扰乱仲裁庭秩序、妨害审理活动进行的行为,主要包括但不限于以下四种情形:(1)违反仲裁庭纪律,在仲裁庭内高声喧哗、随意打断仲裁员发言;(2)哄闹、冲击仲裁庭;(3)侮辱、诽谤、威胁、殴打仲裁工作人员或者仲裁参与人;(4)其他不尊重、不服从仲裁庭指示、安排,致使仲裁庭审无法正常进行的行为。

三、对妨害仲裁庭审活动采取的强制措施

(一)训诫

训诫是指仲裁庭对违反仲裁庭纪律的行为人,以口头方式予以严肃的批评教育,并指出其行为的违法性和危害性,令其以后不得再犯的一种强制措施。训诫适用于妨害仲裁庭秩序但情节轻微者,由仲裁庭决定并口头执行,需要将训诫的内容记入仲裁庭审笔录。

(二)责令退出仲裁庭

责令退出仲裁庭是指仲裁庭对违反仲裁庭纪律的行为人,强制其离开仲裁庭的强制措施。责令退出仲裁庭比训诫更为严厉,仲裁庭可以直接适用责令退出仲裁庭的强制措施,也可以先适用训诫,然后视行为人的表现再决定是否适用责令退出仲裁庭的强制措施,但应当将被责令退出仲裁庭者的违法事实记入庭审笔录。

在实践中,对当事人及其委托代理人扰乱仲裁庭秩序且不听劝阻,在不采取责令退出仲裁庭的强制措施不足以恢复仲裁庭秩序的情况下,责令其退出仲裁庭并无不当,但并不能因此剥夺其相关的仲裁权利。如果当事人被责令退出仲裁庭后仍有代理人的,庭审活动应当继续进行;如果无代理人,应当休庭,可以视情况允许当事人再次参与庭审。如果代理人被责令退出仲裁庭,当事人自行参与仲裁的,庭审应当继续进行;如果其需要另行委托代理人的,则应当休庭。

(三)其他问题

1. 在仲裁庭采取上述强制措施时,也可以同时暂扣行为人的录音、录像、摄影、传播庭审活动的器材,并责令其删除有关内容;行为人拒不删除的情况下,仲裁庭可以采取必要手段强制删除,并将上述事实记入仲裁庭审笔录。需要注意的是,由于仲裁委员会本身不具有法律赋予的对人身实施强制措施的职权,故仲裁庭在采取必要手段强制删除时,应当注意方式方法,必要时可报请公安机关予以协助。

2. 在仲裁庭适用训诫、责令退出仲裁庭强制措施时,一般可以当庭处理,记入庭审笔录,不宜直接写入裁决书中;确有必要在裁决书中反映的,在记录仲裁过程的部分予以阐明。

3. 在实践中,对于违反仲裁庭纪律、不服从仲裁庭训诫等行为,情节严重已违反《治安管理处罚法》的,仲裁庭可以报请公安机关处理。

【法条链接】

《民事诉讼法》第一百一十条。

第四十四条 [增加或者变更仲裁请求] 申请人在举证期限届满前

可以提出增加或者变更仲裁请求；仲裁庭对申请人增加或者变更的仲裁请求审查后认为应当受理的，应当通知被申请人并给予答辩期，被申请人明确表示放弃答辩期的除外。

申请人在举证期限届满后提出增加或者变更仲裁请求的，应当另行申请仲裁。

【条文释义】

本条规定了申请人如何增加或者变更仲裁请求。仲裁庭对申请人增加或者变更仲裁请求的处理，分为两种情形：一是举证期限届满前申请人提出增加或者变更仲裁请求；二是举证期限届满后申请人提出增加或者变更仲裁请求。

一、增加或者变更仲裁请求的主要情形

增加或者变更仲裁请求的主要情形为：第一，对仲裁请求金额的增加；第二，对仲裁请求事项的变更，如将解除劳动合同经济补偿变更为违法解除劳动合同赔偿金；第三，对仲裁请求期间的变更，如对确认劳动关系存续时间段的变更等；第四，增加新的仲裁请求等。

二、举证期限届满前提出

申请人在举证期限届满前提出增加或者变更仲裁请求的，仲裁庭应当按照立案审查标准对其增加或者变更的仲裁请求进行审查，如果符合受理条件，则应当通知被申请人，给予其不少于十日的答辩期，并视情况调整开庭时间。如果被申请人明确表示放弃答辩期，则应当按原定开庭时间继续审理。审理时，应当将增加或者变更的仲裁请求与原仲裁请求合并审理。被申请人明确表示放弃答辩期的意思表示应当记录在庭审笔录中。

三、举证期限届满后提出

申请人在举证期限届满后提出增加或者变更仲裁请求的，仲裁庭应当对该请求按照新案进行处理，告知申请人向仲裁委员会另行提出仲裁申请，原仲裁请求的审理应当不受影响，照常进行。

【法条链接】
《最高人民法院关于民事诉讼证据的若干规定》第三十四条。

第四十五条 [仲裁期限] 仲裁庭裁决案件,应当自仲裁委员会受理仲裁申请之日起四十五日内结束。案情复杂需要延期的,经仲裁委员会主任或者其委托的仲裁院负责人书面批准,可以延期并书面通知当事人,但延长期限不得超过十五日。

【条文释义】

本条规定了争议案件的审理期限。普通案件审理期限为四十五日,复杂案件需要延期的最多延长十五日;同时规定了延长审理期限应遵守的法定程序。

本条对于仲裁庭审结争议案件的时限作出规定,从决定受理仲裁申请之日的次日开始计算,审理期限为四十五日。本条尽管只是规定了"裁决"的时限,但这一时限同样适用于调解结案的争议案件,所以可以称为审理期限。在特殊情况下需要延期的,经书面批准后延长的期限不得超过十五日,即仲裁庭裁决争议案件的最长审理期限为六十日。本条规定有利于及时、快捷地解决争议案件,其立法目的是提高仲裁工作效率,防止案件久拖不决,减少当事人维权的时间成本,更好地保护当事人的合法权益。

为保证延长庭审期限的严肃性和延长的清晰性,避免发生对程序是否违法的争议,《办案规则》要求延长庭审期限应采取书面形式。在实践中,书面形式多表现为仲裁员应填写延期审理审批表。延期审理审批表应当载明案号、受理时间、劳动者姓名、用人单位名称、申请延期的理由及申请延期的期限等信息,经仲裁员签名后报请批准。在批准延期的主体方面规定了两类主体:仲裁委员会主任和经仲裁委员会主任委托的仲裁院负责人,本规定解决了一些地方因仲裁委员会主任为政府相关部门的主管或者分管领导,实际上无法签批延期手续的问题,增强了可操作性。但对于尚未成立仲裁院的地区，仍应当由仲裁委员会主任履行延期审批职责。

对于经批准后可以延期审理的案件，仲裁员应当及时制作延期通知书。延期通知书应当载明延期审理的事实根据及延长审理的期限，加盖仲裁委员会印章后依法送达双方当事人。

【法条链接】

《劳动争议调解仲裁法》第四十三条。

第四十六条 ［仲裁期限的特别规定］ 有下列情形的，仲裁期限按照下列规定计算：

（一）仲裁庭追加当事人或者第三人的，仲裁期限从决定追加之日起重新计算；

（二）申请人需要补正材料的，仲裁委员会收到仲裁申请的时间从材料补正之日起重新计算；

（三）增加、变更仲裁请求的，仲裁期限从受理增加、变更仲裁请求之日起重新计算；

（四）仲裁申请和反申请合并处理的，仲裁期限从受理反申请之日起重新计算；

（五）案件移送管辖的，仲裁期限从接受移送之日起重新计算；

（六）中止审理期间、公告送达期间不计入仲裁期限内；

（七）法律、法规规定应当另行计算的其他情形。

【条文释义】

本条规定了重新计算仲裁期限及不计入仲裁期限的情形，共计七种，是特殊的仲裁期限，有其特殊计算规则。《劳动争议调解仲裁法》对仲裁期限有着严格的规定。但在仲裁案件办理过程中，可能会出现一些法定情形导致仲裁庭难以在法定期限内审结案件，而这些法定情形并非是由仲裁庭自身工作原因造成的，而是基于当事人的原因或者其他客观原因，故应该自出现该法定情形时重新计算仲裁期限或者将某段期间不计入仲裁期限。

一、重新计算仲裁期限的情形

《劳动争议调解仲裁法》规定了仲裁庭自受理仲裁申请之日起裁决争议案件的最长审理期限为六十日，实践中由于双方当事人的原因导致一些情形出现后，仲裁期限应当重新计算。本条规定了六种仲裁期限重新计算的情形，有利于仲裁庭更为从容地调处争议案件。

（一）追加当事人或者第三人的情形

1. 追加共同申请人

在必要共同当事人的情况下，如果部分当事人没有申请仲裁，为了查明案件，彻底解决纠纷，仲裁庭可以依法追加共同申请人。此时案件的审理期限从仲裁庭决定追加共同申请人之日起重新计算。

2. 追加共同被申请人

为方便查明案件，快速处理相关案件，保护劳动者权益，我国劳动争议调解仲裁法律中规定了若干共同当事人的情况。这些共同当事人都是必要的共同当事人，如果申请人在申请仲裁时没有列明必要的共同被申请人，则仲裁庭有权依法追加共同被申请人。例如在涉及劳务派遣争议的案件中，如果劳动者申请仲裁时未将劳务派遣单位或者用工单位列为共同被申请人，则仲裁庭应当进行追加。

3. 追加第三人

依照《劳动争议调解仲裁法》相关规定，与劳动争议案件的处理结果有利害关系的第三人，可以申请参加仲裁活动或者由仲裁委员会通知其参加仲裁活动。仲裁庭根据案件情况可以依法追加第三人。

4. 共同当事人与第三人的异同

共同当事人是指当事人一方或双方为两人以上，标的是共同的，仲裁庭必须合并审理的情况。关于标的是共同的，例如特殊的身份关系、连带债权和连带债务、共同的侵权等都可以被认为标的是共同的。较为常见的仲裁案件共同当事人包括：劳务派遣单位或者用工单位与劳动者发生劳动争议的，劳务派遣单位和用工单位为共同当事人；用人单位招用与其他用人单位尚未解除或者终止劳动合同的劳动者，给其他用人单位造成损失的，可以将该招用劳动者的用人单位与劳动者列为共同当事人。

第三人是民事诉讼中的一项重要制度，分为有独立请求权的第三人以及无独立请求权的第三人，有独立请求权的第三人在民事诉讼中的地位相当于原告，而无独立请求权的第三人已处于辅助人的地位，权利受到很大限制。前者不会被判承担责任，但后者可能会被判承担责任。有独立请求权的第三人不存在与原告诉讼标的共同的问题，它是对诉讼标的有独立请求权的。而无独立请求权的第三人是与案件处理结果有法律上的利害关系。在仲裁实践中应参照适用民事诉讼相关规定，因此，对于第三人应当按照民事诉讼有关理论来把握。

（二）申请人补正材料的情形

申请人在提交仲裁申请的同时，还应当提交下列材料：劳动者作为申请人时应当提交有效身份证明，用人单位作为申请人时应提交相应的营业执照或者法人登记证书，申请人需提交与其仲裁请求相关的证明材料，委托代理人代为申请仲裁的，需提交授权委托书，注明委托事项和权限，并提交委托人和受托人的关系证明和身份证明等。如果申请人提交的上述材料不齐备导致仲裁委员会无法受理的，则申请人需要补正相关材料。此时仲裁委员会收到仲裁申请的时间从申请人材料补正之日起重新计算。

（三）申请人增加、变更仲裁请求的情形

申请人提出仲裁申请后，在举证期限届满前可以提出增加、变更仲裁请求。仲裁庭经审查后认为申请人增加、变更的仲裁请求符合受理范围的，应当予以受理。此时案件的审理期限从仲裁庭受理增加、变更仲裁请求之日起重新计算。

（四）仲裁申请和反申请合并处理的情形

根据《办案规则》有关规定，被申请人可以在答辩期间提出反申请，反申请请求应当是与本申请请求有关联的独立的请求，如劳动者申请仲裁要求用人单位支付解除劳动合同经济补偿，用人单位提出反申请要求劳动者办理工作交接手续。仲裁委员会经审查后决定受理的，可以将反申请和本申请合并处理，此时案件的审理期限从仲裁委员会决定受理反申请之日起重新计算。

（五）案件移送管辖的情形

根据《办案规则》有关规定，仲裁委员会如果发现已受理的案件不属于其管辖范围的，应当移送至有管辖权的仲裁委员会，此时案件的审理期限从受移送的仲裁委员会接受移送之日起重新计算。由共同的上一级仲裁委员会主管部门指定管辖的，案件的审理期限应当自被指定受理案件的仲裁委员会收到指定管辖决定之日起重新计算。

（六）其他情形

法律、法规规定的其他情形属于兜底性规定，即除前述明确列举的五种情形以外，不排除在其他法律、法规中明确规定仲裁期限应当另行计算的情形。此处的法规包括行政法规和地方性法规。

二、不计入仲裁期限的情形

（一）中止审理期间

案件在审理过程中出现《办案规则》中规定的中止情形的，经仲裁委员会主任或者其委托的仲裁院负责人批准，仲裁庭可以中止审理。自仲裁庭决定中止审理之日起至中止审理的情形消除之日止，期间经过的时间均不计入仲裁期限内。

（二）公告送达期间

仲裁委员会对下落不明的当事人、用人单位备案登记地或者经营地有明显标识但无办公人员的，在采用直接送达、委托送达、邮寄送达、留置送达等方式均无法将仲裁文书送达受送达人的情形下，可以采用公告送达的方式送达仲裁文书。自仲裁委员会发出公告之日起，经过六十日即视为送达。自仲裁委员会发出公告之日起至第六十日公告期满期间不计入仲裁期限内。

【法条链接】

《劳动争议调解仲裁法》第九条、第二十二条、第二十三条、第三十条、第四十七条，《劳动合同法》第九十一条，《最高人民法院关于适用〈中华人民共和国民事诉讼法〉的解释》第二百四十三条。

第四十七条 [仲裁中止]　有下列情形之一的，经仲裁委员会主任或者其委托的仲裁院负责人批准，可以中止案件审理，并书面通知当事人：

（一）劳动者一方当事人死亡，需要等待继承人表明是否参加仲裁的；

（二）劳动者一方当事人丧失民事行为能力，尚未确定法定代理人参加仲裁的；

（三）用人单位终止，尚未确定权利义务承继者的；

（四）一方当事人因不可抗拒的事由，不能参加仲裁的；

（五）案件审理需要以其他案件的审理结果为依据，且其他案件尚未审结的；

（六）案件处理需要等待工伤认定、伤残等级鉴定以及其他鉴定结论的；

（七）其他应当中止仲裁审理的情形。

中止审理的情形消除后，仲裁庭应当恢复审理。

【条文释义】

本条规定了案件的中止与恢复审理，明确了在仲裁程序开始后，因特殊情况出现导致仲裁程序不能或者不宜进行，需要使仲裁程序暂时停止的情形，以及案件中止审理决定作出的责任主体和应当恢复审理的情形。中止程序的设立对保障当事人合法权益、查清案件事实有着重要作用，且中止期间不计算在审理期限内。明确案件中止审理的审批人，以及应当恢复审理的情形，有利于对仲裁过程的风险把控，提升仲裁活动效率。

一、中止审理程序

（一）批准中止

当出现争议案件应当中止审理的情形时，仲裁庭应当将中止审理的事由报告仲裁委员会主任或者其委托的仲裁院负责人，经其批准后，方可中止审理。

（二）书面通知当事人

经批准后，仲裁庭应当将案件中止审理的决定以书面形式告知当事人。中止审理的决定一经作出即发生法律效力。

二、中止审理的情形

（一）劳动者一方当事人死亡，需要等待继承人表明是否参加仲裁的

在仲裁过程中，如劳动者一方当事人死亡，其仲裁权利能力自然终止，但其实体权利并未因此而自然灭失，可由其继承人参加仲裁活动，使得仲裁活动继续下去，而确定该继承人的过程会比较复杂，甚至可产生民事纠纷，故确定该继承人会需要一段比较长的时间，因此就需要对案件中止审理，等待适格的继承人出现。当然，如果能及时确定继承人，则没有必要对案件中止审理。需要注意的是，在确定继承人后，该继承人应当取代死亡劳动者的当事人地位来参加仲裁活动。对于是否属于适格继承人，可通过户口注销证明、户口簿、户籍证明、结婚证等进行判断，也可以通过生效的判决文书进行认定。此外，劳动者的死亡可分为生理死亡与被宣告死亡，对于被宣告死亡的认定可参照《民法总则》相关规定。

（二）劳动者一方当事人丧失民事行为能力，尚未确定法定代理人参加仲裁的

在仲裁过程中，如劳动者一方因先天疾病、意外事故等原因而导致辨识能力不足，不能正常预见自己行为法律后果的，自然不能自主行使仲裁权利、承担仲裁义务，因此就必须依法确定其监护人，由监护人作为法定代理人代为参加仲裁活动。劳动者是否属于丧失民事行为能力人，应当依照《民事诉讼法》和《民法总则》有关规定进行认定。监护人的资格认定也应当依照《民法总则》有关规定执行。可见，当不能直接确定法定代理人时，往往需要较长的时间通过法律程序来确定法定代理人，而在该过程中，案件应当中止审理。

（三）用人单位终止，尚未确定权利义务承继者的

用人单位终止是指用人单位权利能力的终止。在仲裁过程中，如用人单位因合并、撤销、解散等原因而终止，在其权利义务承继者没有确定之前，案件应当中止审理。如某用人单位作为申请人参加仲裁活动，但在仲裁过程中因与其他单位合并而导致市场主体身份灭失，故此时应当中止审理，等待其权利承继者出现。

（四）一方当事人因不可抗拒的事由，不能参加仲裁的

不可抗拒的事由是指不能预见、不能避免并不能克服的客观情况，一般理解为地震、洪水等自然灾害，或者战争等个人无法避免的情况。当事人遭遇上述情况，且在较长时间内无法参加仲裁活动时，仲裁庭应当中止审理。而判断是否属于不可抗拒事由，除了众所周知的事实外，还可以要求当事人出示相关机构出具的证明文件或者业务文件，如保险公司的理赔材料等。

（五）案件审理需要以其他案件的审理结果为依据，且其他案件尚未审结的

当案件审理需要以其他案件的审理结果为依据，而其他案件尚未审结时，无法得到作为本案审理依据的其他案件的结果，在这种情况下，应等待其他案件审理结束得到结果，因此应当中止本案审理。此处的其他案件可以是劳动人事争议案件，例如当事人后提起的主张加班工资的

案件需要等到此前提起的确认劳动关系的案件的审理结果；其他案件也可以是普通民事案件，例如用人单位处于法人分立的诉讼中，此时应等待该法人分立案件的诉讼结果；其他案件也可能是其他类型的案件。需要注意的是，再审案件的处理不影响原判决的执行。

（六）案件处理需要等待工伤认定、伤残等级鉴定以及其他鉴定结论的

工伤案件的审理，需要通过工伤认定、伤残等级鉴定等基础信息来最终确定劳动者的工伤待遇，而工伤认定、伤残等级鉴定作为行政认定、科学鉴定过程，往往需要一段比较长的时间。由于上述原因导致仲裁庭未能在审理期限内作出裁决的，不属于逾期未作出裁决的情形，仲裁庭应当中止审理，等待相关结果的出现。在实践中，作为被申请人的用人单位可能会以"不服工伤认定结论，正在行政复议（诉讼）"为由，要求仲裁庭中止审理。因行政行为具有效力先定性，作出即具有法律效力，行政复议、诉讼期间不停止执行原行政行为。此时，如被申请人无法举证证明存在法定停止执行该具体行政行为的情形的，仲裁庭仍应当对该案继续进行审理。在仲裁活动中，当遇到专门性问题时，需将相关问题交由专业机构进行勘验或者鉴定，即启动勘验或者鉴定程序，此过程不计算在审理期限内，仲裁庭应当中止审理。

（七）其他应当中止仲裁审理的情形

随着社会活动日趋复杂，案件中止审理的情形亦无法穷尽，故在此设立了一个兜底性条款，即当出现使案件的审理程序不能继续进行下去的情形时，仲裁庭可作出案件中止审理的决定。

三、恢复审理

（一）恢复审理的主体

恢复审理的主体应为仲裁庭，仲裁庭认定中止审理的情形消失后，应当及时恢复审理。

（二）恢复审理的形式

本条未规定恢复审理是否要经过书面形式通知。在实践中，是否需要书面通知当事人恢复审理可以由仲裁庭根据案件情况自行掌握。

（三）恢复审理的后果

自仲裁程序恢复之日起，中止审理的决定自行失效，仲裁活动与案件中止审理前的仲裁活动相衔接，而案件中止审理前的仲裁行为所产生的后果，由新出现的仲裁活动参加人承担。

【法条链接】

《民事诉讼法》第一百五十条、第一百八十七条至第一百九十条，《民法总则》第二十三条、第二十四条、第二十六条至第三十九条、第四十六条至第四十九条、第六十八条，《行政复议法》第二十一条，《行政诉讼法》第五十六条。

第四十八条［超审限处理］ 当事人因仲裁庭逾期未作出仲裁裁决而向人民法院提起诉讼并立案受理的，仲裁委员会应当决定该案件终止审理；当事人未就该争议事项向人民法院提起诉讼的，仲裁委员会应当继续处理。

【条文释义】

本条规定了争议案件逾期未裁决的处理。当事人在仲裁庭逾期未就争议案件作出仲裁裁决时的救济途径，即可以向人民法院提起诉讼，但当事人仍希望通过争议仲裁机制解决争议案件的，即便争议案件超过仲裁审理期限，仲裁委员会也应当继续处理。这既有利于当事人的权利尽早得到实现，同时也是对仲裁委员会依法履职的监督。

一、终止审理

（一）逾期未作出裁决

依照《劳动争议调解仲裁法》的规定，"审理期限"中的期限可以分为一般期限四十五日，以及因案情复杂需要延期并经仲裁委员会主任或者其委托的仲裁院负责人批准的六十日期限。超过上述期限未能作出裁决，即为逾期未作出裁决。在实践中，应当尽量避免未能及时组庭或者开庭，或者开庭后未能及时裁决等现象，确保不损害当事人程序性权利。

（二）向人民法院提起诉讼并立案受理的

基于"仲裁前置"的制度设计，当事人在法定期限内无法获得仲裁委员会处理结果的情况下向人民法院起诉时，人民法院会在区分情况的前提下有选择地受理相关劳动人事争议案件。案件已经进入仲裁委员会的实体处理进程中，但因中止审理等原因而未作出裁决的，不在当事人可以直接提起诉讼的范围内。在实践中，当事人此时需向人民法院提交的相关凭证或者证明一般包括仲裁委员会出具的收件回执、受理通知书等。如人民法院立案受理，当事人应当及时将人民法院的立案文书告知相关仲裁委员会，根据《人力资源社会保障部 最高人民法院关于加强劳动人事争议仲裁与诉讼衔接机制建设的意见》，人民法院也应及时将该案的受理情况告知仲裁委员会，仲裁委员会应当作出案件终止审理的决定，制作相关仲裁文书并告知双方当事人。

二、继续处理

如出现仲裁庭逾期未作出仲裁裁决，而当事人未就整体或者部分争议事项向人民法院提起诉讼的情况，仲裁委员会应当继续对争议案件进行处理，且无须征得双方当事人的同意。此外，不排除当事人起诉而人民法院未予受理的情形，在此情形下，仲裁委员会也应当对争议案件继续进行处理。

【法条链接】

《劳动争议调解仲裁法》第四十三条，《办案规则》第四十五条，《最高人民法院关于审理劳动争议案件适用法律若干问题的解释（三）》第十二条。

第四十九条 [先行裁决] 仲裁庭裁决案件时，其中一部分事实已经清楚的，可以就该部分先行裁决。当事人对先行裁决不服的，可以按照调解仲裁法有关规定处理。

【条文释义】

本条规定了如何先行裁决，规定了仲裁庭可以在查明部分事实的基础上，就涉及该部分事实的仲裁请求先行裁决，并明确了当事人对该先行裁决不服时的救济途径，体现了公正及时处理争议案件的基本原则。

当事人向仲裁委员会申请仲裁时，往往会有若干请求事项。仲裁庭通常会在查明全部事实的基础上，对当事人提出的仲裁请求一并处理。在仲裁庭审过程中，争议案件所涉及的事实会出现容易查明和难以查明两种情形。在查明部分事实的基础上，为及时维护当事人的合法权益，提高仲裁效率，仲裁庭可以依法就该部分作出先行裁决，但案件并未到此结束，其他仲裁请求仍需在相关事实查明后，通过后续裁决进行处理。

按照法理，先行裁决与后续裁决所认定的法律事实及责任分配应当前后保持一致，后续裁决结果不得对先行裁决所依据的事实或者结果进行变更，也不能对先行裁决中的仲裁请求进行再裁决。

当事人对先行裁决不服的，仍应当按照《劳动争议调解仲裁法》所规定的救济途径寻求救济。

【法条链接】

《劳动争议调解仲裁法》第四十三条、第四十七条至第五十条。

第五十条 [终局裁决] 仲裁庭裁决案件时，申请人根据调解仲裁法第四十七条第（一）项规定，追索劳动报酬、工伤医疗费、经济补偿或者赔偿金，如果仲裁裁决涉及数项，对单项裁决数额不超过当地月最低工资标准十二个月金额的事项，应当适用终局裁决。

前款经济补偿包括《中华人民共和国劳动合同法》（以下简称劳动合同法）规定的竞业限制期限内给予的经济补偿、解除或者终止劳动合同的经济补偿等；赔偿金包括劳动合同法规定的未签订书面劳动合同第二倍工资、违法约定试用期的赔偿金、违法解除或者终止劳动合同的赔偿金等。

根据调解仲裁法第四十七条第（二）项的规定，因执行国家的劳动标准在工作时间、休息休假、社会保险等方面发生的争议，应当适用终局裁决。

仲裁庭裁决案件时，裁决内容同时涉及终局裁决和非终局裁决的，应当分别制作裁决书，并告知当事人相应的救济权利。

【条文释义】

本条规定了终局裁决的细化内容。一是细化了终局裁决适用范围，将追索竞业限制期限内给予的经济补偿、解除或者终止劳动合同的经济补偿、未订立书面劳动合同的第二倍工资、违法约定试用期的赔偿金、违法解除或者终止劳动合同的赔偿金等争议案件纳入了终局裁决的适用范围，增强了可操作性。二是明确了当地月最低工资标准十二个月金额为单项金额。三是重申了执行国家劳动标准的案件为终局裁决案件。四是对同时涉及终局裁决和非终局裁决如何处理进行了明确。设立终局裁决制度的目的是让更多涉及劳动者基本权益的简单、小额争议案件以及涉及劳动标准的争议案件终结在仲裁阶段，既减少当事人诉累，又节约司法资源，体现仲裁制度优势。

一、适用范围

（一）法定小额争议

"法定"是指只有法律规定的争议事项才能适用终局裁决，而不是所有争议事项；"小额"是指对适用终局裁决的裁决金额进行了限制，不得超过一定标准。上述两者必须同时满足，缺一不可。

1. 争议事项法定

本条所称"单项"可以按照以下分项计算。

（1）追索劳动报酬的争议。依照《劳动部关于贯彻执行〈中华人民共和国劳动法〉若干问题的意见》（劳部发〔1995〕309号）第五十三条的规定，并结合办案实践，可将劳动报酬的分项分为：①计时工资；②计件工资；③奖金；④津贴和补贴；⑤延长工作时间的工资报酬；⑥特殊情况下支付的工资。

（2）追索工伤医疗费的争议。工伤医疗费不再分项。工伤医疗费主要包括挂号费、检查费、治疗费、化验费、手术费、住院费、药费，以及与工伤职业病治疗有关的费用等。

（3）追索经济补偿的争议。经济补偿的分项包括：①竞业限制期限内给予的经济补偿；②解除或者终止劳动合同的经济补偿；③其他经济补偿。

（4）追索赔偿金的争议。赔偿金的分项包括：①未签订书面劳动合同的第二倍工资；②违法约定试用期的赔偿金；③违法解除或者终止劳动合同的赔偿金；④其他赔偿金。

2. 裁决金额小额

裁决金额小额是指属于终局裁决的争议，单项争议裁决金额不超过当地月最低工资标准十二个月金额，超过该金额不能适用终局裁决。关于裁决金额限制，需要注意以下几个方面：一是根据裁决的金额确定，而不是根据申请人请求的金额确定。二是单项计算，而不是将申请人请求事项中符合终局裁决的争议事项合并计算。该单项计算是指基于同一请求权的请求事项，而不是仅仅依据申请人所填写的请求。在裁决时，要按照上文所述的各分项来分列裁决结果。三是最低工资标准是指作出裁决时的最低工资标准，当地是指作出裁决的仲裁委员会所在地。四是包含最低工资标准十二个月金额本数，即裁决金额小于或者等于最低工资标准十二个月金额时，应当终局裁决。

（二）执行劳动标准争议

国家劳动标准，在理论上有时也被称为劳动基准，是国家规定的劳动者和用人单位在确定劳动条件时应当遵守的底线，主要涉及工时、最低工资、休息休假等方面，有时社会保险也被涵盖在内。这些事项由于已有国家明确规定，而且是保护劳动者的底线，一方面比较容易判断，另一方面需要快速裁决以保护劳动者权益，因此现行法将涉及上述标准的工作时间、休息休假和社会保险事项纳入终局裁决的案件范畴。根据现行法，执行国家劳动标准的争议主要涉及以下三方面争议。

1. 工作时间争议，是指因执行国家工时标准，在标准工时制、不定时工作制和综合计算工时工作制以及非全日制用工工时制等工作时间确定方面发生的争议。

2. 休息休假争议，是指因执行国家劳动标准，在工作间隙休息、日休息、公休日休息、节日休息，以及病假、产假、哺乳假、计划生育假、带薪年休假、探亲假、婚丧假和实行综合计算工时工作制的集中休息时间等休息休假方面发生的争议。

3. 社会保险争议，是指因执行国家劳动标准，在基本养老保险、基本医疗保险、工伤保险（工伤医疗费以外的工伤保险待遇）、失业保险和生育保险等社会保险方面发生的争议。

需要注意的是，因执行国家劳动标准，在工作时间、休息休假、社会保险等方面发生的争议仅包括执行标准的争议，而不包括因违反标准而发生的补偿、赔偿等争议。如因违反工时、休假和社会保险规定而引发加班费、经济补偿或者赔偿金等争议，应当按照法定小额争议的标准确定是否适用终局裁决。

二、裁决书制作

终局裁决的适用是依据单项争议事项进行确定，而不是依据案件的全部争议事项。本条统一了裁决内容同时涉及终局裁决和非终局裁决的标准，主要有两个方面：一是裁决内容同时涉及终局裁决和非终局裁决，需要制作两份裁决书，涉及终局裁决的争议事项制作终局裁决书，涉及非终局裁决的争议事项制作非终局裁决书，并在裁决书中明确为终局裁决书或者非终局裁决书；二是相应的权利救济告知，即分别告知终局裁决与非终局裁决的不同救济方式。

需要特别指出的是，如果双（多）方当事人对是否存在劳动关系存在争议，不宜将确认之请求与建立在其基础上的给付之请求剥离，不适用分别出具终局裁决书和非终局裁决书，而应当只出具一份全案的非终局裁决书。

【经验介绍】

《浙江省劳动人事争议调解仲裁条例》第三十七条规定，仲裁庭对社会保险费补缴、工伤保险待遇赔付等争议作出的裁决为终局裁决。

【法条链接】

《劳动争议调解仲裁法》第四十七条，《最高人民法院关于审理劳动争议案件适用法律若干问题的解释（三）》第十三条、第十四条，《最高人民法院关于审理劳动争议案件适用法律若干问题的解释（四）》（法释〔2013〕4号）第二条，《劳动部关于贯彻执行〈中华人民共和国劳动法〉若干问题的意见》第五十三条。

第五十一条［先予执行］ 仲裁庭对追索劳动报酬、工伤医疗费、经济补偿或者赔偿金的案件，根据当事人的申请，可以裁决先予执行，移送人民法院执行。

仲裁庭裁决先予执行的，应当符合下列条件：

（一）当事人之间权利义务关系明确；

（二）不先予执行将严重影响申请人的生活。

劳动者申请先予执行的，可以不提供担保。

【条文释义】

本条规定了仲裁裁决先予执行的争议案件类型和条件。先予执行是指仲裁庭裁决之前，为解决权利人迫切的生活需要，依法裁决义务人预先履行义务的制度。正常情况下，执行本应当在仲裁裁决发生法律效力之后，而先予执行则是为解决一部分当事人迫切的生活需要，在裁决之前采取的执行措施。例如申请人因工伤造成严重的身体伤害，急需住院治疗而无力负担医疗费用，而负有承担医疗费用义务的被申请人拒绝履行义务，申请人申请仲裁，但仲裁庭裁决劳动争议案件需要一段时间，如果不先予执行，可能会耽误申请人的治疗时间，或者造成其他严重后果。

一、裁决先予执行

（一）适用争议案件类型

只有特定类型的争议案件才能适用裁决先予执行，即涉及追索劳动报酬、工伤医疗费、经济补偿或者赔偿金的案件。如果有的案件中既有属于先予执行的争议事项，也有其他争议事项，申请人对属于先予执行的争议事项申请先予执行的，只要符合本条规定的其他条件，仲裁庭可以裁决先予执行，但对申请中含有不属于先予执行的争议事项，该部分不予裁决先予执行。

（二）当事人申请启动

只有当事人提出申请，仲裁庭才能作出先予执行的裁决。如果当事人不申请，仲裁庭不能主动作出先予执行的裁决。

（三）符合法定条件

1. 当事人之间权利义务关系明确

先予执行是预先实现权利人的权利，当事人之间谁享有权利谁承担义务必须是明确的，如果当事人之间谁享有权利谁承担义务不明确，或者享有的权利不明确，则先予执行后发现不存在权利被实现的风险就会出现，从而侵害被执行人利益的可能性就会增加，因此也就不应当预先实现权利。裁决先予执行要求案件的基本事实是清楚的，适用的法律规定是清楚的，当事人之间权利义务的类型及范围也因此是明确的。这需要仲裁庭根据案件具体情况予以判断。

2. 不先予执行将严重影响申请人的生活

之所以在案件仲裁结束之前就进行先予执行，一方面是因为当事人权利义务比较清晰；另一方面是因为申请人有迫切的生活需要。前者保障避免先予执行错误侵害被执行人利益；后者则是从申请人的利益状况出发，进一步提高了先予执行的正当性。两个条件缺一不可。申请先予执行时，申请人应当提供相应证据证明不先予执行将严重影响其生活，并由仲裁庭进行判断。

（四）可以不提供担保

考虑到劳动者出于迫切的生活需要才会提出先予执行的申请，在这种情况下，劳动者一般也没有能力提供担保，因此本条规定先予执行可以不提供担保。但是需要注意的是，本条的表述是可以不提供，而不是必须不提供。在个案中，出于案件的特殊需要，也可以要求劳动者提供担保。

二、裁执衔接

根据《人力资源社会保障部　最高人民法院关于加强劳动人事争议仲裁与诉讼衔接机制建设的意见》，仲裁庭作出先予执行裁决后，应向有执行权的人民法院移送先予执行裁决书、裁决书的送达回证或其他送达证明材料。"有执行权的法院"应根据《民事诉讼法》以及其他执行的法律来判断，一般是指被执行人住所地或者财产所在地的基层人民法院。

【法条链接】

《劳动争议调解仲裁法》第四十四条，《人力资源社会保障部　最高人民法院关于加强劳动人事争议仲裁与诉讼衔接机制建设的意见》第三条第（三）项。

第五十二条 [作出裁决]　裁决应当按照多数仲裁员的意见作出，少数仲裁员的不同意见应当记入笔录。仲裁庭不能形成多数意见时，裁决应当按照首席仲裁员的意见作出。

【条文释义】

本条规定了作出裁决的两种方式，即按多数仲裁员意见作出和按首席仲裁员意见作出。

在仲裁过程中，裁决是指仲裁庭依据案件事实及有关法律法规规定，确认当事人之间的权利义务关系，对申请人提出的仲裁请求能否得到支持作出结论性判断。裁决既可以指认定事实、适用法律的过程，又可以指案件处理结果本身。在由三名仲裁员组成仲裁庭的情况下，如有仲裁员对案件处理结果意见不统一的情况，裁决应当按照以下方式作出。

一、按照多数意见作出

当三名仲裁员中两名达成一致意见时，就能够形成多数意见，从而作出裁决，但同时必须将少数仲裁员的不同意见记入笔录。即使首席仲裁员的意见为少数意见，也应当按多数意见作出裁决。实行少数服从多数原则是为了体现仲裁的民主性，保证案件处理结果的公正性；将少数意见如实记入笔录，则是为了鼓励仲裁庭的每位成员自由充分地表达观点。仲裁庭在就案件处理结果进行商讨过程中，应当单独制作形成评议笔录，对每位仲裁员的意见进行详细记录并由所有仲裁员签名，该评议笔录应当保存在案件卷宗的副本中。

二、按照首席仲裁员意见作出

当三名仲裁员对案件处理结果各执己见时，不能形成多数意见，则要以首席仲裁员意见为准。首席仲裁员是指由仲裁委员会在业已组成的仲裁庭成员中指定的、负责仲裁庭工作的一名仲裁员。值得注意的是，此条不应简单地理解为首席仲裁员在就裁决结果进行讨论与表决时享有超越其他仲裁员的特权，当其他两名仲裁员意见相同而首席仲裁员持有不同意见时，首席仲裁员也要遵循少数服从多数原则。在实践中，当三名仲裁员意见均不相同时，首席仲裁员应当优先组织仲裁员对案件进行更为全面深入的讨论研究，力争形成多数或者统一意见。

【法条链接】

《劳动争议调解仲裁法》第四十五条,《劳动人事争议仲裁组织规则》第十三条、第十八条。

第五十三条 [裁决书载明事项] 裁决书应当载明仲裁请求、争议事实、裁决理由、裁决结果、当事人权利和裁决日期。裁决书由仲裁员签名,加盖仲裁委员会印章。对裁决持不同意见的仲裁员,可以签名,也可以不签名。

【条文释义】

本条规定了裁决书的内容及形式,提出了具体要求。仲裁庭经过开庭审理、讨论和表决,对案件当事人的权利和义务作出结论性判断后,要将裁决结果以书面形式进行陈述,即制作裁决书。本条列举了裁决书应当具备的六项主要内容。

一份完整的裁决书应当包括仲裁机构的名称、案件编号、各方当事人(含委托代理人)基本信息、仲裁庭组成情况、审理过程简述、被申请人答辩情况、仲裁庭查明案件情况、裁决理由、裁决结果、当事人权利救济途径及裁决日期等内容。除文书名称及案件编号外,按照写作顺序,裁决书可以分为以下三大部分。

一、首部

此部分包括当事人基本信息、案由、仲裁庭组成、开庭情况概述等,其主要功能是说明参与案件审理人员的基本情况。

当事人是自然人的,基本信息应当包括姓名、性别、出生日期、身份证号码及住址。当事人是法人或者其他组织的,基本信息应当包括名称、住所地(经营地)、法定代表人(主要负责人、经营者)姓名及职务。当事人委托代理人参加仲裁活动的,应当写明委托代理人姓名、性别、出生日期、职业、住址、代理权限等信息;如果是由律师出庭代理的,则只需写明律师姓名、所在律师事务所、代理权限即可。

案由根据仲裁请求确定。

仲裁庭组成情况应当写明案件是由一名仲裁员独任仲裁或者是由三名仲裁员组庭审理，写明仲裁员姓名，并写明由谁担任首席仲裁员。

开庭情况概述部分应当列明参与庭审的人员姓名及案件已经审理终结，对于缺席审理案件还应当写明于何时通过何种方式向未出庭当事人送达了开庭通知。

二、主体

此部分包括仲裁请求、答辩情况、争议事实、裁决理由、裁决结果、当事人权利，其主要功能是展示案件争议焦点和双方举证质证情况，查明并根据举证责任分配原则认定案件事实，正确适用法律法规政策判定当事人权利义务，并告知当事人后续法律权利。

仲裁请求是申请人向仲裁委员会提出的要求被申请人确认、履行的事项，被申请人答辩、仲裁庭审及裁决书撰写均围绕其展开。裁决书中的"某某申请称……"部分不仅应当写明请求事项，而且应当写明申请人提出请求所依据的事实理由，不能偏离申请人在申请书中所表达的意思，但也不能对申请书进行一字不落地简单照搬照抄。对于申请书中的错别字及语句不通顺之处应当进行适当修正后写入裁决书，申请书中对对方当事人进行人身攻击或者侮辱性言语则不应当写入裁决书。当事人对仲裁请求进行增加、变更或者撤销的情况，应当在写明原始请求内容后，写明请求变化情况。

被申请人答辩情况中应当写明答辩形式（口头还是书面）；不仅应当写明被申请人对申请人各项请求是否认可，还应当写明不认可的理由。大部分缺席审理案件中，被申请人既未到庭参加案件审理，也未提交书面答辩意见，但在少部分缺席审理案件中，被申请人可能在庭前已经提交了书面答辩意见，此时应当将该意见写入裁决书。

争议事实体现在裁决书"经查……"部分，包括当事人无争议事实、当事人围绕争议焦点提出的主张内容及举证质证情况。此部分应当围绕请求事项对案件情况进行客观描述，不应当包含仲裁员对案件事实进行有倾向性认定的内容。此部分结尾处应当列明获知前述案件事实的各种途径，包括当事人陈述、庭审笔录、各方当事人提交及仲裁委员会调查取得的证据等。

裁决理由体现在裁决书"本委认为……"部分，包括仲裁庭作出裁决的事实依据和法律政策依据。事实依据是指根据举证责任对争议焦点涉及的事实进行认定，对各方当事人的主张予以采信和不予采信的理由进行说明。法律政策依据则应当列明法律法规政策文件名称和具体应用的条款项内容。将事实依据与法律政策依据相结合，明确对申请人各项仲裁请求是否支持以及支持金额。

裁决结果是对仲裁请求支持或者驳回情况的最终陈述，包括列明法律依据，写明已支持请求项目、数额及履行时间，写明对未支持请求予以驳回。应当注意裁决结果应包含对所有请求事项的处理，不能遗漏。

当事人权利是指告知当事人如对裁决不服可以享有的后续法律权利（起诉、申请撤销或者申请强制执行）及权利行使时限，并说明如果当事人未行使相应权利的法律后果。当事人权利的具体内容及行使方式将在《办案规则》释义第五十五条的内容中详细说明。

三、尾部

此部分包括仲裁员姓名、裁决日期等。依照本条规定，仲裁员应当在裁决书上签名并加盖仲裁委员会印章，同时对裁决结果持有不同意见的仲裁员可以不在裁决书上签名。对于裁决书上的签名，从各地实践来看并不一致，大部分地区是署名（打印），也有一部分地区是签名（手写）。鉴于《劳动争议调解仲裁法》和《办案规则》已明确规定裁决书需由仲裁员签名，各地应按照此规定执行。

【法条链接】

《劳动争议调解仲裁法》第四十六条，《仲裁法》第五十四条，《民事诉讼法》第一百五十二条。

第五十四条 [裁决书错误补正] 对裁决书中的文字、计算错误或者仲裁庭已经裁决但在裁决书中遗漏的事项，仲裁庭应当及时制作决定书予以补正并送达当事人。

【条文释义】

本条规定了裁决书补正内容、方式及送达的要求。裁决书是明确各方当事人权利义务的法律文书，准确无误应当是其基本要求。但在实践中，裁决书也可能因为某些原因而存在一些问题，因此，需要加以补正。

一、补正的适用范围

补正的适用范围包括三类：文字错误、计算错误、仲裁庭已经裁决但在裁决书中遗漏的事项。除此三类之外，裁决书存在的其他问题不能适用补正。

二、补正的方式

依照本条规定，补正不能以口头形式作出，应当以决定书形式作出。用于裁决书补正的决定书中，应当写明案件编号（应与裁决书案号一致），应当指出错误或者漏项具体内容及其在裁决书中所处位置，应当写明补正内容，应当加盖仲裁委员会印章。该决定书实际上没有独立存在的意义，应当是与已作出的裁决书为一个整体，经决定书补正的内容以决定书记载为准。

三、补正的时间要求

本条没有明确规定可以进行补正的期限，而是规定应当及时补正。

四、补正程序的启动方式

在仲裁实践中，补正程序的启动方式通常有三种：一是当事人发现需补正情形，向仲裁委员会提出补正申请；二是仲裁委员会发现需补正情形，主动进行补正；三是人民法院发现需要补正的。无论是哪种情形，一旦发现有需要补正之处，均应当第一时间进行核实，如果属实，必须迅速处理。

五、补正的送达

补正的送达实际上就是决定书的送达问题。在实践中可能会出现仅一方当事人提出补正申请的情况,仲裁委员会若查实确需补正,则应当制作决定书并向各方当事人送达。

六、补正决定书的效力

补正决定书不影响原裁决的效力,一般自送达之日起生效。

【法条链接】

《民事诉讼法》第一百五十四条第一款第(七)项。

第五十五条 [提起诉讼] 当事人对裁决不服向人民法院提起诉讼的,按照调解仲裁法有关规定处理。

【条文释义】

本条规定了仲裁裁决后当事人向法院提起诉讼的处理方式。

一、对终局裁决的救济途径

(一)用人单位享有申请撤销裁决的权利

按照《劳动争议调解仲裁法》规定,用人单位可以向劳动争议仲裁委员会所在地的中级人民法院申请撤销裁决。仲裁裁决被人民法院裁定撤销的,当事人可以自收到裁定书之日起十五日内就该劳动争议事项向人民法院提起诉讼。

用人单位申请撤销裁决的权利受到如下三个方面的限制:一是应当自收到裁决书之日起三十日内提出;二是向仲裁委员会所在地的中级人民法院而非基层人民法院提出;三是仅出现法定情形才能导致裁决被撤销。

(二)劳动者对终局裁决享有起诉权

按照《劳动争议调解仲裁法》规定,终局裁决仅仅是针对用人单位而言的,对劳动者的诉权不产生限制作用。

二、对非终局裁决的救济途径

对于非终局裁决，劳动者和用人单位均享有平等地向基层人民法院起诉的权利。

【法条链接】

《劳动争议调解仲裁法》第四十七条至第五十条。

第三节 简 易 处 理

劳动人事争议案件中，简单争议案件数量较多。对此类案件适用简易处理，既可以发挥仲裁制度灵活、快捷的优势，又可以节约仲裁资源。本节在《劳动争议调解仲裁法》的框架内，对简易处理如何具体运用作出了明确规定，是《办案规则》的一大亮点，对于实现公正及时解决劳动人事争议，尽快实现纠纷解决，维护双方当事人合法权益，恢复和谐劳动人事关系具有非常重要的意义。

本节规定汲取了各地简易处理的宝贵经验，对简易处理的适用范围、简化方式、与一般程序的转换等问题作出明确规定。在制度设计上坚持以下原则：一是不减损当事人权利；二是尊重当事人意志；三是采用现代信息技术等加快程序推进。这体现了人力资源社会保障部等八部门出台的《关于进一步加强劳动人事争议调解仲裁完善多元处理机制的意见》中倡导的服务为先、高效便捷，以提高劳动人事争议处理质效为目标这一理念。

第五十六条 [适用条件] 争议案件符合下列情形之一的，可以简易处理：

（一）事实清楚、权利义务关系明确、争议不大的；

（二）标的额不超过本省、自治区、直辖市上年度职工年平均工资的；

（三）双方当事人同意简易处理的。

仲裁委员会决定简易处理的，可以指定一名仲裁员独任仲裁，并应当告知当事人。

【条文释义】

本条规定了简易处理的适用范围及仲裁庭的组成，明确了可简易处理的案件类型；同时本条还明确了争议案件简易处理的决定主体、仲裁庭组成、告知义务等内容。

一、适用范围

简易处理可适用于下列三类争议案件：一是争议不大的案件；二是标的额不大的案件；三是当事人自愿适用简易处理的案件。需要注意的是，符合本条规定的案件是可以简易处理，而非应当简易处理，最终是否简易处理，决定权在仲裁委员会。

（一）事实清楚、权利义务关系明确、争议不大的争议案件

事实清楚是指当事人对争议的事实陈述基本一致，并能提供可靠的证据，且对证据的异议不大，无须仲裁委员会调查收集证据即可判明事实、分清是非；权利义务关系明确是指对权利和义务的主体、权利和义务的内容等，根据已有事实和现行法规定能够比较明确地确定。争议不大主要指的是当事人对案件的是非、责任及仲裁标的争执无原则分歧。需要注意的是，上述三个条件是并列关系，必须是同时满足才可简易处理。因此，对于一些尽管当事人争议不大，但是案件事实不清或者权利和义务不明确的案件，也不应简易处理，这对于在实践中避免当事人虚假仲裁十分重要。

（二）标的额不超过本省、自治区、直辖市上年度职工年平均工资的争议案件

本项主要适用于以金钱给付为仲裁标的的案件。其中"上年度"指的是仲裁委员会受理仲裁申请之日的最近年度。因此，如当地尚未公布上年度职工年平均工资的，则指的是已公布的最近年度的职工年平均

工资数额。另外,"标的额"指的是各项仲裁请求标的额之和不超过本省、自治区、直辖市上年度职工年平均工资,而不能分项计算。

(三) 双方当事人同意简易处理的争议案件

本项在一定程度上也是当事人处分自己仲裁权利的体现。尊重当事人程序选择权,使仲裁的程序在具有公平性的同时更具效率性。需要注意的是,当事人申请以书面提出为原则,也可口头提出。

二、简易处理的决定及仲裁庭组成

(一) 仲裁委员会对是否简易处理具有决定权

当事人书面提出的,仲裁委员会应当在收到申请后,在审查立案材料的同时审查简易处理申请;口头提出的,仲裁委员会可以当场询问对方当事人意见,并将其意见记入笔录,由双方当事人签名或者捺印确认;仲裁委员会审查当事人的仲裁申请后也可主动建议使用。

是否简易处理的最终决定权在仲裁委员会。仲裁委员会作出决定后,应当把审理形式、仲裁庭组庭情况通知当事人。对于符合上述适用范围的案件,仲裁委员会有权作出不简易处理的决定。

(二) 仲裁庭的组成

简易处理时,仲裁庭一般由一名仲裁员独任组成,也可由三名仲裁员组成。需要注意的是,三名仲裁员组成的仲裁庭为合议庭,但适用的具体案件处理规则仍是简易处理。

【经验介绍】

深圳市出台的《小额劳动争议案件简易处理规则》第十条规定,对进入简易审理程序,且当事人均书面同意不开庭审理的以下案件可以采取书面审理:庭前调解双方当事人对所有事实已经确认的简单案件;经行政调解或人民调解委员会等调解组织调查清楚的案件;其他适宜不开庭审理的案件。

【法条链接】

《劳动争议调解仲裁法》第三十一条,《民事诉讼法》第一百五十七条、第一百六十条、第一百六十二条,《最高人民法院关于适用〈中华人民共和国民事诉讼法〉的解释》第二百五十六条、第二百六十四条。

第五十七条 [不适用情形] 争议案件有下列情形之一的,不得简易处理:
(一) 涉及国家利益、社会公共利益的;
(二) 有重大社会影响的;
(三) 被申请人下落不明的;
(四) 仲裁委员会认为不宜简易处理的。

【条文释义】

本条规定了禁止适用简易处理的情形。《办案规则》第五十六条规定了允许简易处理的案件类型,而本条通过禁止性条款排除不适宜简易处理的争议案件,同时给予仲裁委员会简易处理的适用决定权,兼顾了国家利益、社会公共利益以及特定情况下当事人的程序利益。

符合以下四类之一的仲裁案件,不能简易处理;已经简易处理的,在发现情形后应当转为一般程序处理。

一、涉及国家利益、社会公共利益的

国家利益是指满足或能够满足国家以生存发展为基础的各方面需要并且对国家在整体上具有好处的事物;社会公共利益是指特定范围内的广大公民都能享受的利益。在实践中,一些劳动者和虚假用工的用人单位以确认劳动关系之名,骗取社会保险待遇、金融部门的征信记录,最终损害了社会公共利益。在处理案件时,仲裁委员会除了考虑当事人利益外,还应当考量案件是否涉及国家利益、社会公共利益。涉及国家利益、社会公共利益的争议案件不适宜简易处理。

二、有重大社会影响的

有重大社会影响的案件一般是指因案件当事人、案件事实、争议内容、适用法律政策等方面的特殊性而受到社会广泛关注，对多数人的权利和义务产生影响，或者案件裁判结果会对社会公众起到一定指引作用的案件。上述案件因为具有重大社会影响，在处理过程中需要更加谨慎，全面查清案情，集思广益，考虑各方利益，因此不应采用简易处理方式。在现实中，出现企业经营者逃匿、下落不明，或者整体运营不佳，停产、倒闭而引发的劳动争议案件，仲裁委员会应采用一般程序审理，必要时还需要提供程序指引和基本法律政策咨询，同时要与当地法律援助机构紧密联系，引导劳动者寻求、接受法律援助。

三、被申请人下落不明的

法律意义上的下落不明一般是指当事人离开住所地没有音信的情况。在下落不明的情况下，无法通知当事人参加仲裁，当事人也无法参加仲裁，案件将会缺席审理。在缺席审理过程中，无法听取被申请人的意见，被申请人也不会举证质证，案件审理存在偏听偏信的风险，因此不应作简易处理。

四、仲裁委员会认为不宜简易处理的

为防止法律列举挂一漏万，更好适应实践需求，除上述明确列举的不应简易处理的案件外，本项规定通过兜底性条款赋予仲裁委员会自由裁量权，由仲裁委员会根据具体案情判断是否适宜简易处理。如果仲裁委员会认为不宜简易处理的，仲裁委员会有权决定不得简易处理，但应向当事人说明情况并做好政策解释工作，争取当事人的理解和支持。

【法条链接】

《民事诉讼法》第一百六十三条，《最高人民法院关于适用〈中华人民共和国民事诉讼法〉的解释》第二百五十七条、第二百七十五条，《最高人民法院关于适用简易程序审理民事案件的若干规定》（法释〔2003〕15号）第一条、第八条。

第五十八条 [答辩期缩短] 简易处理的案件，经与被申请人协商同意，仲裁庭可以缩短或者取消答辩期。

【条文释义】

本条规定了简易处理的案件答辩期缩短或者取消及前提条件。简易处理的案件，经被申请人同意，仲裁庭可以缩短答辩期或者取消答辩期；未经被申请人同意，仲裁庭不得自行决定缩短或者取消答辩期。

在答辩期缩短与取消的情况下，当事人提出管辖权异议、反申请的期间以及举证期限都有可能相应缩短或者取消。仲裁庭可以在双方当事人均表示不需要举证期限、答辩期的情况下，立即开庭审理或者指定开庭日期。

【法条链接】

《劳动争议调解仲裁法》第三十条，《最高人民法院关于适用〈中华人民共和国民事诉讼法〉的解释》第二百六十六条，《最高人民法院关于适用简易程序审理民事案件的若干规定》第七条、第八条。

第五十九条 [简便通知] 简易处理的案件，仲裁庭可以用电话、短信、传真、电子邮件等简便方式送达仲裁文书，但送达调解书、裁决书除外。

以简便方式送达的开庭通知，未经当事人确认或者没有其他证据证明当事人已经收到的，仲裁庭不得按撤回仲裁申请处理或者缺席裁决。

【条文释义】

本条规定了简易处理案件的简便送达方式及简便送达风险。简易处理的文书送达分为两种，即裁判文书的送达和非裁判文书的送达。对于裁判文书（调解书和裁决书），禁止采取简便方式送达；对于非裁判文书，可以采取简便送达方式。此外，为降低简便送达可能带来的"送达不能"风险，本条限定了仲裁庭按撤回仲裁申请处理及缺席裁决的权力。

一、简便送达方式

简便送达的引入更多的是现代信息和通信技术发展的结果，不能因此削减当事人的程序权利。

（一）适用的前提

简便方式送达的前提是案件适用简易处理。仲裁委员会决定采取简易处理方式后，无须当事人同意，即可适用简便送达方式。

（二）简便送达方式

简便送达可以采取电话、短信、传真、电子邮件等方式。除了本条已经明确列举的电话、短信、传真、电子邮件外，本条的"等"还为进一步根据信息技术手段发展采取新的简易送达方式留下了空间。因此，微信送达、平台送达也可作为简便送达方式。为保障有效送达、有据可查，仲裁庭在采取上述方式送达时应注意如下事项。

1. 采取电话送达的，仲裁庭可电话告知除裁决书、决定书、调解书外的仲裁文书内容，记录拨打和接听电话号码、通话时间、文书内容，通话过程应当录音以存卷备查。

2. 采取短信送达、微信送达的，仲裁庭需记录信息收发手机号码、发送时间、文书名称，并将发送、回复内容拍照存卷。

3. 采取传真送达的，仲裁庭需记录传真收发电话号码、发送时间、文书名称，并打印传真发送确认单存卷。

4. 采取电子邮件送达的，仲裁庭需记录电子邮件收发邮箱地址、发送时间、文书名称，并打印电子邮件发送成功网页存卷。

5. 采取网上服务平台送达的，可以建立专门的电子送达平台，或者以有关部门的网上服务平台为依托进行电子送达，也可以与大型门户网站、通信运营商合作，通过专门的电子邮箱、特定通信号码、微信公众号等方式进行送达。

6. 有条件的地区，可以通过当地的电信、网络部门，设立专属短信、微信通知业务，以实现更高效的电子送达方式。

采取上述数据电文形态送达时，送达日期为到达受送达人特定系统的日期，即仲裁庭对应系统显示发送成功的日期，但受送达人证明到达其特定系统的日期与仲裁庭对应系统显示发送成功的日期不一致的，以受送达人证明到达其特定系统的日期为准。

二、简便方式送达开庭通知的特殊要求

出庭参加仲裁是当事人最基本的仲裁权利，应得到最大保障。无论是缺席审理还是按照撤回仲裁申请处理，都是在确保有效送达的前提下才可以采取的仲裁措施。虽然采取数据电文等简便方式送达具有简便高效的优势，但是技术要求较高，送达不到的可能性较大。因此，此种情况下送达不到导致当事人无法参加仲裁活动的风险不应当由当事人承担。因此，本条明确要求以简便方式送达开庭通知的，未经当事人确认或者没有其他证据证明当事人已经收到的，仲裁庭不得适用缺席裁决或者视为撤回仲裁申请处理。

【法条链接】

《民事诉讼法》第一百五十九条，《最高人民法院关于适用〈中华人民共和国民事诉讼法〉的解释》第二百六十一条、第二百六十二条，《最高人民法院关于适用简易程序审理民事案件的若干规定》第十八条，《最高人民法院印发〈关于进一步加强民事送达工作的若干意见〉的通知》（法发〔2017〕19号）。

第六十条［审理方式］ 简易处理的案件，仲裁庭可以根据案件情况确定举证期限、开庭日期、审理程序、文书制作等事项，但应当保障当事人陈述意见的权利。

【条文释义】

本条规定了仲裁庭在审理方式上的具体简易处理权力。在保障当事人权利的前提下，仲裁庭对程序性事项有适当简化的权力。可简化的程序性事项主要包括举证期限、开庭日期、审理程序、文书制作等方面。

一、简易处理的要求

（一）举证期限

《劳动争议调解仲裁法》并没有规定举证期限，《办案规则》第十五条确立了举证期限制度。本条根据简易处理的需要，赋予仲裁庭根据案件具体情况确定举证期限的权力。

（二）开庭日期

《劳动争议调解仲裁法》规定仲裁委员会应当在开庭前五日将开庭日期通知当事人。争议简易处理的，仲裁庭可以根据案件具体情况确定开庭日期，仍应当遵守提前五日通知的规定。需要注意的是，简易处理的案件在受理后应当尽快排期，以实现方便快捷高效的设立初衷。

（三）审理程序

在审理程序方面，仲裁庭也可以根据案件具体情况，采用更加简便快捷的审理程序。例如，开庭方式更为灵活，在适当时候可以采取视听传输技术开庭；开庭审理过程可以不受庭审顺序限制，不严格区分仲裁庭调查和仲裁庭辩论。

在实践中要注意审理程序的简化不得违反《劳动争议调解仲裁法》。例如《劳动争议调解仲裁法》规定，"质证和辩论终结时，首席仲裁员或者独任仲裁员应当征询当事人的最后意见"，"仲裁庭在作出裁决前，应当先行调解"。因此，仲裁庭不得随意简化上述程序。

（四）文书制作

1. 裁决书的简化

裁决书可以简化，例如主要记载当事人信息、仲裁请求以及裁决主文。在如下情况下，甚至可以对事实认定和裁决理由进行必要的简化：（1）一方当事人明确同意对方当事人主张的，可无须举证、质证，在裁决书中列明即可；（2）一方当事人在仲裁过程中明确表示承认对方全部仲裁请求或者部分仲裁请求的；（3）涉及个人隐私或者商业秘密的案件，当事人一方要求简化裁决书中的相关内容，仲裁庭认为理由正当的；(4) 当事人对部分内容达成和解协议，撤回部分仲裁请求的。

2. 调解书的简化

简易处理争议案件的调解书无须记载当事人的主张和仲裁庭查明的事实，可以仅记载当事人信息、仲裁请求以及调解协议内容。

二、保障当事人陈述意见的权利

庭审过程，本质就是当事人通过举证质证、法庭辩论等形式陈述意见的过程。适用简易处理时，仲裁庭可以对上述各方面作出变通或简易安排，但是不得剥夺或减损当事人陈述意见的权利。

【经验介绍】

《深圳市劳动人事争议仲裁委员会要素式办案规则（试行）》第十二条规定，要素式裁决书是指对于能够概括出相关要素的案件，在撰写裁决书时不再分开陈述申请人主张、被申请人辩称、本委查明和本委认为部分，而是围绕某一项要素，陈述申请人和被申请人双方意见、证据和本委认定的理由及依据的法律文书。要素式裁决书由首部、相关案情、裁决结果三部分组成。

【法条链接】

《劳动争议调解仲裁法》第三十二条、第四十三条、第四十六条，《民事诉讼法》第一百五十七条，《最高人民法院关于适用〈中华人民共和国民事诉讼法〉的解释》第二百五十九条、第二百六十三条、第二百六十四条、第二百七十条，《最高人民法院关于适用简易程序审理民事案件的若干规定》第十二条、第二十一条、第二十二条、第二十四条、第二十七条、第三十二条。

第六十一条 [转一般程序的情形] 仲裁庭在审理过程中，发现案件不宜简易处理的，应当在仲裁期限届满前决定转为按照一般程序处理，并告知当事人。

案件转为按照一般程序处理的，仲裁期限自仲裁委员会受理仲裁申请之日起计算，双方当事人已经确认的事实，可以不再进行举证、质证。

【条文释义】

本条规定了简易处理向一般程序转换的条件、方式以及程序进一步推进的处理。

一、从简易处理转为一般程序处理

（一）转换程序的决定机关

本条对案件处理由简易处理转换为一般程序处理的前提条件并未作出明确规定，只要仲裁庭认为案件不宜简易处理的即可转换。

应当注意，是否适用简易处理由仲裁委员会决定，简易处理向一般程序转换由仲裁庭决定。一般认为，按照简易处理可能影响当事人权利，事属重大，而从简易处理转为一般程序则不存在这个问题，因此前者需由仲裁委员会决定，后者则由仲裁庭决定。

（二）不宜简易处理的情形

案件不宜简易处理的具体事由应由仲裁庭根据案件的具体情况进行判断。如果庭审过程中发生了特定事由，导致案件情况不再符合《办案规则》第五十六条规定的前提条件，或者案件出现了《办案规则》第五十七条规定的禁止事由，则应当认为案件已不宜简易处理。另外，在实践中，一般认为出现如下情况时案件将不宜简易处理：一是当事人变更仲裁请求，导致案件性质发生改变，不适合简易处理的；二是当事人或者仲裁庭认为需要追加当事人的；三是被申请人提出反申请的；四是案件需要委托相关机构进行鉴定、勘验、评估的；五是当事人向仲裁庭申请调查取证的；六是符合《办案规则》规定的中止情形的。

（三）简易处理转换为一般程序的期限以及告知义务

转换程序仅为单向，即只能由简易处理转为一般程序，而不得将已按一般程序审理的争议案件在开庭后转为简易处理审理。

仲裁庭发现需要转为一般程序审理的，应当在审理期限届满前作出决定。简易处理案件转为一般程序审理的，应当告知当事人程序转换的决定以及理由，告知可以通过书面方式，也可以通过口头方式。

二、争议案件由简易处理转换为一般程序的转换后果

从简易处理转换为一般程序案件并非重新开始审理，而是原案件的审理继续进行，只是下一步的审理需要按照一般程序进行。因此，案件的下一步处理需要遵守如下规则：一是转为一般程序后，如果需要由一名仲裁员独任审理转为由三名仲裁员组成合议庭审理的，需将仲裁庭组成人员及相关事项书面通知当事人；二是案件转为一般程序审理的，审理期限自仲裁委员会受理之日起计算；三是转为一般程序之前，当事人已经确认的事实，可以不再进行举证、质证。

【经验介绍】

《北京市劳动争议仲裁案件简易处理暂行办法》第十六条规定，在审理过程中，发现案件不应适用简易处理的，仲裁委员会应当在仲裁期限届满前决定转为一般程序处理，并书面通知当事人。第十七条规定，转入一般程序处理的劳动争议案件审理期限，应自立案之日起计算，不得超过六十日。

【法条链接】

《民事诉讼法》第一百六十三条，《最高人民法院关于适用〈中华人民共和国民事诉讼法〉的解释》第二百八十条，《最高人民法院关于适用简易程序审理民事案件的若干规定》第十三条。

第四节 集体劳动人事争议处理

本节规定了集体劳动人事争议案件的处理程序，就集体劳动人事争议案件的范围、处理期限、组庭原则、协商调解、开庭场所等作出明确规定。根据上述规定，仲裁委员会对集体劳动人事争议应当优先立案、优先审理、一次性告知；仲裁庭开庭前应当引导当事人自行协商，或者

先行调解。同时，本节规定缩短了仲裁委员会对举证期限、开庭日期和地点等的确定和通知期限。

第六十二条 ［集体劳动人事争议界定］　处理劳动者一方在十人以上并有共同请求的争议案件，或者因履行集体合同发生的劳动争议案件，适用本节规定。

符合本规则第五十六条第一款规定情形之一的集体劳动人事争议案件，可以简易处理，不受本节规定的限制。

【条文释义】

本条规定了集体劳动人事争议案件界定及其处理规则的适用，明确了集体劳动人事争议案件处理规定与简易处理规定不相冲突，符合简易处理条件的集体劳动人事争议案件，也可以适用简易处理规定。

一、集体劳动人事争议的范围

《办案规则》明确了集体劳动人事争议主要包括两类案件：一是处理劳动者一方在十人以上并有共同请求的争议案件；二是因履行集体合同发生的劳动争议案件。

二、本节与其他章节的关系

（一）本节与总则、一般性规定的关系

集体劳动人事争议因为劳动者一方人数众多或者因集体合同本身的特殊性，其争议处理需要进行特别制度安排。但需要明确，本节与《办案规则》其他部分的关系是一般规定和特殊规定的关系，本节规定仅是集体劳动人事争议仲裁的特别规定。因此，本节有规定的，优先适用本节规定；本节没有规定的，依然要适用《办案规则》总则、一般规定等部分的规则。

（二）集体劳动人事争议案件可以简易处理

集体劳动人事争议是按人员数量或争议发生原因进行分类；简易处理则是繁简分流处理方式，是建立在案件本身的争议大小、标的大小或者当事人是否同意的分类基础上的。集体劳动人事争议与简易处理两者并不排斥。一般情况下，集体劳动人事争议也应当追求快速解决，防止矛盾积压，适用快速解决争议的简易处理也具有程序正当性基础。集体劳动人事争议处理和简易处理在《办案规则》中都属于特别规定。为了协调两者的关系，本条第二款专门明确，符合《办案规则》第五十六条第一款规定的集体劳动人事争议案件可以适用简易处理，不受本节规定的限制。

【法条链接】

《劳动争议调解仲裁法》第七条，《劳动法》第八十四条，《工会法》第五十三条，《劳动合同法》第五十六条，《集体合同规定》（劳动和社会保障部令第22号）第四十九条、第五十五条、第五十六条。

第六十三条 ［推选代表］ 发生劳动者一方在十人以上并有共同请求的争议的，劳动者可以推举三至五名代表参加仲裁活动。代表人参加仲裁的行为对其所代表的当事人发生效力，但代表人变更、放弃仲裁请求或者承认对方当事人的仲裁请求，进行和解，必须经被代表的当事人同意。

因履行集体合同发生的劳动争议，经协商解决不成的，工会可以依法申请仲裁；尚未建立工会的，由上级工会指导劳动者推举产生的代表依法申请仲裁。

【条文释义】

本条明确了在两类集体劳动人事争议中应如何确定劳动者在仲裁程序中的当事人身份。劳动者一方在十人以上并有共同请求的集体劳动人事争议案件，可以适用代表人仲裁制度；履行集体合同争议案件，工会可以申请仲裁，未成立工会的推选代表申请仲裁。

一、十人以上集体劳动人事争议的仲裁代表人

《劳动争议调解仲裁法》第七条规定，"发生劳动争议的劳动者一

方在十人以上,并有共同请求的,可以推举代表参加调解、仲裁或者诉讼活动",确立了我国代表人仲裁制度,但该法未对代表人的数量、权限等作出具体规定,在实践中代表人仲裁制度落实困难。《办案规则》进一步完善了代表人仲裁的规则,并提高了其可操作性。

(一)仲裁代表人的推举条件

1. 劳动者一方当事人在十人以上。

2. 劳动者当事人的申请请求具有同一性,即具有相同类型的申请请求,且基于同一事实或者法律原因。

3. 当事人申请的同一性,属于同一仲裁委员会管辖且仲裁委员会认为可以合并审理的。

4. 仲裁代表人应当从劳动者当事人中推选,且人数为三至五名。

应当注意的是,劳动者可以推举也可以不推举代表人。既可以部分当事人推举代表人,也可以全部当事人推举代表人;无法推举代表人的,劳动者可以自己参加仲裁活动。

(二)仲裁代表人行为的效力

1. 仲裁代表人的推举应当经被代表的劳动者当事人同意,仲裁代表人进行的仲裁活动,对其所代表的劳动者当事人发生效力。

2. 代表人变更、放弃仲裁请求或者承认对方当事人的仲裁请求,进行和解的,须征得被代表的共同当事人承认,其效力及于所代表的当事人。

二、履行集体合同争议案件中工会的作用

工会作为劳动者权益代表,作为与用人单位签订集体合同的法律主体,可以依法要求用人单位承担责任。工会在履行集体合同的劳动争议处理中有两种身份:一是工会作为当事人,代表全体职工,对履行集体合同的争议申请仲裁、提起诉讼;二是上级工会指导劳动者推举代表申请仲裁。

履行集体合同争议案件中,协商解决为必经环节。工会在处理集体合同争议时应遵循以下程序：一是劳动者、工会和用人单位协商解决，即协商解决是处理履行集体合同争议的必用方式和必经程序；二是协商解决不成的，工会可以代表全体劳动者，就履行集体合同的争议申请仲裁、提起诉讼。

【法条链接】

《劳动争议调解仲裁法》第七条，《劳动合同法》第五十六条，《民事诉讼法》第五十三条，《工会法》第二十条。

第六十四条 [集体劳动人事争议受理] 仲裁委员会应当自收到当事人集体劳动人事争议仲裁申请之日起五日内作出受理或者不予受理的决定。决定受理的，应当自受理之日起五日内将仲裁庭组成人员、答辩期限、举证期限、开庭日期和地点等事项一次性通知当事人。

【条文释义】

本条规定了集体劳动人事争议的受理期限和一次性通知要求，重申了集体劳动人事争议受理期限以及受理期限的起算点。决定受理的，仲裁委员会应在五日内做好庭审准备并将庭审的相关事项一次性通知当事人。

一、五日内决定是否受理

本条重申立案时限为五日，该日期从仲裁委员会收到当事人集体劳动人事争议仲裁申请之日起计算。即使是集体劳动人事争议，仲裁委员会也必须在五日内完成立案程序，不得因涉案人数多、案情复杂而延长立案审查期限。

二、一次性通知

（一）一次性通知的内容

对申请人、被申请人通知的内容有所不同。对申请人，要求仲裁委员会在送达受理通知书时，将仲裁庭组成人员、举证期限、开庭日期和地点等事项一并通知；对被申请人，要求仲裁委员会在送达仲裁申请副本时,将仲裁庭组成人员、答辩期限、举证期限、开庭日期和地点等事项一并通知。

(二) 一次性通知的作用

《劳动争议调解仲裁法》第三十五条规定:"仲裁庭应当在开庭五日前,将开庭日期、地点书面通知双方当事人。"《办案规则》第三十八条规定:"仲裁庭应当在开庭五日前,将开庭日期、地点书面通知当事人。"为防止集体劳动人事争议当事人因排期周期长而丧失耐心、出现过激行为,本条在前述规定的基础上明确给予了集体劳动人事争议"快审"的"优先权",即对仲裁委员会立案后仲裁庭开庭日期和地点的确定时间进行了缩短,要求仲裁委员会应当在立案后五日内即应将开庭时间、地点确定下来。需要注意的是,本条并未削减劳动者和用人单位的权利,如答辩期限、举证期限等。

(三) 一次性通知的形式

一般采用书面形式。仲裁庭应该遵守《劳动争议调解仲裁法》和《办案规则》关于仲裁庭组成情况、开庭日期和地点需要书面通知当事人的规定。在仲裁实践中,仲裁委员会也可以采用归纳"当事人须知"的方式,以补充一次性通知内容。"当事人须知"可以涵盖仲裁庭纪律、当事人权利义务、证据提交规则、当庭陈述举证质证辩论原则、调解规则、仲裁处理期限等。

【法条链接】

《劳动争议调解仲裁法》第二十九条、第三十条、第三十二条、第三十五条。

第六十五条 [集体劳动人事争议组庭] 仲裁委员会处理集体劳动人事争议案件,应当由三名仲裁员组成仲裁庭,设首席仲裁员。

仲裁委员会处理因履行集体合同发生的劳动争议,应当按照三方原则组成仲裁庭处理。

【条文释义】

本条规定了集体劳动人事争议案件仲裁庭的组庭原则。第一款明确必须由三名仲裁员组成仲裁庭审理集体劳动人事争议案件。第二款规定了履行集体合同争议三方组庭的原则。

一、处理集体劳动人事争议案件的组庭

集体劳动人事争议案件应由三名仲裁员组成仲裁庭审理,这是由集体劳动人事争议案件性质所决定的。应当注意,不论是采取一般程序还是简易处理,这两种情况必须由三名仲裁员组庭。与之对应的是,《劳动人事争议仲裁组织规则》第十三条规定也有关于两类情况必须由三名仲裁员组庭的要求,即十人以上并有共同请求的争议案件、履行集体合同发生的争议案件应当由三名仲裁员组成仲裁庭。

二、三方组庭成员的构成

三方组庭是对履行集体合同的劳动争议案件的进一步要求。审理履行集体合同争议,应当由三名分别代表三方的仲裁员组庭。三方组庭在根本上是劳动关系协调的三方原则体现。由三方组成仲裁庭可以为履行集体合同争议的处理提供理解问题的不同视角,提供具有不同工作背景的知识,在一定程度上也为不同群体的利益平衡找到了通道。

我国劳动关系中的三方是指代表政府的人力资源社会保障部门、代表职工的工会组织和代表企业的企业代表组织。三方组庭应当注意以下三点:一是政府代表一方应当从政府人力资源社会保障部门中产生,职工代表一方应当从各级工会组织中产生,企业代表一方应当从企业联合会、工商业联合会等组织中产生;二是因履行集体合同发生的劳动争议,按三方原则组成的仲裁庭,其成员也必须已具有仲裁员资格,并被仲裁委员会聘任为仲裁员;三是三方组成的仲裁庭成员在仲裁庭审中具有同等的权利义务。

【法条链接】

《劳动争议调解仲裁法》第八条、第三十一条,《劳动合同法》第五条,《工会法》第三十四条,《劳动人事争议仲裁组织规则》第五条、第十三条、第二十二条第一款,《集体合同规定》第五十条、第五十五条。

第六十六条 [集体劳动人事争议调解] 仲裁庭处理集体劳动人事争议,开庭前应当引导当事人自行协商,或者先行调解。

仲裁庭处理集体劳动人事争议案件,可以邀请法律工作者、律师、专家学者等第三方共同参与调解。

协商或者调解未能达成协议的,仲裁庭应当及时裁决。

【条文释义】

本条规定了集体劳动人事争议案件必须先行协商调解。第一款强调引导协商调解是集体劳动人事争议案件开庭前的必经环节,仲裁委员会应注重以协商调解方式柔性化解争议。第二款明确可以邀请各界人士共同参与调解,发挥社会第三方力量参与劳动人事争议调解的作用。第三款确定及时裁决原则,避免久调不决。

一、开庭前应引导协商和调解

(一)引导协商调解

仲裁庭应当充分发挥引导功能,促成当事人庭前自行协商或者先行调解,但仲裁庭不能强制要求。自行协商或者先行调解能否进行仍然基于当事人自愿。

(二)协商调解的应当性

自行协商的主体是劳动人事争议当事人,两者地位平等;在自行协商过程中,仲裁庭不是裁判者,是发挥双方主动性、积极自我协商、达成和解的引导人。在调解时,调解要在仲裁庭的主持下进行,通过宣传教育、劝说疏导,给予当事人法律法规的建议、形势分析等建设性意见,以促使调解成功。

(三)社会第三方参与集体劳动人事争议调解

1. 调解主体及参与者。调解主体仍是仲裁庭，第三方是接受仲裁庭邀请参加协助调解的参与者。第三方参与调解并非强制性的行为，可参与也可不参与，不改变《劳动人事争议仲裁组织规则》中规定的仲裁委员会处理争议案件实行的仲裁庭制度。

2. 社会第三方范围。主要包括法律工作者、律师、专家学者，其中法律工作者和专家学者涵盖了从事法律工作以及从事理论研究、实务工作的人。律师则指的是取得律师执业资格的人。除了法律列举的上述人员外，其他一些能够利用专业知识、社会影响、社会声望等促进集体劳动人事争议解决的人，例如人大代表、政协委员等都可以受邀参与调解。

二、及时裁决，避免久调不决

（一）调解成功后的处理

经过协商达成调解协议的，当事人可以撤回仲裁申请或者由仲裁委员会出具调解书。

（二）及时裁决

在协商或者调解不成时，仲裁庭应当严格执行审限规定，及时进入仲裁程序，尽快进行裁决。特别是在下列三种情况下，应当及时裁决：一是当事人一方或者双方经引导，坚持不愿协商或者调解的；二是协商或者调解未能达成协议的；三是调解书送达前一方反悔的。

【经验介绍】

《山东省劳动人事争议调解仲裁条例》第四十三条规定："仲裁庭裁决集体争议案件或者因履行集体合同发生的争议案件，可以组织工会、企业联合会、工商业联合会、行业主管部门等参加调解仲裁活动，协助解决争议。"

【法条链接】

《劳动争议调解仲裁法》第四十一条、第四十二条，《民事诉讼法》第九十五条、第九十九条，《最高人民法院关于建立健全诉讼与非诉讼相衔接的矛盾纠纷解决机制的若干意见》（法发〔2009〕45号）第十六条、第二十七条，《最高人民法院关于扩大诉讼与非诉讼相衔接的矛盾纠纷解决机制改革试点总体方案》（法〔2012〕116号）第四条。

第六十七条 [集体劳动人事争议仲裁场所] 仲裁庭开庭场所可以设在发生争议的用人单位或者其他便于及时处理争议的地点。

【条文释义】

本条规定了集体劳动人事争议案件的仲裁场所。集体劳动人事争议案件涉及面广，具有突发性和破坏性，应及时采取紧急处理措施。为确保在第一时间第一现场处置好关系劳动者切身利益的问题，及时化解矛盾，避免因处理不当引发重大社会问题，集体劳动人事争议仲裁场所较一般案件在仲裁场所的选择上更为灵活机动。

本条说明了可以作为开庭场所的地点，但是本条更重要的功能是明确了选择开庭场所的标准，即便于及时处理争议。仲裁庭开庭可以设在发生争议的用人单位，也可以设在其他便于及时处理争议的地点，如劳动合同履行地、产业园区、工会的办公场所等。

【法条链接】

《民事诉讼法》第一百三十五条，《劳动人事争议仲裁组织规则》第十二条。

第四章 调解程序

《劳动争议调解仲裁法》规定的调解包括调解组织的调解和仲裁调解两种类型。前者是由法定调解组织依法主持进行,以当事人自愿为前提;后者是由仲裁委员会对已经受理的争议案件进行调解。为进一步发挥调解在处理争议中的独特优势,《办案规则》对调解程序作了专章规定。本章分两节共十二条,规定了仲裁调解和调解建议书、委托调解、调解协议的仲裁审查等调解组织调解与仲裁程序相衔接的内容。

第一节 仲裁调解

第六十八条 [引导调解原则] 仲裁委员会处理争议案件,应当坚持调解优先,引导当事人通过协商、调解方式解决争议,给予必要的法律释明以及风险提示。

【条文释义】

本条规定了在处理争议案件过程中仲裁委员会应尽的职责。一是坚持调解优先原则,将调解工作贯穿于案件处理的全过程;二是引导当事人通过协商、调解方式解决争议;三是给予必要的法律释明和风险提示,从而有利于当事人自愿、理性地处分自身权利,并尽可能将争议以协商、调解方式解决,避免矛盾激化。

一、调解优先原则的适用

调解优先原则适用于仲裁委员会处理争议案件的全过程。受理案件之前，可以通过调解建议书等形式引导劳动者到调解组织进行调解；受理案件之后、开庭之前，可以庭前调解；开庭之后要进行当庭调解；闭庭之后、裁决之前，可以庭后调解。

二、引导当事人通过协商、调解方式解决争议

（一）引导的方式

仲裁委员会可以口头或者书面形式主动引导当事人通过协商、调解方式解决争议。在实践中，有不少仲裁委员会在工作场所通过宣传"以和为贵"等价值观念、布置温馨的调解室等方式，促使当事人在冲突过程中缓和情绪，选择通过协商、调解方式解决争议。

（二）协商解决争议

协商解决争议是指发生争议后，一方当事人可以通过与另一方当事人约见、面谈等方式协商解决。劳动者可以要求所在用人单位工会参与或者协助其与用人单位进行协商，也可以委托其他组织或者个人作为其代表进行协商。在进入仲裁程序前后，仲裁委员会也应当鼓励引导当事人通过自主协商的方式解决争议。如果当事人不愿意协商或者协商不能解决争议的，仲裁庭应当及时介入调解或者进行审理和裁决。

（三）调解解决争议

调解解决争议是指发生争议的双方当事人在第三方的主持下解决争议。仲裁委员会受理案件前可以引导当事人到专门的劳动人事争议调解组织进行调解，也可以在受理案件后，在案件处理过程中引导当事人通过调解方式结案。仲裁委员会开展调解工作的具体方式包括发出仲裁建议书、委托调解、仲裁庭调解、邀请调解、调解协议仲裁审查等。

三、给予法律释明以及风险提示

（一）法律释明

根据本条规定，法律释明以及风险提示应当坚持必要性原则。必要的法律释明一般限定于解释调解和仲裁活动的程序、法律法规和相关政策的规定。

(二) 风险提示

风险提示可以风险提示书的形式告知当事人,一般限定于调解仲裁过程和结果中可能存在的风险,以及当事人拒不接受仲裁委员会的释明和引导可能产生的后果。常见的风险提示主要包括以下内容。

1. 仲裁申请不符合条件。仲裁申请不符合法律规定条件的,仲裁委员会不予受理;即使受理,也会在发现不应当受理后撤销案件;仲裁申请不符合管辖规定的,案件将会被移送至有管辖权的仲裁委员会处理。

2. 仲裁请求不适当。申请人提出的仲裁请求应当明确、具体、完整,否则仲裁委员会可能不予受理,或者不予支持。

3. 逾期改变仲裁请求。当事人增加、变更仲裁请求或者提出反申请,超过仲裁委员会指定期限的,仲裁委员会不予受理,当事人需要另行申请仲裁。

4. 超过仲裁时效。申请人申请仲裁的时效期间为一年,申请人向仲裁委员会提起仲裁申请后,被申请人提出申请人提起仲裁申请已超过仲裁时效的,如果申请人没有对未超过仲裁时效的事实提供证据证明,其仲裁请求不会得到仲裁委员会的支持。

5. 授权不明。当事人委托代理人代为承认、放弃、变更仲裁请求,进行和解,提起反申请等事项的,应当在授权委托书中特别注明。没有在授权委托书中明确、具体记明特别授权事项的,或者仅是"全权代理"的,委托代理人就上述特别授权事项发表的意见不具有法律效力。

6. 不提供或者不充分提供证据。除法律、法规等规定不需要提供证据证明外,当事人提出仲裁请求或者反驳对方的仲裁请求,应当提供证据证明。不能提供相应的证据或者提供的证据无法证明有关事实的,可能面临不利的后果。当事人应当提供证据原件或者原物,特殊情况下也可以提供经仲裁委员会核对无异的复制件或者复制品。提供的证据不符合上述条件的,可能影响证据的证明力,或者不被采纳。

7. 超过举证期限提供证据。当事人应当在举证期限或者仲裁委员会指定的期限内提交证据,超过上述期限提交的,仲裁委员会可以不予采纳该证据。

8. 证人不出庭作证。除法律、法规等规定的证人确有困难不能出庭的特殊情况外,当事人提供证人证言的,证人应当出庭作证并接受质询。如果证人不出庭作证,可能影响该证人证言的证据效力,或者不被采纳。

9. 不按时出庭或者中途退出仲裁庭。申请人一方收到书面开庭通知,无正当理由拒不到庭或者未经仲裁庭同意中途退庭的,仲裁委员会可以按撤回仲裁申请处理;被申请人一方无正当理由拒不到庭,或者未经仲裁庭同意中途退庭的,仲裁委员会可以继续开庭审理,并缺席裁决。

10. 不遵守仲裁庭纪律。当事人有《办案规则》第四十三条规定的不遵守仲裁庭纪律的情形的,可能会被训诫、责令退出仲裁庭。

11. 不准确提供送达地址。当事人提供的己方送达地址不准确,或者送达地址变更未及时告知仲裁委员会,致使仲裁委员会无法送达,造成仲裁文书被退回的,应承担相应后果。

【法条链接】

《劳动争议调解仲裁法》第三条,《劳动法》第七十七条,《民事诉讼法》第九条,《最高人民法院关于适用〈中华人民共和国民事诉讼法〉的解释》第一百四十三条,《企业劳动争议协商调解规定》(人力资源和社会保障部令第17号)第二章、第三章。

第六十九条 [调解建议书] 对未经调解、当事人直接申请仲裁的争议,仲裁委员会可以向当事人发出调解建议书,引导其到调解组织进行调解。当事人同意先行调解的,应当暂缓受理;当事人不同意先行调解的,应当依法受理。

【条文释义】

本条规定了仲裁委员会发出调解建议书的前提和引导调解的去向；同时明确了只有在当事人同意先行调解的情况下，仲裁委员会才能暂缓受理，否则对符合条件的仲裁申请，应当依法受理。

一、调解建议书的提出

（一）发出的对象和时间

发生争议，双方当事人之间往往产生了一定的对立情绪，一般很少共同向调解组织申请调解；有些当事人也不清楚所在地是否设有调解组织以及调解组织的地址和联系方式等。因此，对未经调解组织调解，当事人直接申请仲裁的争议，仲裁委员会在受理之前，可以向当事人发出调解建议书，引导、帮助当事人通过调解组织调解化解争议。

（二）由仲裁委员会决定是否发出

发出调解建议书属于仲裁委员会的职权，其行使无须征求双方当事人的意见。但是调解建议书对双方均没有约束力，其功能是为当事人指引解决争议的其他路径和方法。

（三）调解组织

《劳动争议调解仲裁法》中规定的调解组织有三类：一是企业劳动争议调解委员会；二是依法设立的基层人民调解组织；三是在乡镇街道设立的具有劳动争议调解职能的组织。随着改革进程的推进和新兴调解组织的发展，实践中的调解组织越来越多元化。从目前来看，只要是依法设立的具有争议调解职能的组织，仲裁委员会均可以根据就近、方便当事人、有利于案件调解的原则选择调解组织，引导当事人前去调解。用人单位内部、所在地区和行业均设立了调解组织的，当事人也可以自行选择向其中任一组织或者多家组织先后提出调解。

（四）调解建议书的内容

调解建议书一般应当列明以下内容：通过调解方式解决争议的优势；发出调解建议书所依据的法律、法规；建议当事人前往的调解组织名称、地址、联系方式；明确调解不成的，可以向仲裁委员会申请仲裁。

二、调解建议书提出后的进一步处理

（一）当事人同意先行调解的处理

当事人以口头、书面形式表示同意先行调解的，仲裁委员会应当暂缓受理。当事人已经向仲裁委员会提交书面申请材料和相关证据材料的，可以自行选择将材料交由仲裁委员会保管或者先行取回；交由仲裁委员会保管的，仲裁委员会应当出具收件回执。当事人先行调解的期限不计入仲裁委员会决定是否受理仲裁申请的期限。当事人因先行调解失败而再次向仲裁委员会提起仲裁申请或者要求恢复受理程序的，仲裁委员会收到仲裁申请的时间从再次收到书面申请材料之日或者当事人要求恢复受理程序之日起重新计算。

（二）当事人不同意先行调解的处理

一方或者双方当事人不同意先行调解的，仲裁委员会应当依法受理。

【经验介绍】

除了《劳动争议调解仲裁法》中明确的三类调解组织外，部分地区在实践中进一步扩大了调解组织的类型。例如《浙江省劳动人事争议调解仲裁条例》第七条规定："发生劳动人事争议，当事人可以到下列调解组织申请调解：（一）用人单位劳动人事争议调解组织；（二）人民调解组织；（三）乡镇（街道）劳动人事争议调解组织；（四）区域性、行业性劳动人事争议调解组织；（五）其他依法设立的具有劳动人事争议调解职能的组织。"《山东省劳动人事争议调解仲裁条例》第九条、《广东省劳动人事争议处理办法》第十三条也作了类似规定。上述三省还进一步规定了政府应当对调解组织履行职责提供支持，如人员、经费、场地、设备等，有助于调解组织开展工作。

【法条链接】
《劳动争议调解仲裁法》第十条,《民事诉讼法》第一百二十二条。

第七十条 [委托调解] 开庭之前,经双方当事人同意,仲裁庭可以委托调解组织或者其他具有调解能力的组织、个人进行调解。

自当事人同意之日起十日内未达成调解协议的,应当开庭审理。

【条文释义】

本条规定了委托调解程序。委托调解是指在争议处理的特定阶段,仲裁庭委托第三方对争议进行调解,而调解结果的作出归于仲裁庭的一种调解方式。为综合发挥不同调解方式的优势、保证争议处理效率,限定了委托调解应在受理之后、开庭之前实施,接受委托开展调解的不仅包括组织还有个人,明确了未达成调解协议应当开庭审理的期限。

一、委托调解的适用

(一)适用时间和条件

1. 受理之后、开庭之前

与调解建议书发出的时间在受理之前相区别,委托调解的适用时间是在受理之后、开庭之前。在这一阶段,一方面仲裁庭对案件基本情况有了初步了解,能够对案件是否适合调解作出判断;另一方面,当事人在接到另一方提交的答辩书和证据之后,或者在仲裁庭的法律释明以及风险提示之下,可能对案件的预期产生了新的认识,能够更加理性地选择是否接受调解。

2. 双方同意

在征得双方当事人同意的情况下,仲裁庭可以实行委托调解;仅一方同意的,不可以实行。需要注意的是,即使在受理前已经接受过先行调解,如果双方当事人同意,仍可以再次启动委托调解程序。

(二)接受委托的组织和个人

与调解建议书制度不同,接受委托调解工作的对象除了依法成立的调解组织外，还包括其他组织和具有调解能力的个人。这是因为，委托调解其实是其他组织或者个人在受委托的前提下行使仲裁庭的调解权力，其调解的正当性基础是仲裁委员会的法定职责及其授权；而在调解建议书制度中，调解组织是调解主体，其调解的正当性基础在于自身是依法成立的调解组织。在实践中，仲裁庭可以根据案件的具体情况来选择委托的对象。

（三）委托调解的方式

为方便受委托的组织、个人开展调解工作，实行委托调解，仲裁委员会一般需要发出委托调解函。受委托的组织、个人可以前来仲裁委员会主持调解；仲裁委员会也可以指引当事人前往受委托的组织、个人处接受调解；有的地区还建立了网上调解平台，双方当事人可以在平台上通过视频、语音等方式接受调解。

（四）委托调解函的内容

委托调解函一般应当列明以下内容：双方当事人的基本情况和案由；委托调解的期限；出具委托调解函的仲裁委员会名称、地址、联系方式。仲裁委员会在出具委托调解函的同时，应当一并移送案卷材料，并在委托调解函中列明所移送的材料名称和份数。

二、委托调解与仲裁庭审的衔接

（一）委托调解的期限

《办案规则》给予委托调解的期限为十日，从当事人同意之日起计算。双方当事人同意时间不一致的，以后同意的时间为准。这样规定，一是为了避免案件超过四十五日或者六十日的审理期限；二是与答辩期和举证期限相对应，一般来说，答辩期加上举证期限共为十日左右，在这一段期间内委托调解，并不会耽误案件审理的进程；三是长时间的调解不成，有可能会加剧双方当事人之间的对抗情绪；四是仲裁庭在开庭审理之后，仍然可以对案件进行调解。

需要注意的是，委托调解的期限应当计入审理期限，不能作为中止审理的情形。

（二）委托调解后的处理

委托调解过程中，双方达成调解协议且内容合法有效的，仲裁委员会出具调解书。如果部分内容存在违反法律法规等问题，仲裁委员会可以协调变更调解协议内容，并根据变更后的调解协议出具调解书。委托调解后未能在十日内达成内容合法有效的调解协议的，则委托调解程序终止，仲裁委员会应当开庭审理。

第七十一条［仲裁庭调解和邀请调解］ 仲裁庭审理争议案件时，应当进行调解。必要时可以邀请有关单位、组织或者个人参与调解。

【条文释义】

本条规定了在仲裁庭审理争议案件过程中，应当进行调解。同时明确在必要的时候可以邀请与当事人有特定关系或者与争议案件有一定联系的单位、组织或者个人协助调解。

一、仲裁庭调解的适用

仲裁庭在审理案件的过程中，应当在事实基本清楚的基础上，依据相关法律法规政策对案件进行调解。双方当事人同意的，仲裁庭可以进行多轮调解。仲裁庭不能因为调解组织调解、庭前调解或者委托调解失败而不再调解。仲裁庭进行调解，可以采取电话、短信、邮件等简便方式与当事人进行沟通，或者通知当事人到庭参与调解。

二、邀请调解的适用

（一）邀请发出的时间

在案件审理的全过程中，仲裁庭都可以邀请有关单位、组织或者个人参与调解。

（二）邀请发出的条件

是否邀请有关单位、组织或者个人参与调解，应当根据案件调解的需要来判断。此外，自愿原则是调解的首要原则，尽管此处未明确规定，但邀请调解原则上也应以双方当事人同意为前提。有的争议案件涉及当事人的隐私或者商业秘密，当事人不愿意让第三方知晓，或者当事人希望通过调解的方式解决纠纷，但不愿意他人，包括单位同事或者亲朋好友知晓纠纷内情。如果不征得当事人同意而邀请他人参与调解，有可能使双方当事人产生对立情绪，反而不利于争议的顺利解决。

（三）邀请发出的方式

邀请调解可以口头形式发出；为方便受邀请的单位、组织或者个人参与调解，也可以书面形式发出，列明简要案情、争议焦点及发出邀请的仲裁委员会名称、地址、联系方式等。

（四）受邀对象

受邀参与调解的有关单位、组织或者个人，一般与案件有一定联系或者为特定领域内的权威机构或专家。他们参与调解工作，对当事人进行解释、说服、疏导，有利于促使双方当事人达成和解或者调解协议。由于有关单位、组织或者个人只是配合仲裁庭进行调解，因此其并不需要具备调解组织、调解员资格。

三、邀请调解与调解建议书、委托调解的区别

（一）发生时间不同

邀请调解可以发生在仲裁庭审理案件的全过程中；调解建议书发出的时间是在仲裁委员会受理案件以前；委托调解的时间是在案件受理之后、开庭之前。

（二）主体不同

邀请调解和委托调解是仲裁调解的形式，调解的主体是仲裁庭；而调解建议书制度中的调解是调解组织调解，主体是调解组织。

（三）是否计入审理期限不同

邀请调解和委托调解的期限计入审理期限，且不属于中止审理的情形；调解建议书制度中的调解因发生于受理之前，尚未启动仲裁程序，其期限不能计入审理期限。

（四）效力不同

通过邀请调解和委托调解达成协议的，由仲裁庭制作调解书，经双方当事人签收后发生法律效力，有履行义务的一方当事人不履行或者未完全履行的，另一方可以直接申请人民法院强制执行。调解建议书发出后经调解组织调解达成协议的，调解协议书对双方具有约束力，应当自觉履行。但要赋予其强制执行力，还需要经过仲裁审查，由仲裁委员会制作调解书，经双方当事人签收后发生法律效力。

【法条链接】

《劳动争议调解仲裁法》第四十二条，《民事诉讼法》第九十三条至第九十五条、第一百二十二条，《最高人民法院关于适用〈中华人民共和国民事诉讼法〉的解释》第一百四十二条、第一百四十六条。

第七十二条［制作调解书］ 仲裁调解达成协议的，仲裁庭应当制作调解书。

调解书应当写明仲裁请求和当事人协议的结果。调解书由仲裁员签名，加盖仲裁委员会印章，送达双方当事人。调解书经双方当事人签收后，发生法律效力。

调解不成或者调解书送达前，一方当事人反悔的，仲裁庭应当及时作出裁决。

【条文释义】

本条对仲裁调解的不同结果规定了不同的处理方式，即达成调解协议的，制作调解书；调解不成或者调解书送达前，一方当事人反悔的，及时作出裁决。同时对调解书的制作、内容、送达与效力作出规定。

一、调解书的制作

（一）调解书制作的前提

调解书是仲裁庭依据双方当事人达成的协议制作的仲裁文书。需要注意的是，在仲裁庭制作调解书之前，必须明确该调解协议是当事人基于自愿和真实意思达成的合意,不存在欺诈、胁迫或者乘人之危的情形,且不能违反法律、法规的强制性规定。

此外,有一些当事人达成调解协议后不愿意由仲裁庭制作调解书,而希望通过申请人撤回仲裁申请的方式结案。对此,应当本着自愿原则准许申请人撤回仲裁申请。

(二)调解书的内容

调解书中应当写明当事人基本情况、仲裁请求、当事人协商达成一致的事项等。调解书的内容相比于裁决书应精简一些,一般不阐述案件事实和说理。结合仲裁实践,调解书一般应当包括以下部分:(1)首部。调解书的首部,主要写明仲裁委员会的名称、调解书的标题、案件的编号、当事人及其代理人的基本情况和案由。(2)正文。正文是调解书的核心部分,应当列明当事人的全部仲裁请求和双方当事人在自愿、合法的前提下达成的协议内容。(3)尾部。调解书的尾部应当由仲裁员签名,加盖仲裁委员会印章,并写明制作时间。

二、调解书的送达

调解书是在当事人自愿协商后制作的法律文书,以自愿为基础,如果当事人拒绝签收调解书,表明不愿意接受调解。参照《民事诉讼法》的相关规定,调解书不能适用留置送达、张贴送达、公告送达等送达方式。当事人因故不能签收的,可以由其指定的代收人签收。

三、调解书的生效

(一)调解书的效力

生效的调解书具有以下效力:(1)确定当事人之间法律关系的效力。调解书生效后,表明双方当事人对曾经发生争议的劳动人事关系事项已经取得共识并得到确认,有履行义务的一方应当在期限内履行义务。(2)结束仲裁或者诉讼的效力。调解书生效后,当事人之间的劳动人事争议,在法律上已最终解决,当事人不得以同一事实和理由向仲裁委员会提起仲裁申请或者向人民法院起诉。(3)强制执行的效力。

有履行义务的当事人拒不履行，另一方当事人有权依据调解书向人民法院申请强制执行。

（二）调解书的生效时间

调解书制作完成后，必须经双方当事人签收，才具有法律效力。调解书不能当庭送达双方当事人的，应当以后收到调解书的当事人签收的日期为调解书生效日期。即一方当事人签收，另一方当事人没有签收，调解书尚未发生法律效力。

四、调解不成或者调解书送达前，一方当事人反悔的处理

双方当事人坚持不愿意接受调解，或者经过调解无法达成调解协议的，仲裁庭应当在法定期限内及时作出裁决。当事人在签收之前，有权就达成的调解协议反悔，如果一方当事人反悔的，仲裁庭也应当及时作出裁决。调解书签收后当事人反悔的，不影响调解书的效力。

【法条链接】

《劳动争议调解仲裁法》第四十二条，《民事诉讼法》第九十六条、第九十七条、第九十九条，《最高人民法院关于适用〈中华人民共和国民事诉讼法〉的解释》第八十四条、第一百三十三条、第一百四十四条、第一百四十五条、第一百四十九条、第一百五十条。

第七十三条　[先行制作调解书]　当事人就部分仲裁请求达成调解协议的，仲裁庭可以就该部分先行出具调解书。

【条文释义】

本条是针对在仲裁庭审理案件过程中，双方当事人就部分仲裁请求达成调解协议的情形所作的规定，有利于当事人就部分请求先行结案，及时维护当事人的合法权益。同时仲裁庭可以节约时间和精力，重点审理双方对仲裁请求有争议的部分。

一、先行出具调解书的情形

在仲裁实践中，争议案件往往涉及多项仲裁请求，有些请求之间具

有相对独立性。而双方可能就部分请求达成调解协议，但仍然对其他请求存在争议。因此，可以就双方能够达成一致的部分仲裁请求先予调解结案。如在涉及农民工等困难群体的劳动争议案件中，就工资等方面的仲裁请求先行出具调解书，可以避免因审理期限过长而影响当事人的基本生活。

但是，并不是所有的案件只要当事人就部分仲裁请求达成调解协议的，都必须就该部分先行出具调解书，仲裁庭可以视案件具体情况决定。在实践中，应当重点考虑对当事人生活有重大影响的、可能因中止审理或者疑难复杂等原因造成审理期限较长的案件。

二、先行出具调解书的效力

仲裁庭仅就部分仲裁请求先行出具的调解书，经双方当事人签收后，应当仅就所处理事项发生法律效力；其他事项仍然需要进行裁决处理或者经进一步调解结案。需要注意的是，已经调解的事项、调解过程中当事人的让步和妥协不能作为其他未决请求的裁决依据。

【法条链接】

《劳动争议调解仲裁法》第四十三条，《最高人民法院关于适用〈中华人民共和国民事诉讼法〉的解释》第一百零七条。

第二节 调解协议的仲裁审查

第七十四条 [申请仲裁审查] 经调解组织调解达成调解协议的，双方当事人可以自调解协议生效之日起十五日内，共同向有管辖权的仲裁委员会提出仲裁审查申请。

当事人申请审查调解协议，应当向仲裁委员会提交仲裁审查申请书、调解协议和身份证明、资格证明以及其他与调解协议相关的证明材料，并提供双方当事人的送达地址、电话号码等联系方式。

【条文释义】

本条规定了提出仲裁审查申请的前提、主体、期限，负责审查的仲裁委员会以及申请审查调解协议应当提交的材料，有利于当事人及时行使确认调解协议的权利，也便于仲裁委员会在实践中规范操作和统一执行。

一、申请仲裁审查的调解协议的范围

能够申请仲裁审查的调解协议首先必须是在依法设立的调解组织主持下达成的调解协议；其次应当是形式要件符合法律规定的调解协议，即由双方当事人签名或者盖章，经调解员签名并加盖调解组织印章的调解协议。

二、须双方当事人共同提出申请

共同提出申请并不意味着需要同时申请，只要双方都在期限内提出了申请，即可以视为共同提出申请。一方当事人提出申请，另一方当事人表示同意的，视为共同提出申请。

三、申请仲裁审查的期限

本条规定了提出仲裁审查申请必须自调解协议生效之日起十五日内。之所以明确期限，一是为督促当事人及时确认调解协议、固定权利义务；二是参考了民事诉讼中人民法院受理申请司法确认调解协议的期限为自调解协议生效之日起三十日的规定。

四、有管辖权的仲裁委员会

仲裁委员会是否有管辖权，根据《劳动争议调解仲裁法》第二十一条和《办案规则》第八条的管辖规则加以确定。

五、应当提交的材料

申请审查调解协议，应当向仲裁委员会提交仲裁审查申请书；委托他人代为申请的，应当提交委托人签名或者盖章的授权委托书。为审查调解协议的真实性与合法性，需提交调解协议书和身份证明、资格证明以及其他与调解协议相关的证明材料；为方便联系双方当事人，还应当提供双方当事人的送达地址、电话号码等联系方式。

当事人未提交上述材料或者材料不齐备的,仲裁委员会应当要求当事人限期补正;拒不补正的,仲裁委员会应当出具不予受理通知书。

【法条链接】

《劳动争议调解仲裁法》第十四条至第十六条,《民事诉讼法》第一百九十四条,《企业劳动争议协商调解规定》第二十八条。

第七十五条 [审查申请的受理与不予受理] 仲裁委员会收到当事人仲裁审查申请,应当及时决定是否受理。决定受理的,应当出具受理通知书。

有下列情形之一的,仲裁委员会不予受理:

(一)不属于仲裁委员会受理争议范围的;

(二)不属于本仲裁委员会管辖的;

(三)超出规定的仲裁审查申请期间的;

(四)确认劳动关系的;

(五)调解协议已经人民法院司法确认的。

【条文释义】

本条规定了仲裁委员会收到当事人仲裁审查申请后的受理程序,并列举了五种不予受理的情形。

一、受理程序

(一)及时决定是否受理

关于收到仲裁审查申请后作出是否受理的决定期限,各地在仲裁实践中做法不一。具体个案的复杂程度不同,各个仲裁委员会的情况也不一致,因此本条没有对决定是否受理的期限作出明确规定,使用"及时"一词进行原则性的规定,各地可以根据本地情况予以规定。为方便当事人迅速解决争议,双方当事人同时到仲裁委员会提出仲裁审查确认申请的,仲裁委员会可以当即受理;双方当事人先后提交申请的,应当以后提起的申请人提交书面申请的日期为收到申请的日期，并尽快决定是否受理。

（二）出具是否受理通知书

仲裁委员会决定受理的，应当出具受理通知书；不予受理的，应当出具不予受理通知书，并说明理由。需要注意的是，上述不予受理通知书是针对调解协议仲裁审查申请作出的，而不是针对仲裁申请。当事人仍然可以基于同一事实、理由依法申请仲裁。

二、受理的情形

符合《办案规则》第七十四条第二款规定的材料要求，又不属于本条所列不予受理情形的仲裁审查申请，仲裁委员会应当受理。

三、不予受理的情形

（一）不属于仲裁委员会受理争议范围

《办案规则》第二条明确了仲裁委员会受理争议范围，就不在该范围内的争议内容达成的调解协议，不能提出仲裁审查申请。

调解协议中有部分内容不属于仲裁委员会受理争议范围的，应当向当事人释明。当事人书面放弃该部分内容的，可以就其余部分调解协议的内容制作调解书；当事人不愿意放弃的，仲裁委员会不予受理。

（二）不属于本仲裁委员会管辖

收到仲裁审查申请的仲裁委员会，不属于《办案规则》第八条第二款所规定的有管辖权的仲裁委员会的，对申请不能受理，可以告知双方当事人向有管辖权的仲裁委员会提出仲裁审查申请。

（三）超出规定的仲裁审查申请期间

为督促双方当事人尽快确认调解协议的效力，调解协议生效后超过十五日的，仲裁委员会将不予受理仲裁审查申请。双方当事人可以自行履行调解协议；一方当事人不履行的，对方当事人可以向有管辖权的仲裁委员会申请仲裁。

（四）确认劳动关系

劳动关系是否存在是客观事实，并且涉及双方当事人诸多权利义务，不宜通过仲裁审查的方式将双方当事人对此的妥协赋予法律效力。

（五）调解协议已经人民法院司法确认

根据相关法律法规，调解协议的效力确认有两种途径：一是经仲裁委员会审查出具调解书；二是通过人民法院司法确认。对于人民法院已确认法律效力的调解协议，仲裁委员会不宜也没有必要再受理仲裁审查申请。

仲裁委员会在受理申请时，应当注意询问双方当事人是否已经人民法院司法确认，以免人民法院和仲裁委员会就同一份调解协议先后作出确认。

【经验介绍】

部分地区对仲裁委员会受理或者不予受理仲裁审查申请作出了明确规定，各地对仲裁委员会作出受理与否的期限规定长短不一。例如北京市印发的《关于加强和规范劳动人事争议调解协议仲裁审查确认工作的通知》第六条规定："仲裁委员会收到当事人的仲裁审查确认申请后，应当登记、编制案号（京×调仲字〔2×××〕第×××号）后办理，并在当日对其申请作出是否受理的决定，书面通知当事人。"第十条规定了不予办理仲裁审查确认工作的情形。《江苏省劳动人事争议调解仲裁办法》第十条规定的受理期限是三日内。广西壮族自治区印发的《关于规范劳动人事争议调解协议仲裁审查确认程序的意见》第七条规定："应在收到申请之日起一个工作日内作出立案受理或不予立案受理的决定。"

第七十六条 [审查期限和撤回申请] 仲裁委员会审查调解协议，应当自受理仲裁审查申请之日起五日内结束。因特殊情况需要延期的，经仲裁委员会主任或者其委托的仲裁院负责人批准，可以延长五日。

调解书送达前，一方或者双方当事人撤回仲裁审查申请的，仲裁委员会应当准许。

【条文释义】

本条规定了仲裁委员会审查调解协议的期限，以及延长审查期限的程序和前提，避免因审查时间过长而造成以调解方式快速解决争议的优势被弱化；并规定准许当事人撤回仲裁审查申请，体现了调解自愿原则。

一、审查期限

本条规定仲裁审查确认应当在五日内结束，确保处理程序的快捷。对因案件疑难复杂等原因造成五日内不能审查结束的，本条又明确在特殊情况下可以延长五日，但为避免仲裁员随意延长期限，规定需要仲裁委员会主任或者其委托的仲裁院负责人批准。

二、准许撤回仲裁审查申请

提出仲裁审查申请需要双方当事人共同申请，调解协议也需要双方达成合意，为贯彻调解自愿原则，应当充分保障当事人的意思自治，在调解书送达前，一方或者双方当事人撤回申请的，仲裁委员会应当准许。

第七十七条 [审查和制作调解书] 仲裁委员会受理仲裁审查申请后，应当指定仲裁员对调解协议进行审查。

仲裁委员会经审查认为调解协议的形式和内容合法有效的，应当制作调解书。调解书的内容应当与调解协议的内容相一致。调解书经双方当事人签收后，发生法律效力。

【条文释义】

本条规定了仲裁委员会在受理仲裁审查申请后的处理方式，仲裁委员会制作调解书的前提、内容以及法律效力，规范仲裁委员会对调解协议的具体审查以及调解书的制作。

一、审查调解协议

（一）人员组成

仲裁委员会受理仲裁审查申请后,应当指定仲裁员对调解协议进行审查,但是对于指定的仲裁员数量本条并没有具体规定。在实践中,对于事实清楚、权利义务关系明确、标的额较小或者仲裁委员会认为较为简单的其他争议,可以指定一名仲裁员进行审查;对于事实不清、标的额较大、一方当事人在十人以上的集体劳动人事争议或者仲裁委员会认为较为复杂、疑难的其他争议,也可以指定三名仲裁员进行审查。

(二)审查方式

仲裁审查只需确认调解协议的效力,并不实质审理当事人之间的权利义务争议,因此在程序设计上应当凸显出简约、高效的特征。审查的方式分为书面审查和当面审查,仲裁员可以视争议的具体情况自行选择。对于较为简单的争议,可以结合当事人提交的证据进行书面审查;对于较为复杂、疑难的争议,可以参考人民法院的做法,通知双方当事人共同到场对相关情况进行核实,必要时也可以向处理该争议的调解组织核实有关情况。

(三)审查范围

仲裁员应当对调解协议的形式和内容是否合法有效进行审查。调解协议的形式是否合法有效,主要考虑以下情形:(1)双方当事人的身份信息是否明确;(2)调解协议书是否经调解组织盖章及双方当事人签字确认;(3)协议结果是否明确。调解协议的内容是否合法有效,主要考虑以下情形:(1)通过调解方式解决纠纷是否属于当事人自愿;(2)调解协议的内容是否违反法律、行政法规强制性规定;(3)达成的调解协议是否属于当事人自愿,是否有重大误解或者显失公平等情形。

二、制作调解书

(一)调解书与调解协议内容相一致

仲裁审查确认只是对原调解协议内容的确认,而不是重新安排当事人之间的权利义务,因此,仲裁委员会制作的调解书应当与调解协议的内容相一致。调解协议中部分内容违反法律、行政法规强制性规定的,应当向当事人释明。当事人书面放弃该部分内容的,仲裁委员会可以就其余部分调解协议制作调解书;当事人不愿意放弃的,不予制作调解书。

(二) 调解书的法律效力

仲裁调解书自双方当事人签收后发生法律效力,一方当事人拒绝履行或者未全部履行调解书所约定的义务,对方当事人可以向人民法院申请强制执行。

【经验介绍】

部分地区对仲裁确认调解协议的审查方式作出了明确规定。例如北京市印发的《关于加强和规范劳动人事争议调解协议仲裁审查确认工作的通知》第八条规定,仲裁委员会审查当事人的申请时,应当通知双方当事人到场,核实当事人的基本情况,审查调解协议书的内容,向当事人告知仲裁调解书的法律效力,并应制作仲裁调解书,送达双方当事人。

【法条链接】

《民事诉讼法》第一百九十五条,《最高人民法院关于适用〈中华人民共和国民事诉讼法〉的解释》第三百五十八条、第三百五十九条。

第七十八条 [不予制作调解书] 调解协议具有下列情形之一的,仲裁委员会不予制作调解书:

(一) 违反法律、行政法规强制性规定的;

(二) 损害国家利益、社会公共利益或者公民、法人、其他组织合法权益的;

(三) 当事人提供证据材料有弄虚作假嫌疑的;

(四) 违反自愿原则的;

(五) 内容不明确的;

（六）其他不能制作调解书的情形。

仲裁委员会决定不予制作调解书的，应当书面通知当事人。

【条文释义】

本条明确了不予制作调解书的情形，便于当事人及调解组织知晓制作调解书的条件，也有利于仲裁委员会在审查调解协议过程中逐一对照审查；同时规定决定不予制作调解书的，应当以书面方式通知当事人，便于当事人及时维护自身权益。

一、不予制作调解书的具体情形

（一）违反法律、行政法规强制性规定

调解合法性原则中的合法性是指协议内容不得与法律、行政法规的强制性规定相冲突。当事人可以在不违反强制性规定的前提下行使处分权，达成双方所能接受的调解协议。强制性规定是指必须按照法律、行政法规作为或者不可作为的规定，前者表现为义务性的规定，后者表现为禁止性的规定。例如《社会保险法》第四条规定，"中华人民共和国境内的用人单位和个人依法缴纳社会保险费"，该规定系作为的义务性规定，依法缴纳社会保险费是用人单位和职工的权利，也是义务，不允许用人单位和职工协商一致放弃缴纳社会保险费。《劳动法》第六十四条规定，"不得安排未成年工从事矿山井下、有毒有害、国家规定的第四级体力劳动强度的劳动和其他禁忌从事的劳动"，该规定系不可作为的禁止性规定，不允许用人单位和未成年工协商一致，从事矿山井下、有毒有害、国家规定的第四级体力劳动强度的劳动和其他禁忌从事的劳动。

（二）损害国家利益、社会公共利益或者公民、法人、其他组织合法权益

公民、法人、其他组织合法权益是指特定的某一类群体或者某一个人、组织的合法的政治、经济、生活等权益。当事人达成的调解协议，不能以损害国家利益、社会公共利益或者公民、法人、其他组织合法权

益为代价。

(三) 当事人提供证据材料有弄虚作假嫌疑

本项是关于调解证据材料瑕疵的规定。调解解决案件也应当在事实基本清楚的基础上进行，如果证据存在瑕疵，则作为调解基础的事实认定将会存在问题，进而导致调解协议本身缺乏合法性。需要注意的是，只要证据存在弄虚作假的嫌疑就应当不予制作调解书，而不是必须查实证据存在弄虚作假。

(四) 违反自愿原则

自愿原则包括两个方面：一是调解工作必须在双方当事人自愿的基础上进行；二是调解达成的协议必须双方自愿，即双方都自愿接受协议的内容，不能用强制、欺骗的方法要求当事人接受调解协议的内容。

(五) 内容不明确

调解协议的内容不明确，主要包括两个方面：一是履行权利义务的主体不明确；二是应当履行的权利义务不明确，导致该协议不具备可以执行的条件。

(六) 其他情形

这一项是兜底性规定，视具体情况而定。例如，审查当事人是否有相应的民事行为能力或者是否有合法代理人；调解组织、调解员与案件是否有利害关系或者有其他严重违反职业道德准则的行为；调解协议是否存在欺诈、胁迫、重大误解、乘人之危、显失公平情形等。

值得注意的是对显失公平情形的处理问题。《最高人民法院关于审理劳动争议案件适用法律若干问题的解释（三）》第十条规定："劳动者与用人单位就解除或者终止劳动合同办理相关手续、支付工资报酬、加班费、经济补偿或者赔偿金等达成的协议，不违反法律、行政法规的强制性规定，且不存在欺诈、胁迫或者乘人之危情形的，应当认定有效。前款协议存在重大误解或者显失公平情形，当事人请求撤销的，人民法院应予支持。"据此可见，虽然调解过程中双方平等自愿协商且调解协议不违法，系其真实的意思表示，是对自身权利的积极处分，但人民法院还是支持当事人在显失公平情形下的撤销诉求。如果经过仲裁审查程序，仲裁委员会根据调解协议制作的调解书发生法律效力后，则当事人无法以显失公平为由申请撤销，丧失了权益救济渠道。因此，对于显失公平的调解协议，仲裁委员会应当不予制作调解书。但是公平是一个抽象的概念，如何界定是否属于"显失公平"，则需要仲裁员依据社会的一般公平、正义观念并结合经验进行判断。

二、书面通知当事人

不予制作调解书的通知应当以决定书的形式作出。鉴于仲裁审查的期限最长为十日，仲裁委员会作出不予制作调解书的决定的，应当在受理仲裁审查申请十日内制作决定书，及时送达当事人。

【经验介绍】

部分地区对不予制作调解书的情形作出了进一步明确和细化规定。除本条第一款第（一）、（二）、（五）种情形外，北京市印发的《关于加强和规范劳动人事争议调解协议仲裁审查确认工作的通知》第十条、《广东省劳动人事争议处理办法》第三十条、广西壮族自治区印发的《关于规范劳动人事争议调解协议仲裁审查确认程序的意见》第十三条还列举了仲裁委员会不予办理仲裁审查确认工作的其他情形，归纳起来主要有：协议内容显失公平或者违背公序良俗的；当事人无相应的民事行为能力且无代理人或者其代理人不具有调解委托权限的；当事人要求变更协议内容的；调解协议内容不明确，不具有可执行性的；当事人在调解书送达前对调解协议表示反悔或者要求撤回仲裁审查确认申请等。

【法条链接】

《民事诉讼法》第九十六条、第一百一十二条、第二百零一条，《最高人民法院关于适用〈中华人民共和国民事诉讼法〉的解释》第一百四十四条、第一百九十条，《最高人民法院关于审理劳动争议案件适用法律若干问题的解释（三）》第十条。

第七十九条 [终止仲裁审查] 当事人撤回仲裁审查申请或者仲裁委员会决定不予制作调解书的,应当终止仲裁审查。

【条文释义】

本条规定了终止仲裁审查的情形。

终止仲裁审查有两种情形:一是当事人撤回仲裁审查申请。仲裁审查的程序因当事人的申请而启动,如果在调解书送达之前,一方或者双方当事人撤回仲裁审查申请,不再要求仲裁委员会审查,仲裁委员会应当准许,并以决定书的形式通知双方当事人。二是仲裁委员会决定不予制作调解书。仲裁委员会作出决定并书面通知当事人后,审查程序全部结束。

【法条链接】

《民事诉讼法》第九十六条。

第五章　附　　则

本章规定了不同期间的计算标准以及《办案规则》的生效时间。

第八十条　[工作日与自然日]　本规则规定的"三日"、"五日"、"十日"指工作日,"十五日"、"四十五日"指自然日。

【条文释义】

本条明确了不同期间的不同计算标准,有利于保障调解仲裁活动的有序进行,保护当事人和其他仲裁参与人的合法权益,也有利于维护调解仲裁活动的严肃性和法律、法规、规章的权威性。

《办案规则》中关于期间的规定既有针对仲裁委员会的,也有针对当事人的。其中,"三日"的规定主要有对回避申请的决定期间;因企业停业等原因导致无法送达且劳动者一方在十人以上的,或者受送达人拒绝签收仲裁文书的,通过在受送达人住所留置、张贴仲裁文书,并采用拍照、录像等方式记录的,留置、张贴的期间等。"五日"的规定主要有对于仲裁申请书不规范或者材料不齐备的告知补正期间;出具受理或者不予受理通知书的期间;向申请人作出不属于管辖范围书面说明的期间;撤销案件后书面通知当事人的期间;将申请书副本送达被申请人的期间;将答辩书副本送达申请人的期间;将仲裁庭组成情况书面通知当事人的期间;仲裁委员会审查调解协议期限为五日,因特殊情况需要延期的,延长期限为五日等。"十日"的规定主要有被申请人提交答辩书的期间;当事人同意调解后未达成调解协议而应当开庭审理的期间等。"十五日"、"四十五日"的规定,《办案规则》中只有两处涉及,一是仲裁庭裁决案件的期限为四十五日,案情复杂需要延期的,延长期限不得超过十五日;二是双方当事人提出仲裁审查申请的期限为十五日。

第八十一条 [生效日期] 本规则自 2017 年 7 月 1 日起施行。2009 年 1 月 1 日人力资源社会保障部公布的《劳动人事争议仲裁办案规则》(人力资源和社会保障部令第 2 号)同时废止。

【条文释义】

本条就《办案规则》的生效日期也就是施行日期作出规定,这是每一部法律、法规、规章必不可少的条文,从而明确全国各级仲裁委员会适用该规则的具体日期。

一、施行日期

依照《规章制定程序条例》(2001 年 11 月 16 日,中华人民共和国国务院令第 322 号,2017 年 12 月 22 日修订)第三十二条规定:"规章应当自公布之日起 30 日后施行;但是,涉及国家安全、外汇汇率、货币政策的确定以及公布后不立即施行将有碍规章施行的,可以自公布之日起施行。"《办案规则》于 2017 年 4 月 24 日经人力资源社会保障部第 123 次部务会审议通过,自 2017 年 7 月 1 日起施行。

二、溯及力问题

《立法法》第九十二条规定:"同一机关制定的法律、行政法规、地方性法规、自治条例和单行条例、规章,特别规定与一般规定不一致的,适用特别规定;新的规定与旧的规定不一致的,适用新的规定。"第九十三条规定:"法律、行政法规、地方性法规、自治条例和单行条例、规章不溯及既往,但为了更好地保护公民、法人和其他组织的权利和利益而作的特别规定除外。"鉴于《办案规则》没有作出保护公民、法人和其他组织的权利和利益的特别规定,因此,《办案规则》的规定没有溯及力。自 2017 年 7 月 1 日起申请仲裁的争议，适用《办案规则》。

三、地方性法规与《办案规则》对同一事项的规定不一致时的处理

《立法法》第九十五条第一款第二项规定："地方性法规与部门规章之间对同一事项的规定不一致，不能确定如何适用时，由国务院提出意见，国务院认为应当适用地方性法规的，应当决定在该地方适用地方性法规的规定；认为应当适用部门规章的，应当提请全国人民代表大会常务委员会裁决。"截至 2018 年 6 月，全国共有两部劳动人事争议调解仲裁地方性法规，分别由浙江省和山东省出台。地方性法规与《办案规则》对同一事项的规定不一致的，按照《立法法》第九十五条的规定执行。

四、原规则的废止

2009 年 1 月 1 日人力资源社会保障部公布的《劳动人事争议仲裁办案规则》（人力资源和社会保障部令第 2 号）于 2017 年 7 月 1 日废止。

【法条链接】

《立法法》第五十七条、第九十二条、第九十三条、第九十五条，《规章制定程序条例》第三十二条。

《劳动人事争议仲裁组织规则》释义

第一章 总 则

本章规定了《劳动人事争议仲裁组织规则》（以下简称《组织规则》）的立法目的、立法依据、劳动人事争议仲裁委员会（以下简称仲裁委员会）的性质以及人力资源社会保障行政部门的职能职责，是《组织规则》的总纲，对《组织规则》起着统领作用。

第一条 [立法目的和立法依据] 为公正及时处理劳动人事争议(以下简称争议)，根据《中华人民共和国劳动争议调解仲裁法》（以下简称调解仲裁法）和《中华人民共和国公务员法》、《事业单位人事管理条例》、《中国人民解放军文职人员条例》等有关法律、法规，制定本规则。

【条文释义】

本条规定了《组织规则》的立法目的和立法依据。立法目的是公正及时处理劳动人事争议。《组织规则》关于仲裁委员会及其办事机构的设立和职能职责、仲裁庭制度、仲裁员管理等法律制度的规定，都是围绕这个立法目的来确定的。立法依据与《办案规则》基本相同，包括涉及《组织规则》规范的不同群体的有关法律法规。

一、立法目的

《劳动争议调解仲裁法》第一条将"公正及时解决劳动争议"规定为立法宗旨和目的,第三条确立了"合法、公正、及时、着重调解"以及"保护当事人合法权益"的劳动争议处理原则。公正是所有法律制度和纠纷解决制度的基本要求,更是仲裁活动必须坚持的法律原则。公正就是要求在劳动人事争议仲裁活动过程和结果中,体现公平、平等、正当、正义的精神。及时是我国劳动人事争议仲裁制度的一大特点,在修复劳动人事关系的运行秩序、降低当事人争议处理成本等方面都体现出明显优势。从具体规则来看,我国劳动人事争议仲裁制度确立的属地管辖为主、简易处理、终局裁决、更短的审理期限等,都体现了"及时"的特点。《中共中央 国务院关于构建和谐劳动关系的意见》明确要求进一步提高仲裁效能,要求重视仲裁委员会和仲裁院建设。这既是对仲裁"及时高效"制度特点的肯定,更是对进一步发挥好制度优势的要求。

公正及时是整个劳动人事争议处理制度建设应遵循的基本目标,《组织规则》在具体条文和基本法律制度的规定中,自始至终全面落实和充分体现了"公正及时"的立法宗旨,以促进劳动人事争议仲裁程序公正、及时解决纠纷为目标进行设计。主要体现在以下几个方面:仲裁委员会人员的组成、决定原则;设专章规定了仲裁监督制度;可根据案件处理实际需要设立派驻仲裁庭、巡回仲裁庭、流动仲裁庭,就近就地处理争议案件等。这种要求不仅体现在《组织规则》的制定过程中,也应体现在对《组织规则》的理解和适用中。当对相关条文有不同理解或者可以作出不同解释和适用时,应选择最能促进劳动人事争议公正及时解决的理解和适用。

二、立法依据

《劳动争议调解仲裁法》总结了劳动争议处理制度恢复20年的经验,对劳动争议处理的组织制度进行了明确。《劳动争议调解仲裁法》

第十八条规定,"国务院劳动行政部门依照本法有关规定制定仲裁规则",为《组织规则》的制定提供了直接立法依据。

《公务员法》确立了人事争议仲裁制度。《事业单位人事管理条例》确立了事业单位包括人事争议处理在内的基本制度,也进一步明确了人事争议按照《劳动争议调解仲裁法》等有关规定处理。同时,《中国人民解放军文职人员条例》规定文职人员与用人单位发生的人事争议,按照国家和军队有关规定依法处理。这些都为《组织规则》的制定提供了法律依据。

【法条链接】

《劳动法》第七十八条,《劳动争议调解仲裁法》第一条、第三条、第十八条,《公务员法》第一百条,《事业单位人事管理条例》第三十七条,《中国人民解放军文职人员条例》第四十四条。

第二条 [仲裁委员会的设立] 劳动人事争议仲裁委员会(以下简称仲裁委员会)由人民政府依法设立,专门处理争议案件。

【条文释义】

本条规定了仲裁委员会设立权的主体、设立目的及专属职能。

一、由人民政府依法设立

仲裁委员会设立权的主体是人民政府。1950年6月,劳动部发布《市劳动争议仲裁委员会组织及工作规则》,根据该规则,全国各地由劳动部门负责并聘请总工会、工商行政部门、工商联的代表组成了劳动争议仲裁委员会,担负起劳动争议案件的仲裁工作。随着我国资本主义工商业社会主义改造的完成,国家进一步强化计划经济体制,社会经济形式和劳动关系越来越单一,劳动争议逐年减少。20世纪50年代中后期,各地陆续撤销了劳动争议处理机构。改革开放后,劳动争议逐年增加。1987年7月,国务院发布《国营企业劳动争议处理暂行规定》,中断三十年的劳动争议处理制度得以恢复,各地相继成立了劳动争议仲裁委员会。1993年7月,《企业劳动争议处理条例》对劳动争议处理制度作了较为系统的规定,明确县市区应设立劳动争议仲裁委员会。《劳动争议调解仲裁法》第十七条规定,"省、自治区人民政府可以决定在市、县设立;直辖市人民政府可以决定在区、县设立",这使劳动争议仲裁委员会的法律地位得到进一步明确和提升。

1993年10月,《国家公务员暂行条例》实施;1996年5月,人事部印发《关于成立人事部人事仲裁公正厅有关问题的通知》,1997年8月发布《人事争议处理暂行规定》;2007年,中共中央组织部、人事部、总政治部共同发布《人事争议处理规定》,我国人事争议仲裁制度逐步建立。《人事争议处理规定》第六条规定:"省(自治区、直辖市)、副省级市、地(市、州、盟)、县(市、区、旗)设立人事争议仲裁委员会。"

2008年3月,第十一届全国人民代表大会第一次会议通过关于国务院机构改革方案的决定,在机构改革过程中,全国劳动争议仲裁委员会和人事争议仲裁委员会逐步合并。在2010年人力资源社会保障部发布的《劳动人事争议仲裁组织规则》(以下简称原《组织规则》)中,两者被统一规定为"劳动人事争议仲裁委员会"。

为巩固劳动人事争议仲裁工作改革和实践成果,本条将劳动人事争议仲裁委员会的设立主体规定为人民政府,具体包含如下内涵:一是能设立劳动人事争议仲裁委员会的仅限于省级人民政府,在设立主体的层级上体现了仲裁委员会的权威性;二是仲裁委员会虽然由人民政府设立,但其存在的依据却是《劳动争议调解仲裁法》,而不是政府组织法。仲裁委员会不属于人民政府的组成部门,行使的也不是行政机关的职权,其解决争议的行为不属于行政行为,当事人不能通过不服行政行为的途径救济。这有利于区分仲裁权、行政权、司法审判权,维护仲裁权的独立行使,确保仲裁的中立属性,体现劳动人事争议仲裁的准司法性质。

二、专门处理争议案件

这是对仲裁委员会职能专属性的规定。由单独设立的专门机构来处理劳动人事争议案件，符合劳动人事关系矛盾纠纷的特点，有利于维护仲裁的独立性、公正性、合法性。仲裁委员会是劳动人事争议仲裁的专责机构，其他任何政府部门、社会团体等不得从事劳动人事争议仲裁活动，不得行使对劳动人事争议的仲裁权。

【法条链接】

《劳动争议调解仲裁法》第十七条。

第三条 [人社部门的主要职责]　人力资源社会保障行政部门负责指导本行政区域的争议调解仲裁工作，组织协调处理跨地区、有影响的重大争议，负责仲裁员的管理、培训等工作。

【条文释义】

本条规定了人力资源社会保障行政部门在劳动人事争议调解仲裁工作中的主要职责，包括三项：一是指导本行政区域的劳动人事争议调解仲裁工作；二是组织协调处理跨地区、有影响的重大争议；三是负责仲裁员的管理、培训。

一、工作指导的职责

人力资源社会保障行政部门对本行政区域调解仲裁工作的指导主要包括：制定并实施本行政区域内调解仲裁工作发展规划；指导并规范本行政区域内的基层调解组织［如企业劳动争议调解委员会、乡镇街道劳动争议调解组织、商（协）会劳动争议调解组织等］和仲裁机构及调解仲裁队伍建设；完善调解仲裁制度和工作机制；指导调解仲裁办案工作等。需要注意的是，一是人力资源社会保障行政部门的指导是具有行政指导性质的工作指导，而非行政领导；二是人力资源社会保障行政部门的指导是对调解仲裁工作的宏观指导，而不是对仲裁委员会处理具体案件的行政干预。

《劳动争议调解仲裁法》第十八条规定："国务院劳动行政部门依照本法有关规定制定仲裁规则。省、自治区、直辖市人民政府劳动行政部门对本行政区域的劳动争议仲裁工作进行指导。"依照该规定，本条将调解仲裁工作的行政指导职责具体赋予市、县两级人力资源社会保障行政部门。

二、跨地区、有影响的重大争议的组织协调处理职责

跨地区的重大争议，是指因争议的发生或处理涉及不同地区的多个仲裁委员会的重大争议。有影响的重大争议，是指争议涉及当事人众多，或者社会影响大，敏感度、关注度高的争议。跨地区或有影响的重大争议的处理往往需要协调不同地区的行政机关、仲裁机构、司法机关或者同一地区的不同部门，而各级仲裁委员会不存在行政层级的上下级领导关系，在处理此类争议时，不论是从统一裁判标准、维护公平公正的角度，还是从降低社会治理成本、维护社会稳定的角度，都应当及时统筹组织、协调一致处理。根据《劳动争议调解仲裁法》第八条规定"县级以上人民政府劳动行政部门会同工会和企业方面代表建立协调劳动关系三方机制，共同研究解决劳动争议的重大问题"，本条规定了人力资源社会保障行政部门对跨地区、有影响的重大争议的组织协调处理职责。

近年来，人力资源社会保障行政部门已建立重大劳动争议的及时报告制度。《人力资源和社会保障部关于进一步做好劳动人事争议调解仲裁工作的通知》（人社部发〔2009〕3号）规定："要及时将重大、有影响的案件特别是集体争议案件，报告上级人事、劳动保障行政部门。"重大劳动争议的报告制度为人力资源社会保障行政部门更好地组织协调处理重大劳动争议奠定了基础。

三、对仲裁员的管理、培训职责

仲裁员是独立、公正处理劳动人事争议的专业人员，既是劳动人事争议定纷止争的裁决者、法律实施的践行者，又是公平正义的维护者、

法治文化的传播者。仲裁员管理是一项系统工作,《组织规则》对此进行了系统的制度设计。人力资源社会保障行政部门对仲裁员的管理是宏观管理,主要包括仲裁员名单备案制度、仲裁员职业保障机制和仲裁员证、仲裁徽章的制作及发放等管理制度,具体体现为《组织规则》第二十三条、第三十一条、第三十六条和第三十七条。

仲裁员的政治思想、职业道德、业务能力和工作作风,是仲裁公正的基石。加强对仲裁员的培训是人力资源社会保障行政部门的重要职责。《组织规则》第二十七条至第三十条对仲裁员培训的培训主体、培训内容、培训时间等进行了明确规定。

【法条链接】

《劳动争议调解仲裁法》第八条、第十八条。

第二章　仲裁委员会及其办事机构

本章规定了仲裁委员会的设立、组成、职责、工作原则以及办事机构的设置、经费、人员保障等，为确保仲裁委员会依法履行职责奠定了基础。

第四条　[仲裁委员会的设立]　仲裁委员会按照统筹规划、合理布局和适应实际需要的原则设立，由省、自治区、直辖市人民政府依法决定。

【条文释义】

本条规定了仲裁委员会的设立原则和设立权行使的具体主体。设立原则即统筹规划、合理布局和适应实际需要。有权决定设立的主体是省、自治区、直辖市人民政府。

一、设立原则

（一）统筹规划原则

统筹规划原则要求在设立仲裁委员会时，应充分考虑区域社会经济发展的实际状况，以及劳动人事争议案件形势、劳动人事争议处理资源状况等各方面因素，总揽全局、科学筹划。

（二）合理布局原则

合理布局原则要求在设立仲裁委员会时，应充分考虑设置效果，其分布要与劳动人事争议案件状况等相匹配，具有合理性和一定的均衡性。

(三) 适应实际需要原则

适应实际需要原则要求在设立仲裁委员会时，应充分考虑及时解决劳动人事争议的现实需求，考虑当事人维权的需要，不按行政区划层层设立。直辖市、设区的市，可以设立一个或若干个仲裁委员会。

二、有权决定设立的主体

有权决定设立仲裁委员会的主体是省、自治区、直辖市人民政府。其有权决定的事项和内容既包括是否设立、如何设立，也包括重新规划调整相应的仲裁委员会。其他地方各级人民政府均无权决定在本地区设立仲裁委员会。省、自治区、直辖市人民政府作出设立仲裁委员会的决定后，相应层级的地方人民政府方可开展具体的设立工作。不同层级的仲裁委员会独立办案，互不隶属。省、自治区、直辖市人民政府决定设立省、地（市）、县仲裁委员会时，应明确劳动人事争议案件的管辖分工。

【经验介绍】

《广西壮族自治区人民政府办公厅关于设立劳动人事争议仲裁委员会的通知》要求各市、县（市）组建相应的劳动人事争议仲裁委员会。其中，就城区是否设立劳动人事争议仲裁委员会，授权设区的市人民政府根据实际需要决定。南宁市行政区划为七区五县，其中市本级和五县设立了仲裁委员会，市辖七区均未设立仲裁委员会。

【法条链接】

《劳动争议调解仲裁法》第十七条，《人事争议处理规定》第六条。

第五条 [仲裁委员会组成人员] 仲裁委员会由干部主管部门代表、人力资源社会保障等相关行政部门代表、军队文职人员工作管理部门代表、工会代表和用人单位方面代表等组成。

仲裁委员会组成人员应当是单数。

【条文释义】

本条规定了仲裁委员会组成人员的来源及人数的单数原则。

一、仲裁委员会组成人员的来源

《劳动争议调解仲裁法》第十九条规定:"劳动争议仲裁委员会由劳动行政部门代表、工会代表和企业方面代表组成。"《公务员法》第一百条规定:"人事争议仲裁委员会由公务员主管部门的代表、聘用机关的代表、聘任制公务员的代表以及法律专家组成。"本条根据法律规定,列举了仲裁委员会组成人员主要来源于以下部门:干部主管部门代表,主要是指党委组织部门代表;人力资源社会保障等相关行政部门代表,主要包括人力资源社会保障、教科文卫等相关部门代表;军队文职人员工作管理部门代表,主要是指本辖区团级以上单位的政治机关代表;工会代表,作为劳动者方面代表;用人单位方面代表,主要包括工商联、企联等企业组织的代表。

本条规定充分体现了仲裁委员会组成代表的三方性、广泛性,确保居中裁决和仲裁公正,也有利于对仲裁活动进行全面监督。

二、仲裁委员会组成人员人数的单数原则

本条对各方代表的人数、比例未作限制性规定,仅对仲裁委员会组成人员总数进行了"应当是单数"的限制,以确保少数服从多数的组织原则得以实现,各地可根据这一原则,结合实际情况确定仲裁委员会组成人员。

【经验介绍】

《重庆市劳动人事争议仲裁委员会工作规则》第二条规定,市劳动人事争议仲裁委员会经市人民政府依法设立,由市委组织部、市委政法委(市综治办)、市编办,与市人力资源社会保障局、市财政局、市教委、市司法局、市卫生计生委、市政府法制办、市公务员局等行政部门代表,重庆警备区政治部,市总工会,市工商联、市企业联合会/市企业家协会等用人单位代表以及专家学者、律师代表等组成,独立履行职责。

【法条链接】

《劳动争议调解仲裁法》第十九条,《公务员法》第一百条,《工会法》第二十八条,《事业单位人事管理条例》第六十条,《中国人民解放军文职人员条例》第四十四条,《人事争议处理规定》第六条、第七条。

第六条 [组成人员职责及主任的确定] 仲裁委员会设主任一名,副主任和委员若干名。

仲裁委员会主任由政府负责人或者人力资源社会保障行政部门主要负责人担任。

【条文释义】

本条规定了仲裁委员会组成人员的身份职责及主任的确定原则。

一、仲裁委员会组成人员的身份职责

本条规定了仲裁委员会组成人员的身份职责,包含主任、副主任和委员。主任主持仲裁委员会的全面工作,对仲裁委员会的工作负有责任,仅设一名。副主任协助主任开展工作。委员由来自各方面的代表担任,在仲裁委员会履行职责过程中,有权按照少数服从多数的原则参与仲裁委员会重大事项的决定,发表意见。对副主任的职数、委员的数量,《组织规则》未进行限制,均规定为若干名,由各仲裁委员会自行决定。主任可以根据工作规则将部分职责委托或者授权给副主任或者委员。

二、仲裁委员会主任的确定

本条明确了仲裁委员会主任人选的来源,应由以下人员之一担任:一是政府负责人,一般是分管人力资源社会保障工作的政府负责人,如副省长、副市长、副县(区)长;二是人力资源社会保障行政部门主要负责人,指人力资源社会保障厅厅长、人力资源社会保障局局长。相比于原《组织规则》,本条在仲裁委员会主任人选的问题上作了两个方面的完善：一是积极吸收了各地实践中的有益做法，规定政府负责人可以担任仲裁委员会主任，这对于发挥仲裁委员会主任的作用、协调各方资源、推动调解仲裁事业发展具有积极意义；二是解决了在很多行政部门参与仲裁委员会组成时，如果行政部门负责人担任主任，该由哪个部门的代表担任的问题，同时也明确了可以担任主任的不是人力资源社会保障行政部门内设机构负责人或者其他人员，必须是主要负责人。

三、仲裁委员会主任的法定职责

根据《劳动争议调解仲裁法》《办案规则》《组织规则》的规定，仲裁委员会主任的法定职责主要包括：

（1）签发本仲裁委员会工作规则；

（2）提议召开仲裁委员会全体会议；

（3）提议讨论重大或者疑难案件；

（4）决定仲裁员、记录人员是否回避；

（5）批准仲裁案件的中止审理；

（6）批准仲裁案件办理期限的延长；

（7）批准仲裁委员会审查调解协议期限的延长；

（8）其他依法应当履行的职责。

上述职责中，（4）、（5）、（6）、（7）项可以委托仲裁院负责人实施。

【经验介绍】

浙江省仲裁委员会组成人员共25名，其中主任1名，由人力资源社会保障厅厅长担任；副主任11名，分别来自仲裁委员会11个组成单位；委员13名，由仲裁委员会组成单位内设机构负责人担任。

《重庆市劳动人事争议仲裁委员会工作规则》《青海省劳动人事争议仲裁委员会工作规则》均对仲裁委员会主任的职责进行了明确。对于仲裁委员会委员的主要职责，《青海省劳动人事争议仲裁委员会工作规则》第八条规定，仲裁委员会委员职责包括：（1）参与仲裁委员会重大事项决策；（2）完成仲裁委员会委派的工作任务，按时出席仲裁委员会会议；（3）自觉接受法律监督和社会监督；（4）保守争议案件中涉及的国家秘密、商业秘密，不得泄露涉案个人隐私；（5）积极协调相关单位与仲裁委员会之间的工作关系，做好劳动人事争议处理工作；（6）不定期深入基层调研，提出调研意见，提交仲裁委员会讨论；（7）根据所在单位业务工作，研究分析全省劳动人事关系状况，对重大或者疑难案件提出意见和建议，报经仲裁委员会讨论后形成会议纪要，指导全省调解仲裁工作。

【法条链接】

《劳动争议调解仲裁法》第十九条、第四十三条，《办案规则》第十二条、第四十五条、第四十七条、第七十六条，《人事争议处理规定》第七条。

第七条 [仲裁委员会职责]　仲裁委员会依法履行下列职责：

（一）聘任、解聘专职或者兼职仲裁员；

（二）受理争议案件；

（三）讨论重大或者疑难的争议案件；

（四）监督本仲裁委员会的仲裁活动；

（五）制定本仲裁委员会的工作规则；

（六）其他依法应当履行的职责。

【条文释义】

本条细化了《劳动争议调解仲裁法》第十九条关于仲裁委员会职责的规定，明确了仲裁委员会六项主要职责。职责的明确有利于仲裁委员会依法行使仲裁权，确保仲裁活动有序进行，也有利于理顺仲裁委员会与指导调解仲裁工作的人力资源社会保障行政部门之间的职能关系。

一、聘任、解聘专职或者兼职仲裁员

仲裁委员会裁决争议案件实行仲裁庭制，仲裁庭由仲裁员组成，组建专兼职仲裁员队伍是仲裁委员会开展案件处理工作的基础。《劳动争议调解仲裁法》第二十条规定了仲裁员的任职条件。仲裁委员会有权依法决定本仲裁委员会专职或者兼职仲裁员的聘任、解聘。

二、受理争议案件

受理争议案件是仲裁委员会的专属职责。当事人发生劳动人事争议,应当向仲裁委员会提出仲裁申请。仲裁委员会负责对申请人的仲裁申请进行审查,对符合受理条件的决定受理,再组成仲裁庭进行处理。

三、讨论重大或者疑难的争议案件

对争议矛盾激烈、社会影响大的重大或者疑难复杂案件,由仲裁庭提请或者仲裁委员会主任、副主任等提议,仲裁委员会应当进行讨论。对讨论结果应当遵循少数服从多数的原则确定,以确保仲裁公正。

四、监督本仲裁委员会的仲裁活动

人力资源社会保障行政部门对本行政区域的仲裁活动进行指导,但行政指导不能取代仲裁委员会的自我监督。鉴于各仲裁委员会之间不存在领导与被领导、监督与被监督的关系,本款将《劳动争议调解仲裁法》第十九条中仲裁委员会监督仲裁活动的职责进一步细化为监督本仲裁委员会的仲裁活动。《组织规则》后续对仲裁监督设专章进行了规定。

五、制定本仲裁委员会的工作规则

仲裁委员会工作规则属于仲裁委员会内部事务管理规则,可以涵盖仲裁委员会的组织机构、职责分工、工作程序、工作纪律等各方面内容。其表现形式可以是一份被称为"工作规则"的规范性文件,也可以是一系列涉及仲裁委员会工作各方面组织和程序的文件。

六、其他依法应当履行的职责

这是仲裁委员会职责范围的兜底性规定,确保《组织规则》的时代适应性和稳定性。仲裁委员会履行职责仍然应当遵循"法定"的前提,围绕劳动人事争议处理这一基本职责展开,本款表述为"依法应当履行的职责",也是防止仲裁委员会的职权无限放大。

【经验介绍】

四川省人力资源社会保障厅等四部门出台的《关于建立劳动人事争议仲裁委员会"三方驻会"制度的意见》规定,在劳动人事争议仲裁院设立"三方驻会"办公室,由仲裁院提供专门的办公场所,由各仲裁委员会成员单位视情轮流派员常驻或定期派员驻会参与,监督仲裁办案。

《山东省劳动人事争议仲裁内部监督暂行规定》第八条、第九条分别规定了仲裁委员会应当在争议案件裁决期限内进行仲裁内部监督和应当撤销生效仲裁裁决书的几种情形。

【法条链接】

《劳动争议调解仲裁法》第十九条,《人事争议处理规定》第九条。

第八条 [仲裁委员会会议] 仲裁委员会应当每年至少召开两次全体会议,研究本仲裁委员会职责履行情况和重要工作事项。

仲裁委员会主任或者三分之一以上的仲裁委员会组成人员提议召开仲裁委员会会议的,应当召开。

仲裁委员会的决定实行少数服从多数原则。

【条文释义】

本条规定了仲裁委员会会议制度和议事决定原则。

一、仲裁委员会会议制度

仲裁委员会的组成决定了召开会议是其开展工作的重要方式之一。仲裁委员会会议制度包括固定例会、临时会议、专题会议、案件评议会议等多种形式。本条只是概括性地对会议制度进行了规定。鉴于仲裁委员会组成涉及面较广,全体会议的召开应考虑各种因素,本条规定了全体会议每年至少召开两次。

除固定例会外,出于特殊情况需要,仲裁委员会也应当及时召开会议，研究解决重大问题。考虑到特殊情况可能非常多样，制定《组织规则》时未作具体列举，而是采用了对提议召开会议进行规定的方式，来明确在突发、紧急、重大等特殊情况下仲裁委员会召开会议的启动程序。本条规定，提议召开会议的前置条件是仲裁委员会主任或三分之一以上仲裁委员会组成人员提议。这样既确保了召开会议的严肃性，也较好地体现了组织会议的灵活性。

本条还明确了仲裁委员会全体会议的主题和内容，即研究本仲裁委员会职责履行情况和重要工作事项。这里的重要工作事项应结合仲裁委员会职责进行确定，实践中可以在仲裁委员会工作规则中进行明确。

二、仲裁委员会的议事决定原则

仲裁委员会的议事决定实行少数服从多数原则。考虑到各仲裁委员会组成人员规模各不相同等因素，本条并没有明确少数服从多数的具体形式，该规则如何落实，各地可通过地方立法或者各仲裁委员会制定的工作规则进一步明确。一般来说，多数可以是二分之一的多数，也可以是三分之二的多数；在计算方法上可以是出席会议人数的多数，也可以是仲裁委员会全体组成人数的多数，可以根据仲裁委员会具体情况和拟决定的事项确定。越是重大的事项，越需要严格的多数。

【经验介绍】

《重庆市劳动人事争议仲裁委员会工作规则》第三十六条规定，市劳动人事争议仲裁委员会主任或者三分之一以上组成人员提议，应召开全体会议。全体会议由主任召集，副主任主持。全体会议实行一人一票表决制，制定或者修改工作规则、细则，须经市劳动人事争议仲裁委员会组成人员的三分之二以上通过方可有效，其他事项须经出席会议的二分之一以上组成人员通过方可有效。

【法条链接】

《劳动争议调解仲裁法》第十九条，《人事争议处理规定》第八条。

第九条 [仲裁委员会的办事机构] 仲裁委员会下设实体化的办事机构,具体承担争议调解仲裁等日常工作。办事机构称为劳动人事争议仲裁院(以下简称仲裁院),设在人力资源社会保障行政部门。

仲裁院对仲裁委员会负责并报告工作。

【条文释义】

本条规定了仲裁委员会与其办事机构的关系及办事机构的名称、主要职责和设置归属。

一、仲裁委员会实体化办事机构为劳动人事争议仲裁院

在实践中,全国绝大多数仲裁机构都已将名称统一为"劳动人事争议仲裁院"。本条为进一步统一各地仲裁委员会实体化办事机构的名称,将其明确为劳动人事争议仲裁院,规范简称为仲裁院。

仲裁院普遍建立以来,有的地方保留了仲裁委员会办公室(以下简称仲裁办),主要负责仲裁委员会会议组织、组成部门沟通协调等事项。从立法规定看,《组织规则》并未对设立仲裁办作出禁止性的规定。从现实情况看,仲裁办的组成人员往往来自仲裁委员会组成单位中直接从事相关业务工作的人员,在讨论协调处理有关问题等方面具有情况熟悉、组织便捷、反应迅速、协调有力等优势。各地可以根据本地需要决定保留仲裁办,但应当注意明确仲裁办的主要职责任务,避免与仲裁院职能交叉重叠。

二、仲裁院具体承担争议调解仲裁等日常工作

仲裁院的基本职责是具体承担争议调解仲裁等日常工作。由于全国仲裁院机构性质、机构级别还存在一定的区别,实践中各仲裁院确定的职责任务也略有不同,但主要包括以下几个方面:(1)宣传贯彻劳动、人事、社会保障等法律法规政策;(2)承担管辖范围内争议案件处理工作;(3)负责专兼职仲裁员及办案辅助人员的聘任(聘用)、考核、解聘等管理工作;(4)开展仲裁规范化、标准化、专业化、信息化建设相关工作;(5)负责管理、使用仲裁委员会的有关文书、档案、印

鉴等工作；（6）负责仲裁委员会的其他日常工作以及授权或者交办的工作。

三、仲裁院设在人力资源社会保障行政部门

这是对仲裁院机构编制归属的规定，即设在人力资源社会保障行政部门。其主要有两层含义：一是仲裁院的机构编制设在人力资源社会保障行政部门。一方面有法律依据。《劳动争议调解仲裁法》第十八条规定："国务院劳动行政部门依照本法有关规定制定仲裁规则。省、自治区、直辖市人民政府劳动行政部门对本行政区域的劳动争议仲裁工作进行指导。"第十九条规定："劳动争议仲裁委员会由劳动行政部门代表、工会代表和企业方面代表组成。"根据上述规定，仲裁委员会由劳动关系三方组成，其中人力资源社会保障行政部门负责指导仲裁工作，在争议处理工作中发挥牵头作用。仲裁院作为仲裁委员会的办事机构，将其设在仲裁委员会组成部门中发挥牵头作用的人力资源社会保障行政部门有据可循。另一方面也是实践的需要，有利于争议处理与劳动关系、事业单位人事管理工作统筹协调，有利于人力资源社会保障行政部门加强对仲裁工作的指导，有利于解决仲裁院发展中的现实问题。二是仲裁院是设在人力资源社会保障行政部门的独立机构。作为仲裁委员会的实体机构，仲裁院的主要职责是具体承担争议调解仲裁等日常工作。仲裁权力的行使首先要确保中立公正，机构独立是重要前提，也是重要保障。因此，仲裁院不应当承担人力资源社会保障行政部门其他行政业务职能，如集体合同审查备案、企业工资集体协商、劳动能力等级鉴定、劳动保障监察执法等。仲裁院工作人员在独立行使仲裁权的过程中不应当交叉行使行政权力。

四、仲裁院对仲裁委员会负责并报告工作

仲裁院是仲裁委员会实体化的办事机构。所谓"负责"，就是仲裁院要定期或不定期向仲裁委员会报告工作，接受仲裁委员会的领导、管理和监督，具体负责争议处理等日常工作，负责落实仲裁委员会决定的事项，保障仲裁委员会依法履职。

【法条链接】

《劳动争议调解仲裁法》第十九条，《办案规则》第四条。

第十条 [仲裁经费] 仲裁委员会的经费依法由财政予以保障。仲裁经费包括人员经费、公用经费、仲裁专项经费等。

仲裁院可以通过政府购买服务等方式聘用记录人员、安保人员等办案辅助人员。

【条文释义】

本条规定了仲裁委员会经费保障、经费种类以及仲裁院聘用办案辅助人员的方式和范围。

一、仲裁经费保障

本条是对《劳动争议调解仲裁法》第五十三条的细化。仲裁经费是包括人员经费、公用经费、仲裁专项经费等在内的相关经费。人员经费是指直接用于仲裁委员会相关工作人员及其办案辅助人员的支出，具体包括基本工资、办案补助等。公用经费是指仲裁委员会为完成工作任务而用于设备设施的维持性费用支出，以及直接用于公务活动的支出，具体包括办公费、会议费、设备购置费等。仲裁专项经费是指为完成仲裁工作任务或者实现仲裁事业发展目标而安排的专门用于仲裁办案及仲裁其他专门工作的资金，如印刷费、邮寄费、培训费等。上述各项经费具体如何使用，应遵守财政部门和人力资源社会保障部门的要求。

二、仲裁办案辅助人员

办案辅助人员是指在劳动人事争议仲裁处理过程中，从事安保、咨询、导诉、送达、记录、翻译、案卷管理、信息化等辅助工作的人员，本条仅明确列举了记录人员和安保人员，但通过"等"字为其他办案辅助人员适用本条留下了空间。办案辅助人员的岗位类型、岗位职责、人员数量由仲裁院结合本地实际确定。

上述办案辅助人员的来源渠道可以是在编人员，也可以通过政府购买服务的渠道聘用。仲裁院通过政府购买服务聘用办案辅助人员应遵守财政部、民政部、工商总局于2014年制定的《政府购买服务管理办法（暂行）》（财综〔2014〕96号），应当坚持公开透明、公平公正、人岗相适的原则。

【经验介绍】

《浙江省劳动人事争议调解仲裁条例》第十六条规定，仲裁员办理仲裁案件应当给予办案补助，具体办法由同级人力资源社会保障行政部门会同财政部门制定。

《山东省劳动人事争议调解仲裁条例》第五条规定，县级以上人民政府应当加强对劳动人事争议调解仲裁工作的领导，推动劳动人事争议仲裁调解与人民调解、行政调解、司法调解衔接联动，建立健全劳动人事争议调解仲裁工作协调、考核和经费保障机制。第十七条规定，仲裁员办理案件应当按照规定给予适当补助。

【法条链接】

《劳动争议调解仲裁法》第五十三条。

第十一条 [派驻仲裁员] 仲裁委员会组成单位可以派兼职仲裁员常驻仲裁院，参与争议调解仲裁活动。

【条文释义】

本条规定了仲裁委员会组成单位派兼职仲裁员常驻仲裁院工作制度。

《劳动争议调解仲裁法》第八条规定："县级以上人民政府劳动行政部门会同工会和企业方面代表建立协调劳动关系三方机制，共同研究解决劳动争议的重大问题。"第十九条规定："劳动争议仲裁委员会由劳动行政部门代表、工会代表和企业方面代表组成。"仲裁委员会组成单位向仲裁院派驻兼职仲裁员制度是对上述规定确立的三方原则的进一步落实和细化，有利于整合仲裁委员会组成各方资源优势，共同有效处理争议。

仲裁委员会组成单位是指《组织规则》第五条中仲裁委员会组成人员的来源单位。他们向仲裁院派驻的仲裁员，仍需符合仲裁员任职条件，并经过仲裁委员会的聘任方可办案。仲裁委员会应当对派驻的兼职仲裁员进行聘期考核和工作监督。从工作形式上看，这些常驻仲裁院的兼职仲裁员和专职仲裁员一样属于常驻性质的仲裁员，但其人事关系在原组成单位而不是仲裁院，可定期轮换。派驻的兼职仲裁员在仲裁活动中与专职仲裁员享有同等权利，履行同等义务，应当服从仲裁委员会的监督管理。

【经验介绍】

《江苏省劳动人事争议调解仲裁办法》第十八条规定，用人单位、工会、相关部门等仲裁委员会组成单位可以委派兼职仲裁员常驻仲裁委员会，参与劳动人事争议调解仲裁活动。

【法条链接】

《劳动争议调解仲裁法》第八条、第十九条、第二十条。

第三章 仲 裁 庭

本章从基本制度、人员组成、场所建设、着装形象等方面对争议仲裁的最基本单位——仲裁庭作了系统规定，对指引和推动仲裁庭规范化、标准化建设和优化配置仲裁资源，提供了制度依据。

第十二条 [仲裁庭] 仲裁委员会处理争议案件实行仲裁庭制度，实行一案一庭制。

仲裁委员会可以根据案件处理实际需要设立派驻仲裁庭、巡回仲裁庭、流动仲裁庭，就近就地处理争议案件。

【条文释义】

本条是关于劳动人事争议仲裁庭制度的规定。

一、仲裁庭制度

根据《劳动争议调解仲裁法》第三十一条规定，仲裁委员会裁决劳动人事争议案件实行仲裁庭制度。仲裁庭不是仲裁委员会常设机构，而是针对某个具体案件的处理临时组建的办案组织。

仲裁庭分为合议庭和独任庭两种类型，分别由三名仲裁员共同组成或者由一名仲裁员独任仲裁。根据《组织规则》第十三条规定，部分案件必须组成三人合议庭进行审理。记录人员不是仲裁庭组成人员。

二、一案一庭制度

一案一庭制是指仲裁委员会受理争议案件后，根据案情需要，在已聘任的仲裁员中选择人员组成仲裁庭，专门负责该争议案件的处理。通过实行一案一庭制确保仲裁庭组成的客观公正、高效透明，更好地落实仲裁庭组成人员工作职责，也有助于根据案件特点安排具有特定知识背景和裁判能力的仲裁员参与仲裁。

三、特殊类型

为满足办案需要、更好地服务争议当事人，实现争议的就近就地化解，本条结合地方实践做法规定了派驻仲裁庭、巡回仲裁庭、流动仲裁庭三种特殊的仲裁庭类型。

派驻仲裁庭是仲裁委员会的常设派出组织，其设立根据经济社会发展、区域面积、企业和劳动者数量、交通条件及案件数量等情况决定，如设在企业密集、劳动者数量较多、争议案件较为多发的乡镇（街道）、工业园区等。派驻仲裁庭的具体管理由仲裁院负责，应当具备一定的办案条件。

与派驻仲裁庭相比，巡回仲裁庭不是常设组织，具有阶段性、临时性的特点。仲裁委员会可结合实际设立巡回仲裁庭，并根据案件情况定期或不定期派出仲裁员到巡回仲裁庭处理有关案件。仲裁委员会可以协调巡回仲裁庭所在地政府及有关部门、组织协助保障巡回仲裁庭的办案条件。

流动仲裁庭是指仲裁委员会根据具体案件处理需要，深入当事人单位所在地或者劳动人事关系所在地的农村、社区、企业、学校等，现场开庭处理案件。实行流动仲裁庭制度，一是有助于解决部分当事人实际困难，提供更加便捷的争议处理服务；二是有利于实现案件处理与普法教育相结合，发挥仲裁预防功能。

【经验介绍】

《浙江省劳动人事争议调解仲裁条例》第十五条规定，仲裁委员会根据工作需要，可以派出仲裁庭到劳动人事争议案件较多的乡镇（街道）、开发区或者工会、商会开庭。

《江苏省劳动人事争议调解仲裁办法》第十六条规定，仲裁委员会可以根据案件处理实际需要，在本辖区内的乡镇（街道）、村（社区）设立巡回仲裁庭。

《广东省劳动人事争议处理办法》第三十三条规定，仲裁委员会可以设立派出仲裁庭、专业仲裁庭或者巡回仲裁庭。

【法条链接】

《劳动争议调解仲裁法》第三十一条、第三十二条，《最高人民法院关于巡回法庭审理案件若干问题的规定》（法释〔2015〕3号），《最高人民法院印发〈关于大力推广巡回审判方便人民群众诉讼的意见〉的通知》（法发〔2010〕59号）。

第十三条 [组庭] 处理下列争议案件应当由三名仲裁员组成仲裁庭，设首席仲裁员：

（一）十人以上并有共同请求的争议案件；

（二）履行集体合同发生的争议案件；

（三）有重大影响或者疑难复杂的争议案件；

（四）仲裁委员会认为应当由三名仲裁员组庭处理的其他争议案件。

简单争议案件可以由一名仲裁员独任仲裁。

【条文释义】

本条是关于仲裁庭组成方式和条件的规定。

一、应当由三名仲裁员组成仲裁庭审理的案件

根据《劳动争议调解仲裁法》第三十一条规定，仲裁庭的组成方式有两种，其中下列类型案件应当由三名仲裁员组成仲裁庭审理。

（一）十人以上并有共同请求的争议案件

参见《办案规则》第六十二条释义。

需要注意的是，即便此类案件符合《办案规则》第五十六条关于简易处理的情形，也仍然应当由三名仲裁员组成仲裁庭审理。

（二）履行集体合同发生的争议案件

参见《办案规则》第六十二条释义。

（三）有重大影响或者疑难复杂的争议案件

参见《办案规则》第五十七条释义。

（四）仲裁委员会认为应当由三名仲裁员组庭处理的其他争议案件

本款为兜底性规定，对于上述前三种情况之外的案件，仲裁委员会根据案件实际，认为应当由三名仲裁员组庭处理的，也要由三名仲裁员组庭审理，体现了仲裁委员会调配仲裁审理资源的灵活性。

二、首席仲裁员

首席仲裁员是指仲裁委员会从三人合议仲裁庭成员中指定的，负责组织、协调仲裁活动，并根据《办案规则》第五十二条形成主导意见的仲裁员。首席仲裁员应当从政治素质好、专业水平高、审理经验丰富的仲裁员中选择，各地仲裁委员会可根据实际情况制定首席仲裁员资格条件或者确定标准。首席仲裁员是在审理某一具体案件的特定仲裁庭中设定的，不代表仲裁员级别，在不同案件、不同仲裁庭中人员不固定。

三、可以由一名仲裁员独任仲裁的简单争议案件

简单争议案件一般是指事实比较清楚、案情比较简单，双方争议较小、请求金额不大，适用法律依据比较明确的案件。对于简单的劳动人事争议案件，仲裁委员会可以指定一名仲裁员独任处理。

【经验介绍】

《安徽省劳动人事争议仲裁员管理暂行办法》第十七条规定，专职仲裁员连续从事仲裁工作五年以上，理论水平较高，工作业绩突出，经本人申请，仲裁委员会考核，可聘为首席仲裁员。

【法条链接】

《劳动争议调解仲裁法》第三十一条。

第十四条 [记录人员]　记录人员负责案件庭审记录等相关工作。

记录人员不得由本庭仲裁员兼任。

【条文释义】

本条是关于记录人员职责的规定。

一、记录人员负责案件庭审记录等相关工作

记录人员是劳动人事争议仲裁工作中的事务性辅助工作人员，在仲裁员指导下开展工作。记录人员在案件处理中的主要职责是负责案件的庭审记录。此外，记录人员还可以承担整理、装订、归档案卷材料及仲裁庭交办的其他事务性工作。

二、记录人员不得由本庭仲裁员兼任

案件庭审笔录等记录，应当确保仲裁活动记录的真实性、客观性、全面性。为避免当事人对记录内容的质疑，本庭仲裁员不得兼任记录人员。

【法条链接】

《中共中央组织部 人事部 最高人民法院关于印发〈人民法院书记员管理办法（试行）〉的通知》（法发〔2003〕18号）。

第十五条 [重新组庭] 仲裁庭组成不符合规定的，仲裁委员会应当予以撤销并重新组庭。

【条文释义】

本条是关于不符合规定的仲裁庭应予撤销并重新组庭的规定。

根据《劳动争议调解仲裁法》第十九条规定，仲裁委员会对仲裁活动进行监督。仲裁庭的组成是否合法属于仲裁委员会监督的范畴。

仲裁庭组成不符合规定的主要情形有：一是在处理十人以上并有共同请求的争议案件时没有由三名仲裁员组成仲裁庭；二是在处理因履行集体合同发生的争议案件时没有按照三方原则组成仲裁庭；三是仲裁员应当回避而没有回避的；四是仲裁庭组成人员不具备仲裁员资格的；五是其他不符合规定的仲裁庭组成情形。

仲裁庭组成不符合规定的，仲裁委员会应当立即采用决定书的形式，撤销仲裁庭并依法决定组成新的仲裁庭重新审理案件。

【经验介绍】

《江苏省劳动人事争议调解仲裁办法》第五十三条规定，仲裁裁决被撤销后，仲裁委员会应当自撤销之日起十日内另行组成仲裁庭对案件进行重新审理，重新审理期限从撤销之日起计算。

【法条链接】

《劳动争议调解仲裁法》第十九条，《办案规则》第三十七条。

第十六条 ［仲裁场所］ 仲裁委员会应当有专门的仲裁场所。仲裁场所应当悬挂仲裁徽章，张贴仲裁庭纪律及注意事项等，并配备仲裁庭专业设备、档案储存设备、安全监控设备和安检设施等。

【条文释义】

本条是关于仲裁场所建设的规定。

一、仲裁委员会应当有专门的仲裁场所

按照国家"十三五"规划纲要"基本公共服务项目清单"相关要求，确保公共服务质量需要不断改善调解仲裁服务条件。本条规定，仲裁委员会应当有专门的仲裁场所。规范的专门仲裁场所，是推进仲裁工作规范化、制度化、专业化、信息化的重要内容和必然要求。

仲裁场所包括接待场所、办案场所、办公场所等。仲裁院中的接待场所包括立案接待大厅、导诉咨询室、来访接待室、文书送达室、群众等候区域、当事人仲裁服务区域、法律法规政策宣传区域等；办案场所包括审理庭（含大审理庭、中审理庭、小审理庭、独任审理庭）、调解室（含大调解室、中调解室、小调解室）、仲裁庭合议室、仲裁委员会评议室、证据交换室、仲裁员更衣室、当事人（代理人）等候室、证人（鉴定人、勘验人）等候室、阅卷（翻译）室以及案卷档案用房等；办公场所包括办公室、会议室等。各地要根据实际情况，合理确定建设规模和水平，做到布局合理、功能齐全、设施完善、庄重实用。

二、仲裁场所应当悬挂仲裁徽章

《人力资源和社会保障部关于启用劳动人事争议仲裁庭庭徽和仲裁员胸徽的通知》（人社部发〔2011〕86号）规定，仲裁徽章作为劳动人事争议仲裁办案活动的标识，其含义为：中央是天平及三个同心圆环，上方是"劳动人事争议仲裁"字样，左、右两边是橄榄枝，下方是齿轮。天平体现仲裁的公平、公正；三个同心圆环表示劳动关系三方机制共同调处劳动人事争议；齿轮的咬合性和关联性体现用人单位和劳动者建立密切的劳动人事关系；橄榄枝体现仲裁以促进劳动人事关系和谐为宗旨；"劳动人事争议仲裁"字样意在明确仲裁的专业特点；用中国传统的红黄色体现仲裁的庄重与威严。

仲裁徽章应悬挂在仲裁院大门、立案接待大厅、审理庭、调解室等场所。仲裁徽章的悬挂和公示，有助于形成劳动人事争议仲裁服务品牌，提高社会公信力。

三、仲裁场所应当张贴仲裁庭纪律及注意事项等

仲裁场所（此处指仲裁办案场所）应当张贴仲裁庭纪律及注意事项等，以维护仲裁场所安全和秩序，保障仲裁庭审活动正常进行，保障仲裁参与人和其他人依法行使仲裁权利，方便公众旁听，促进仲裁公正，彰显仲裁权威。

《办案规则》第四十三条对仲裁庭纪律进行了相应规定。在仲裁场所注意事项中，可以就禁止携带物品和禁止旁听人员提出进一步的明确要求。

四、仲裁场所应当配备专门设备

仲裁场所要配备仲裁庭专业设备、档案储存设备、安全监控设备和安检设施、群众自助服务设施等设备设施，以满足仲裁办案和日常工作的需要，有效提高仲裁社会服务能力和水平。

仲裁庭专业设备一般包括：仲裁庭专用桌椅、庭审记录设备、音响

设备、证据展示设备、网络设备、公共信息显示查询设备等。

档案储存设备一般包括：满足档案管理要求的专用库房、档案柜、电子档案保存设备、档案智能查询设备、防护设备等。

安全监控设备和安检设施一般包括：监控摄像头、视频中控台、主机、显示屏和安检门、X射线安检仪、手持式金属检测器等。

各地应当根据办案需要，结合本地实际，参照上述标准进行配备。

【经验介绍】

湖北省出台《劳动人事争议仲裁庭建设标准》，山东省发布《劳动人事争议仲裁院建设与管理规范》（DB 37/T 3158—2018）。

【法条链接】

《办案规则》第四十三条，《人力资源和社会保障部关于启用劳动人事争议仲裁庭庭徽和仲裁员胸徽的通知》。

第十七条 [仲裁工作人员着装] 仲裁工作人员在仲裁活动中应当统一着装，佩戴仲裁徽章。

【条文释义】

本条是关于仲裁工作人员着装和佩戴仲裁徽章的规定。

一、仲裁工作人员在仲裁活动中应当统一着装

仲裁工作人员在依法履行调解仲裁职责或者从事公务活动时应当穿着统一的仲裁服装。本条将原《组织规则》中统一着装和佩戴仲裁徽章的范围从"仲裁员"扩大为"仲裁工作人员"，包括专兼职仲裁员和办案辅助人员。同时，将原"着正装"提升为"统一着装"，进一步体现了规范化的要求。

各省、自治区、直辖市可以自行设计仲裁服装的统一样式、颜色等。仲裁服装应当按照规范配套穿着，两名以上工作人员共同执行任务时，仲裁服装的季节款式要保持一致。

二、仲裁工作人员在仲裁活动中应当佩戴仲裁徽章

仲裁工作人员在仲裁活动中应当佩戴仲裁徽章。仲裁徽章即仲裁员胸徽,佩戴位置为仲裁服装外衣的左胸处,佩戴应当端正。

【法条链接】

《人力资源和社会保障部关于启用劳动人事争议仲裁庭庭徽和仲裁员胸徽的通知》。

第四章 仲 裁 员

第十八条 [仲裁员] 仲裁员是由仲裁委员会聘任、依法调解和仲裁争议案件的专业工作人员。

仲裁员分为专职仲裁员和兼职仲裁员。专职仲裁员和兼职仲裁员在调解仲裁活动中享有同等权利,履行同等义务。

兼职仲裁员进行仲裁活动,所在单位应当予以支持。

【条文释义】

本条是关于仲裁员的定义及专兼职仲裁员的有关规定。

一、仲裁员的法定概念

仲裁员是由仲裁委员会聘任、依法调解和仲裁争议案件的专业工作人员。其专业性体现为仲裁员必须是符合法定条件、具备专业能力的人员。

符合《劳动争议调解仲裁法》第二十条任职条件的人员,必须经过仲裁委员会的聘任,方可成为仲裁员,参与组成仲裁庭处理争议。

二、仲裁员分为专职仲裁员和兼职仲裁员

专职仲裁员是指仲裁委员会从符合仲裁员任职条件的人员中聘任的专门从事劳动人事争议调解仲裁工作的人员,其所在单位一般为仲裁院。专职仲裁员是我国劳动人事争议仲裁队伍的核心力量。

兼职仲裁员是指经仲裁委员会聘任的非专职从事争议处理的人员。仲裁委员会组成单位长期派驻仲裁院的仲裁员,也属于兼职仲裁员的范畴。

三、专职仲裁员和兼职仲裁员的平等权

专职仲裁员和兼职仲裁员在调解仲裁活动中享有《组织规则》第二十条规定的同等权利，履行《组织规则》第二十一条规定的同等义务。仲裁委员会要加强对专职仲裁员和兼职仲裁员的管理和服务保障，保证专职仲裁员和兼职仲裁员能够依法有效履行仲裁职责。

四、兼职仲裁员所在单位的支持义务

兼职仲裁员参加仲裁活动，属于依法履行法律授予的职责，所在单位应当为兼职仲裁员参加仲裁活动提供便利，尽量保障工作时间，不得因履行仲裁职责而降低其待遇、职务、级别。

【法条链接】

《劳动争议调解仲裁法》第十九条、第二十条、第三十一条、第三十三条、第四十五条，《办案规则》第六十五条。

第十九条 [仲裁员来源] 仲裁委员会应当依法聘任一定数量的专职仲裁员，也可以根据办案工作需要，依法从干部主管部门、人力资源社会保障行政部门、军队文职人员工作管理部门、工会、企业组织等相关机构的人员以及专家学者、律师中聘任兼职仲裁员。

【条文释义】

本条是关于仲裁员来源的规定。

一、仲裁委员会应当依法聘任一定数量的专职仲裁员

聘任专职仲裁员是仲裁院实体化建设的内在要求。从法律规定看，专职仲裁员只要符合法定的任职条件、聘前培训合格，即可被聘任。

二、兼职仲裁员来源

仲裁委员会可以聘任兼职仲裁员。仲裁委员会可以根据办案工作需要，依法从干部主管部门、人力资源社会保障行政部门、军队文职人员工作管理部门、工会、企业组织等相关机构的人员以及专家学者、律师中聘任兼职仲裁员。兼职仲裁员应当保持中立、公信，仲裁委员会在聘

任兼职仲裁员时,应综合考虑所在单位、专业背景、业务能力、履职条件等各种因素。

【法条链接】

《劳动争议调解仲裁法》第十九条。

第二十条 [仲裁员权利] 仲裁员享有以下权利:

(一)履行职责应当具有的职权和工作条件;

(二)处理争议案件不受干涉;

(三)人身、财产安全受到保护;

(四)参加聘前培训和在职培训;

(五)法律、法规规定的其他权利。

【条文释义】

本条是关于仲裁员权利的规定。

一、履行职责应当具有的职权和工作条件

仲裁员在履行职责时享有《劳动争议调解仲裁法》及《办案规则》《组织规则》等法律和规章规定的职权,主要包括:有权对当事人提起的仲裁申请进行审查,核查是否属于劳动人事争议仲裁受理范围及是否属于本仲裁委员会管辖;有权在查明事实的基础上对双方当事人进行调解;有权参加庭审,对仲裁参与人进行询问,参与案件的调查;有权参加仲裁庭评议并充分发表意见;有权在仲裁裁决书上签名等。

仲裁委员会应当保障仲裁员履行职责应具有的工作条件,主要包括办公场所和办公办案设备等,以保证调解仲裁活动正常、有序开展。

二、处理争议案件不受干涉

仲裁员在依法行使职权处理劳动人事争议案件时,享有不受外界干涉、不受来自法律规定之外的影响的权利。

仲裁员有权拒绝任何单位、个人违反法定职责或者法定程序、有碍仲裁公正的要求。对案件处理的干扰应当坚决抵制,说明立场、讲清法纪、明确拒绝，保证仲裁的社会公信力。

三、人身、财产安全受到保护

加强对仲裁员的履职安全保护，是维护法律权威、保障争议处理有效开展的必然要求。各地应当重视庭审秩序维护、办公办案场所安全保卫、仲裁员人身保护和各类应急处置，并建立预警、应急和联动协作机制，有效维护仲裁员人身、财产安全。

四、有权参加聘前培训和在职培训

各地应当围绕调解仲裁工作需要，根据仲裁员工作职责的要求，对仲裁员进行分级分类培训，特别要区分拟聘任仲裁员的聘前培训、已聘任仲裁员的在职培训。对拟聘任仲裁员的聘前培训应当及时举办，切实保障仲裁员队伍建设需要；对全体仲裁员应当进行更新知识、提高工作能力的在职培训，着力提升其庭审驾驭能力、法律适用能力、裁判文书制作能力和信息化应用能力等。

五、享有法律、法规规定的其他权利

仲裁员除享有《组织规则》规定的权利外，还享有法律规定的其他权利。例如，法律规定的一般公民权利；仲裁员为机关事业单位人员的，依法享有公务员、事业单位人员相关权利等。

第二十一条 [仲裁员义务] 仲裁员应当履行以下义务：

（一）依法处理争议案件；

（二）维护国家利益和公共利益，保护当事人合法权益；

（三）严格执行廉政规定，恪守职业道德；

（四）自觉接受监督；

（五）法律、法规规定的其他义务。

【条文释义】

本条是关于仲裁员履行义务的规定。

一、依法处理争议案件

仲裁员在处理争议案件过程中要坚持和体现依法处理原则，以实现程序公正和实体公正。这里的"依法"是指依据《宪法》《劳动法》《劳动合同法》《社会保险法》《劳动争议调解仲裁法》《办案规则》等实体和程序法律、法规、规章政策。此外，用人单位根据《劳动合同法》第四条建立的劳动规章制度，也可以作为裁判依据。

二、维护国家利益和公共利益，保护当事人合法权益

国家利益和公共利益有别于个体利益。仲裁员作为法律的执行者，必须忠诚地执行国家意志，自觉维护国家利益。同时应当维护公共利益、维护社会秩序、引导社会良性发展，以及保障社会成员能够共享公共利益。

从不同当事人角度看，劳动者的合法权益包括就业权、劳动权、休息休假权、获得报酬权、民主管理权等，其中很多权利是宪法赋予的基本权利。法人和其他组织等用人单位的合法权益，包括用工管理权、规章制度制定权、集体协商权、竞业限制、劳动合同解除终止权、损失赔偿请求权等。仲裁员有义务妥善处理劳动人事争议，保障用人单位和劳动者的合法权益，维护正常的生产经营秩序，维护和谐的劳动人事关系。

三、严格执行廉政规定，恪守职业道德

目前，我国专职仲裁员队伍主要由公务员、参照公务员法管理的事业单位人员以及其他事业单位人员构成。仲裁员首先应当遵守各项廉政规定和基本的职业道德，包括中国共产党党员干部的相关廉政规定。

仲裁员的职业道德基本要求为：依法办案、公平公正、及时高效、精益求精、加强学习、钻研业务、忠于职守、廉洁自律。仲裁员应当严格依法依规实施调解仲裁职业行为，提升职业道德水平，成为社会主义道德的示范者、诚信风尚的引领者、公平正义的维护者。

四、自觉接受监督

仲裁员应当自觉接受监督,保证调解仲裁工作的合法、公正。仲裁委员会发现仲裁员有违法违纪行为时,有权依法作出解聘等处理决定。

五、法律、法规规定的其他义务

为使仲裁员义务的内容更加全面完整和具体,对于《组织规则》没有详细列举的仲裁员其他义务,特别规定了仲裁员应当履行法律、法规规定的其他义务,有助于仲裁员公正、廉洁办案。

【法条链接】

《宪法》第十六条、第十七条、第四十二条、第四十三条、第五十一条,《事业单位人事管理条例》第二十八条,《民法总则》第三条、第四条,《公务员法》第十二条第(八)款。

第二十二条 [合理配备人员] 仲裁委员会聘任仲裁员时,应当从符合调解仲裁法第二十条规定的仲裁员条件的人员中选聘。

仲裁委员会应当根据工作需要,合理配备专职仲裁员和办案辅助人员。专职仲裁员数量不得少于三名,办案辅助人员不得少于一名。

【条文释义】

本条是关于仲裁员和办案辅助人员配备的规定。

一、仲裁委员会聘任仲裁员时,应当从符合《劳动争议调解仲裁法》第二十条规定的仲裁员条件的人员中选聘

《劳动争议调解仲裁法》第二十条规定:"仲裁员应当公道正派并符合下列条件之一:(一)曾任审判员的;(二)从事法律研究、教学工作并具有中级以上职称的;(三)具有法律知识、从事人力资源管理或者工会等专业工作满五年的;(四)律师执业满三年的。"各地仲裁委员会应当从符合上述条件之一的人员中选聘仲裁员并严格控制仲裁员的准入。

仲裁委员会要规范仲裁员选聘的程序,统一仲裁员选聘标准,把好

仲裁员的准入门槛。要从众多符合仲裁员条件的人员中选出少量法学理论功底较深、法律实践经验丰富的人员担任仲裁员，提升仲裁员的公众形象和在群众中的威望。

二、仲裁委员会应当合理配备专职仲裁员和办案辅助人员

仲裁委员会必须配备专职仲裁员和办案辅助人员，这是仲裁院实体化建设的基本要求，也是争议处理工作正常开展的必要保障。合理配备是指各级仲裁委员会配备的专职仲裁员和办案辅助人员数量合理，年龄结构合理，专职仲裁员和办案辅助人员的比例适当，上述人员既能满足工作需要，也能保障争议调解仲裁人才队伍建设的可持续性。衡量专职仲裁员和办案辅助人员配备是否合理的基本标准是调解仲裁工作的实际需要。

三、专职仲裁员数量不得少于三名，办案辅助人员不得少于一名

仲裁委员会配备专职仲裁员和办案辅助人员数额或者比例，一般按照地区经济发展状况、企业和劳动者数量、辖区面积、案件数量、仲裁服务的范围等因素综合确定。应当保证依法、高效、公正地处理争议案件，确保法定期限内依法结案，并尽可能缩短仲裁期限，完成当年度的案件结案率、调解成功率和终局裁决率等工作指标。为确保仲裁委员会能够正常组庭处理争议案件，配备专职仲裁员数量不得少于三名，办案辅助人员不得少于一名。

【法条链接】

《劳动争议调解仲裁法》第二十条。

第二十三条 [仲裁员名册] 仲裁委员会应当设仲裁员名册，并予以公告。

省、自治区、直辖市人力资源社会保障行政部门应当将本行政区域内仲裁委员会聘任的仲裁员名单报送人力资源社会保障部备案。

【条文释义】

本条是关于仲裁员名册和仲裁员名单报送备案的规定。

一、仲裁委员会应当设立并公告仲裁员名册

《劳动争议调解仲裁法》第二十条规定:"劳动争议仲裁委员会应当设仲裁员名册。"本条对此规定作了进一步的细化,要求仲裁员名册必须由仲裁委员会予以公告。仲裁员名册中一般应列明仲裁员的姓名、性别、年龄、符合的任职条件、现工作单位等基本情况,可以在名册中区分专职仲裁员和兼职仲裁员,或区分人力资源、社会保障、人事管理、工会等不同工作专业特长制作名册。仲裁员名册应当按照仲裁公开的原则,由仲裁委员会向社会公告。公告名册,一方面可以增强仲裁员的使命感和责任感;另一方面可以方便当事人或者社会公众了解仲裁员情况,增强仲裁工作的透明度,有利于对仲裁员实施监督,防止和避免仲裁不公正现象的发生。

二、仲裁员名单备案制度

《劳动争议调解仲裁法》第十八条规定:"省、自治区、直辖市人民政府劳动行政部门对本行政区域的劳动争议仲裁工作进行指导。"省、自治区、直辖市人民政府人力资源社会保障行政部门应当及时动态掌握本行政区域内各仲裁委员会聘任仲裁员的基本情况,并将本地各仲裁委员会聘任的仲裁员名单报送人力资源社会保障部备案,促进仲裁员队伍管理的科学性。根据人力资源社会保障部相关规定,备案工作主要通过仲裁员管理信息系统在线完成。

【经验介绍】

黑龙江省人力资源社会保障厅每年对全省仲裁员资格进行核验,并在次年1月统一对外公布仲裁员名册。只有对列入当年仲裁员名册的仲裁员,才赋予其在办案系统中的办案权限。

【法条链接】

《劳动争议调解仲裁法》第二十条。

第二十四条 [仲裁员聘期]　仲裁员聘期一般为五年。仲裁委员会负责仲裁员考核，考核结果作为解聘和续聘仲裁员的依据。

【条文释义】

本条是关于仲裁员聘期和考核的规定。

一、仲裁员聘期一般为五年

仲裁委员会在聘任专职或者兼职仲裁员时应当明确聘任期限和聘期的终止时间。聘期原则上为五年。

二、仲裁委员会负责对仲裁员的考核

对仲裁员的考核应由仲裁委员会进行。结合其他条文的规定，形成了仲裁委员会聘任、监督、考核、解聘这一完整的仲裁员管理体系。在实践中，仲裁委员会对仲裁员的考核可以由仲裁委员会的办事机构——仲裁院来具体负责，也可以由仲裁委员会组织的专门机构完成，但考核结果应以仲裁委员会的名义作出。

三、仲裁委员会对仲裁员的考核结果作为解聘和续聘仲裁员的依据

仲裁员考核制度作为仲裁员管理制度的重要内容，是发现、培养、合理使用优秀仲裁人才的重要途径，有利于督促仲裁员尽职尽责履行调解仲裁职能，更好地为当事人服务。将仲裁委员会对仲裁员的考核结果作为解聘或者续聘仲裁员的依据，对于确保仲裁员队伍整体素质具有十分重要的意义。

【经验介绍】

《内蒙古自治区劳动人事争议仲裁兼职仲裁员管理考核办法》第四条规定，考核采取日常考核和年度百分考核两种方式进行。日常考核主要包括仲裁委员会对兼职仲裁员的一案一评和当事人对兼职仲裁员的评价两个方面。仲裁委员会每年根据仲裁员在仲裁工作中德、能、勤、绩四个方面的表现，对仲裁员进行年度百分考核，主要包括：（1）办案能力（50分）；（2）工作表现（20分）；（3）综合素质（15分）；（4）政治思想（15分）。

【法条链接】

《劳动争议调解仲裁法》第十九条。

第二十五条 ［仲裁员考核］ 仲裁委员会应当制定仲裁员工作绩效考核标准，重点考核办案质量和效率、工作作风、遵纪守法情况等。考核结果分为优秀、合格、不合格。

【条文释义】

本条是关于仲裁员绩效考核标准、重点考核内容、考核结果等级的规定。

一、仲裁委员会应当制定仲裁员工作绩效考核标准

本条设立了仲裁委员会制定仲裁员工作绩效考核标准的职责，并确定了考核仲裁员的指标框架和重点考核内容。办案质量考核主要以仲裁员的仲裁文书制作、遵守仲裁程序、调解方式方法、庭审控制、法律调查研究等实际操作能力为重点；办案效率考核主要以法定期限结案率、调解成功率和终局裁决率等为评估指标；工作作风考核主要以政治意识和大局意识、依法公正办案、尽职履职、服务意识、学习能力为重点；遵纪守法考核主要以仲裁员遵守工作纪律、尊崇和遵守宪法与法律、廉洁奉公为重点内容。同时还要结合案件审结后的实际效果及仲裁员受奖励情况等。

仲裁委员会建立的仲裁员工作绩效考核标准，要以客观、科学、公正、公平为原则，并要满足全面反映仲裁员的工作作风、工作态度、工作业绩的要求，以案件审理质量和效率为考核的重点内容之一，科学设计考核项目，完善考核办法。可以依托劳动人事争议仲裁信息化系统平台，提取仲裁员审理工作有关数据，并作为评价仲裁员工作绩效的主要依据。

二、仲裁员工作绩效考核结果分为优秀、合格、不合格

考核结果分为三档，具体标准为："优秀"是指仲裁员思想政治素

质高,在保障仲裁公正、提升仲裁效率、保持清正廉洁等方面表现出色,工作实绩突出;"合格"是指仲裁员思想政治素质较高,能够严格执行法律规定,在保障仲裁公正、提升仲裁效率、保持清正廉洁等方面能达到任职要求,能够完成本职工作;"不合格"是指仲裁员思想政治素质较差,业务素质和工作能力不能满足工作要求,存在不廉洁的问题,不能够完成工作任务。

考核结果为优秀、合格的,可以续聘;不合格的,应当根据《组织规则》第二十六条规定予以解聘。

【法条链接】

《公务员法》第五章,《事业单位人事管理条例》第五章。

第二十六条 [解聘] 仲裁员有下列情形之一的,仲裁委员会应当予以解聘:

(一) 聘期届满不再续聘的;

(二) 在聘期内因工作岗位变动或者其他原因不再履行仲裁员职责的;

(三) 年度考核不合格的;

(四) 因违纪、违法犯罪不能继续履行仲裁员职责的;

(五) 其他应当解聘的情形。

【条文释义】

本条是关于仲裁员被解聘的规定。

一、聘期届满不再续聘的

仲裁员聘期一般为五年。期满后,仲裁委员会结合仲裁员的办案质量和效率、工作作风、遵纪守法等考核情况,以及调解仲裁工作需要,有权决定续聘,或不再续聘并予以解聘。因期满解聘的,仲裁委员会应当在仲裁员聘期届满前及时研究,解聘决定应当在期满之前作出。

二、在聘期内因工作岗位变动或者其他原因不再履行仲裁员职责的

仲裁员在聘期内不再履行仲裁员职责的情况主要包括：一是工作岗位变动，无法继续履行仲裁员职责的；二是因身体原因不能再履行仲裁员职责的；三是主动提出不再履行仲裁员职责的；四是其他不能履行仲裁员职责的情形。有上述情形之一的，仲裁委员会应当及时作出解聘决定。

三、年度考核不合格的

年度考核为不合格等次的仲裁员，不符合所在仲裁委员会关于仲裁员的基本要求，不适合继续从事仲裁员工作，因此，仲裁委员会应当予以解聘。对因年度考核不合格被解聘的仲裁员，仲裁委员会应当在考核决定生效后及时作出解聘决定。

四、因违纪、违法犯罪不能继续履行仲裁员职责的

仲裁员如果因违纪、违法犯罪行为导致无法履行仲裁员职责的，应对其予以解聘。违纪、违法犯罪行为是前提条件，不能继续履行仲裁员职责是后果限定。本条中违法指的是违反行政法律、法规、规章等；犯罪指的是实施《刑法》所规定的犯罪行为并被追究或免于追究刑事责任的情形，主要是《劳动争议调解仲裁法》第三十三条、第三十四条规定；违纪指的是仲裁员违反党的纪律、行政纪律、仲裁员纪律，或者法律、法规、政策规定的其他纪律要求。因为违纪、违法是个非常宽泛的范畴，本条又对解聘增加了限制性条件——不能履行仲裁员职责，强化了仲裁委员会对仲裁员管理的自主性和灵活性。

五、其他应当解聘的情形

以上四项仅列举了最常见的解聘条款，本款为兜底性条款。其他应当解聘的条件主要涵盖如下几种类型：一是仲裁员不再具备《劳动争议调解仲裁法》第二十条所规定的任职条件；二是仲裁员在聘期内，存在严重违反职业道德，对待当事人态度恶劣等造成严重不良影响，或者多次违反仲裁员义务、屡教不改等行为的，应当予以解聘。

六、解聘决定

仲裁委员会解聘仲裁员应当作出书面决定并送达仲裁员。仲裁委员会解聘决定未作出前,仲裁员不得停止履行职责,仲裁委员会也不得限制仲裁员行使权利。决定作出后,仲裁员不得再以仲裁员的身份从事仲裁活动。仲裁员收到解聘决定后,应当办理工作及相关证件、徽章等移交手续。

【法条链接】

《劳动争议调解仲裁法》第十九条、第三十三条、第三十四条。

第二十七条 [聘前分级培训] 人力资源社会保障行政部门负责对拟聘任的仲裁员进行聘前培训。

拟聘为省、自治区、直辖市仲裁委员会仲裁员及副省级市仲裁委员会仲裁员的,参加人力资源社会保障部组织的聘前培训;拟聘为地(市)、县(区)仲裁委员会仲裁员的,参加省、自治区、直辖市人力资源社会保障行政部门组织的仲裁员聘前培训。

【条文释义】

本条是关于对拟聘任的仲裁员进行聘前分级培训的规定。

一、人力资源社会保障行政部门负责对拟聘任的仲裁员进行聘前培训

人力资源社会保障行政部门对拟聘任仲裁员进行聘前培训的职能包括以下几个方面的含义:一是通过本级人力资源社会保障行政部门,收集辖区内相应级别仲裁委员会的仲裁员聘任计划,上报培训需求或制订培训计划;二是聘前培训是常规工作,应当保障聘前培训经费充足;三是应当及时组织聘前培训,以便仲裁委员会开展下一步聘任工作,保证办案力量得到及时充实。

人力资源社会保障行政部门对拟聘任仲裁员的培训,应当根据人力资源社会保障部办公厅印发的《劳动人事争议仲裁员任职培训大纲

（试行）》（人社厅发〔2013〕127号）相关要求开展。聘前培训具体内容包括：一是劳动人事争议处理基础理论；二是劳动人事争议仲裁程序法基本知识；三是劳动人事争议仲裁实体法基本知识；四是仲裁员职业道德与行为规范。

二、聘前培训的分级培训制度

省、自治区、直辖市及副省级市仲裁委员会仲裁员由人力资源社会保障部开展重点聘前培训，有利于统一仲裁办案尺度和工作要求，有利于省级仲裁机构强化工作指导，并组织协调处理跨地区、有影响的重大争议。

地（市）、县（区）仲裁委员会仲裁员的聘前培训由省、自治区、直辖市人力资源社会保障行政部门组织开展，有利于结合本地出台的劳动人事争议法规政策和争议处理工作特点，有针对性地开展培训，在本行政区域内统一仲裁办案尺度和工作要求。

【法条链接】

《劳动人事争议仲裁员任职培训大纲（试行）》。

第二十八条 ［培训要求］ 人力资源社会保障行政部门负责每年对本行政区域内的仲裁员进行政治思想、职业道德、业务能力和作风建设培训。

仲裁员每年脱产培训的时间累计不少于四十学时。

【条文释义】

本条是关于仲裁员培训频次、内容、时长等方面要求的规定。

一、仲裁员年度培训制度

人力资源社会保障行政部门负责对本行政区域内的仲裁员每年开展在职培训。此项工作是每年的常规工作，应当予以经费保障。

培训内容应当围绕政治思想、职业道德、业务能力和作风建设四个方面展开。培训方式可以多样化，集中培训、灵活培训、专题授课、案例讨论、现场观摩、网络教育等多种方式相结合，但本条明确了仲裁员每年均应当参加脱产培训。人力资源社会保障部等八部门出台的《关于进一步加强劳动人事争议调解仲裁完善多元处理机制的意见》第十五条规定，各地可以探索远程在线培训、建立集中实训基地等培训模式，培训重心向基层倾斜。

（一）政治思想培训

仲裁员政治思想培训要以党中央提出的重大理论观点、重大战略思想为重点内容，落实全面从严治党要求，保证仲裁员队伍在坚持正确政治方向的基础上坚定理想信念，增强做好调解仲裁工作的责任感和使命感。

（二）职业道德培训

职业道德培训的核心是培养仲裁员具有公正、廉洁、为民的道德准则，忠诚仲裁事业、保证仲裁公正、确保廉洁高效、坚持仲裁为民、维护仲裁形象。仲裁员应当自觉遵守职业道德，在本职工作和业务活动中严格要求自己，维护仲裁形象和公信力。

（三）业务能力培训

业务能力培训主要包括提升仲裁员的法律综合素养、法律运用能力、庭审驾驭能力、逻辑分析能力、调解沟通能力、仲裁文书写作能力等内容。培训具体应从以下几个方面开展：一是法律基础理论培训，使仲裁员掌握法律的原理和知识；二是仲裁审理业务培训，增强仲裁员的法律运用能力；三是审理技能培训，增强仲裁员的庭审驾驭能力、辨别认证能力、论证说理能力；四是综合知识培训，提升仲裁员逻辑学、心理学、人力资源管理学等方面的综合素质；五是仲裁文书写作能力培训，提升仲裁员撰写仲裁法律文书的质量。

（四）作风建设培训

作风建设培训主要培养仲裁员在思想、工作和生活等方面坚持以人民为中心，维护法律权威、依法办案、爱岗敬业、清正廉洁、自觉接受监督的良好作风和形象。

二、仲裁员每年脱产培训的时间累计不少于四十学时

为了适应调解仲裁法律政策更新快、新型劳动人事争议不断涌现的形势，保证仲裁员培训工作取得实效，更好地满足仲裁员提升能力的要求，有必要对仲裁员年度培训的学习方式和学时进行规定。本条规定仲裁员年度培训应当脱产进行，脱产培训时间为每年累计不少于四十学时，有利于保证仲裁员必要的系统学习时间，补充和丰富知识，提高调解仲裁效能，更好地维护当事人的合法权益。值得注意的是，不能以仲裁委员会集中业务学习替代脱产培训。

第二十九条 [作风建设和仲裁文化]　仲裁委员会应当加强仲裁员作风建设，培育和弘扬具有行业特色的仲裁文化。

【条文释义】

本条是关于仲裁员作风建设和仲裁文化的规定。

一、仲裁委员会应当加强仲裁员作风建设

本条明确了仲裁员作风建设的责任主体是仲裁委员会。仲裁员作风建设的内容包括仲裁员政治思想和工作作风等方面。

要通过各种有效措施加强作风建设。一是要加强组织领导。仲裁委员会要将仲裁员作风建设作为调解仲裁事业发展的重要内容，将作风建设与办案业务同步部署、同步实施，并确保各项作风建设决策部署和工作要求落到实处。二是要抓好工作态度转变。仲裁员要树立大局意识，牢固树立为调解仲裁事业科学发展和群众服务的理念，努力实现法律效果、社会效果、政治效果的有机统一。仲裁员要热情接待群众，公平对待每一名当事人，认真处理每项仲裁请求。三是要抓好服务方式改进。仲裁委员会要注重整合资源、优化配置，探索建立调解仲裁新的服务模式，不断提高服务质量和效率。例如推行"互联网+调解仲裁"模式，为当事人提供数字化、现代化的便捷服务。四是要切实加强制度建设，

规范仲裁办案环节，严明办案纪律、明确服务规范、加大问责力度，形成强有力的管理监督制度。五是要以养成为重点。加强作风建设，重在养成。仲裁委员会要在政治思想上、仲裁行为规范上、仲裁办案管理上、党风廉政建设上下功夫，引导仲裁员守住做人底线，确保正确行使仲裁权，以过硬的作风创造过硬的仲裁业绩，为守护社会公平正义打下牢固的基础，以良好的作风去实现"让人民群众在每一个仲裁案件中都感受到公平正义"的目标任务。

二、培育和弘扬具有行业特色的仲裁文化

人力资源社会保障部等八部门发布的《关于进一步加强劳动人事争议调解仲裁完善多元处理机制的意见》第十五条规定，要培育和弘扬调解仲裁文化，大力宣传先进调解仲裁机构和优秀调解员仲裁员。仲裁委员会必须紧密联系工作实际，遵循仲裁工作自身发展的客观规律，适应仲裁机构自身固有的特点需要，加强仲裁文化建设。

【经验介绍】

上海市闵行区劳动人事争议仲裁院积极探索"创新建院、文化兴院、管理强院"的工作模式，确立了"慎思明辨、尚法厚德"的院训，并作为全院工作人员思想与行为的指南。打造了上海市调解仲裁系统第一个院校合作基地，推出了"仲裁苑讲坛"特色服务品牌。创建了"人文 e 仲裁"服务品牌，切实提升当事人满意度，树立了仲裁公信力。

第三十条 [培训规范]　人力资源社会保障部负责组织制定仲裁员培训大纲，开发培训教材，建立师资库和考试题库。

【条文释义】

本条是关于人力资源社会保障部对规范仲裁员培训的职责规定。

仲裁员培训制度的宏观设计、培训内容的科学规范、培训要求和培训标准的具体统一、师资力量遴选保障、考核考试的内容设计都直接决定和影响仲裁员队伍素质的提升。人力资源社会保障部负责组织制定仲裁员培训大纲，开发培训教材，建立师资库和考试题库，行使对全国调解仲裁工作的指导职能。各地在仲裁员培训中，应当严格按照人力资源社会保障部办公厅印发的《劳动人事争议仲裁员任职培训大纲（试行）》的要求进行培训。

【法条链接】

《劳动争议调解仲裁法》第十八条，《劳动人事争议仲裁员任职培训大纲（试行）》。

第三十一条〔仲裁员职业保障机制〕 建立仲裁员职业保障机制，拓展仲裁员职业发展空间。

【条文释义】

本条是关于仲裁员职业保障机制和职业发展空间的规定。

一、建立仲裁员职业保障机制

仲裁员职业保障机制是指保障仲裁员职业稳定和职业发展的制度的总和。本条规定并没有限定建立仲裁员职业保障机制的主体，这就意味着各级政府、人力资源社会保障行政部门、仲裁委员会、仲裁院等都应从自身的职权出发，关注和致力于建立仲裁员职业保障机制。

从现行法的规定看，对仲裁员职业保障机制的规定更多地体现在《公务员法》和《事业单位人事管理条例》等规范性文件关于公务员、事业单位工作人员管理工作相关规定中。人力资源社会保障部等八部门发布的《关于进一步加强劳动人事争议调解仲裁完善多元处理机制的意见》第十五条规定："探索建立仲裁员激励约束和职业保障机制，拓展职业发展空间。"

二、拓展仲裁员职业发展空间

拓展仲裁员职业发展空间，需要形成与仲裁员职业要求、工作成效等相适应的职业发展通道，如逐步推动建立仲裁员分级管理制度等。此项工作涉及人事管理制度、工资分配制度等体制机制层面问题，需要各个方面的支持和努力。各级人力资源社会保障行政部门作为仲裁员队伍建设和管理的职能部门，应当积极协调、主动作为，大胆探索、先行先试。

【经验介绍】

广东省人力资源社会保障厅、广东省劳动人事争议仲裁委员会发布的《关于印发〈广东省劳动人事争议仲裁员分级管理试行办法〉的通知》规定，对仲裁员实行分级管理，设三等九级。其中高级仲裁员为一至三级，中级仲裁员为四至七级，仲裁员为八至九级。根据仲裁员品行、业务和理论水平、工作实绩、工作年限等要素，对照评定标准，综合评定仲裁员等级。仲裁员等级评定结果可以作为评先、奖励、培训、岗位调整、晋升考察以及确定劳动合同制仲裁员工资福利等工作的依据或参考。属于公务员（含参照公务员法管理人员）、事业单位工作人员身份的仲裁员，其工资福利、职务职级、岗位管理等按照国家有关规定执行。

第五章 仲 裁 监 督

本章规定了仲裁委员会内部监督制度的建立、内部监督实施的范围以及仲裁员违法违纪情形和处理方式等，并涵盖到办案辅助人员。

第三十二条 [仲裁监督] 仲裁委员会应当建立仲裁监督制度，对申请受理、办案程序、处理结果、仲裁工作人员行为等进行监督。

【条文释义】

本条规定了仲裁委员会内部监督制度的建立，明确了监督责任的主体和监督范围。

一、仲裁监督的责任主体

《劳动争议调解仲裁法》第十九条第（四）项规定仲裁委员会"对仲裁活动进行监督"，赋予了仲裁委员会对仲裁活动的监督权。本条细化了这一规定，进一步明确了仲裁监督制度的制定主体和实施主体均为仲裁委员会，而非人力资源社会保障行政部门。《组织规则》第三条规定："人力资源社会保障行政部门负责指导本行政区域的争议调解仲裁工作，组织协调处理跨地区、有影响的重大争议，负责仲裁员的管理、培训等工作。"上述规定对仲裁行政指导与仲裁监督进行了合理的职责划分，明晰了工作层面的行政指导与具体个案处理之间的边界。

二、仲裁监督的范围

仲裁监督涵盖了案件处理的程序与实体，并包括了对仲裁工作人员行为的监督。

（一）申请受理

对申请受理的监督主要包括：是否一次性告知当事人申请材料补正事宜；在接件时是否认真初审申请人递交的材料及主体身份信息的真实性；接受当事人申请立案材料后，是否依法登记、签收，给予回执；对当事人的仲裁申请，是否依法按照管辖及受理条件等进行释明或者答复；是否按规定通知当事人开庭时间，送达仲裁文书；接待当事人是否符合仲裁员行为规范的要求等。

（二）办案程序

对办案程序的监督主要包括：是否按规定组成仲裁庭；应当组成合议庭的是否按规定组成；仲裁庭组成人员是否按规定接受了回避审查，履行了回避义务；是否当庭告知当事人权利义务，依法释明风险；是否在开庭中对证据进行了充分质证；裁决前是否依法进行了调解等。

（三）处理结果

争议案件的仲裁处理结果，通常是指仲裁委员会的结论性、终结性文书上承载的各项具体内容，表现形式通常为仲裁委员会制发的裁决书、调解书、决定书等。对处理结果的监督主要包括：处理结果依据的事实认定是否确凿清楚；适用法律法规的依据是否准确；仲裁请求事项是否逐一得以回应；自由裁量权的行使是否正确；是否依法向当事人告知其起诉权等。对案件处理结果实施监督的方式，可以是由仲裁委员会撤销存在问题的原处理结果重新制作仲裁文书，或者重新组庭审理。

（四）仲裁工作人员行为

对仲裁工作人员行为的监督主要包括是否存在《组织规则》第三十三条列举的禁止性行为，此外还包括从事仲裁活动时是否按规定着装，庭审用语是否规范，是否有对当事人态度粗暴现象以及其他可能损害仲裁活动或者违反相关规定的行为。

【经验介绍】

《浙江省劳动人事争议调解仲裁条例》第八十七条规定，各级仲裁委员会对本级已经发生法律效力的仲裁裁决，在一年内发现确有错误的，可以撤销原裁决重新审理。上级仲裁委员会对下级仲裁委员会已经发生法律效力的仲裁裁决，在一年内发现确有错误的，应建议下级仲裁委员会撤销原裁决重新组成仲裁庭进行审理。

《江苏省劳动人事争议调解仲裁办法》第五十三条规定，仲裁委员会发现其已经生效的仲裁裁决有下列情形之一的，应当撤销裁决，但已生效超过一年的仲裁裁决和人民法院已经受理当事人申请执行的仲裁裁决除外：（1）适用法律、法规确有错误的；（2）违反法定程序，可能影响案件公正裁决的；（3）裁决所根据的证据是伪造的；（4）当事人隐瞒了足以影响公正裁决的证据的；（5）仲裁员在审理案件时有索贿受贿、徇私舞弊、枉法裁决行为的。仲裁裁决被撤销后，仲裁委员会应当自撤销之日起十日内另行组成仲裁庭对案件进行重新审理，重新审理期限从撤销之日起计算。

《重庆市劳动争议调解仲裁办法》第五十四条规定，仲裁委员会在一年内发现其作出的生效裁决有下列情形之一的，应当撤销裁决重新审理：（1）有新的证据，足以推翻原裁决的；（2）裁决所根据的证据是伪造的；（3）裁决适用的法律确有错误的；（4）认定事实确有错误，导致处理结果错误的；（5）仲裁庭违反法定程序，可能影响案件公正裁决的；（6）仲裁员在审理案件时有索贿受贿、徇私舞弊或者枉法裁决的。第五十五条规定，当事人自仲裁委员会调解书生效之日起一年内，提出证据证明调解违反自愿原则或者调解协议内容不合法的，可以申请重新审理。仲裁委员会审查属实的，应当撤销调解书重新审理。第五十六条规定，仲裁裁决书或者调解书被撤销后，仲裁委员会应当自撤销之日起十日内另行组成仲裁庭对案件重新审理，重新审理期限应当从撤销之日起计算。

《广东省劳动人事争议处理办法》第六十八条规定，仲裁委员会对本委员会作出的已经发生法律效力的仲裁裁决书、调解书，发现当事人在调解、仲裁过程中恶意串通、作出虚假陈述、提供虚假证据或者隐瞒关键证据等,导致仲裁机构认定的案件主要事实不清、处理结果错误,损害国家、集体或者第三人合法权益的,应当决定撤销,并予以重新处理。决定重新处理的案件,由作出原生效仲裁裁决书、调解书的仲裁机构作出仲裁决定书,决定撤销原仲裁裁决书、调解书。仲裁机构应当自作出撤销决定之日起五日内另行组成合议庭重新审理。

【法条链接】

《劳动争议调解仲裁法》第十九条。

第三十三条 [仲裁员纪律] 仲裁员不得有下列行为:

(一)徇私枉法,偏袒一方当事人;

(二)滥用职权,侵犯当事人合法权益;

(三)利用职权为自己或者他人谋取私利;

(四)隐瞒证据或者伪造证据;

(五)私自会见当事人及其代理人,接受当事人及其代理人的请客送礼;

(六)故意拖延办案、玩忽职守;

(七)泄露案件涉及的国家秘密、商业秘密和个人隐私或者擅自透露案件处理情况;

(八)在受聘期间担任所在仲裁委员会受理案件的代理人;

(九)其他违法违纪的行为。

【条文释义】

本条规定了仲裁员在仲裁活动中的禁止性行为。仲裁员有本条规定中列明的禁止性行为的,应当追究责任。

一、规范仲裁员行为

仲裁员在仲裁活动中依法行使受理、调查、调解、裁决等权力,直接关系当事人相关实体权利和程序权利的实现,其行为应当受到严格的约束和规范。对仲裁员的禁止性行为进行明确，能够更好地保障仲裁员依法依规行使权力。

二、仲裁员禁止行为

（一）徇私枉法，偏袒一方当事人

这是指仲裁员出于不当目的或者私利私情，不平等对待当事人，故意违反程序，违背事实、法律规定和社会常理，或者滥用仲裁自由裁量权作出枉法裁决，侵害另一方当事人的合法权益。

（二）滥用职权，侵犯当事人合法权益

这是指仲裁员违法行使仲裁权力，侵犯当事人合法权益的行为。滥用职权主观表现为故意，客观上已经或者必然侵犯当事人的合法权益。

（三）利用职权为自己或者他人谋取私利

这是指仲裁员利用本人职权或者地位形成的便利条件，为自己或者他人谋取不正当的利益的行为。其行为特点表现为：利用了仲裁员在仲裁活动中职权的便利。其行为结果表现为：不合法地为自己或者他人谋取了利益，以权谋私、假公济私。

（四）隐瞒证据或者伪造证据

这是指仲裁员在仲裁活动中对依法获取的各种有关案件处理的证据进行隐瞒或者自己伪造证据的行为。证据是认定案件事实的依据，仲裁员在仲裁活动中隐瞒证据或者伪造证据，将直接导致案件事实认定错误，直接影响案件的处理结果，破坏仲裁公正。

（五）私自会见当事人及其代理人，接受当事人及其代理人的请客送礼

这是指非因工作原因，仲裁员擅自会见案件当事人及其代理人，或者接受当事人及其代理人的请客送礼的行为。需要注意的是，仲裁活动中仲裁办案人员以"背对背"方式对当事人分别进行调解的行为，不属于私自会见当事人及其代理人的禁止性行为。

（六）故意拖延办案、玩忽职守

这是指仲裁员在案件处理过程中违反仲裁制度要求，故意拖延办案时限，或者严重不负责任，不依法履行职责或不认真履行职责的行为。

（七）泄露案件涉及的国家秘密、商业秘密和个人隐私或者擅自透露案件处理情况

国家秘密是指关系国家的安全和利益，依照法定程序确定，在一定时间内只限一定范围的人员知悉的事项。《保守国家秘密法》规定，国家秘密主要包括：国家事务重大决策中的秘密事项；国防建设和武装力量活动中的秘密事项；外交和外事活动中的秘密事项以及对外承担保密义务的事项；国民经济和社会发展中的秘密事项；科学技术中的秘密事项；维护国家安全活动和追查刑事犯罪中的秘密事项；其他经国家保密部门确定应当保守的国家秘密事项。另外，政党的秘密事项符合国家秘密性质的，也属于国家秘密。

商业秘密是指不为公众所知悉，能为权利人带来经济利益，具有实用性并经权利人采取保密措施的技术信息和经营信息。商业秘密具体包括设计、程序、产品配方、制作工艺、制作方法、客户名单、货源情报、产销策略、招投标中的标的及标书内容信息等。劳动人事争议案件中涉及的权利人往往是案件的当事人或者第三人。劳动人事争议案件处理中，可能涉及用人单位商业秘密的包括各种规章制度、利益分配制度、企业客户名单、招投标信息、技术工艺等。

个人隐私是指个人不愿意为他人知晓和干预的私人生活，包括私人生活不受他人非法干扰，私人信息不受他人非法收集、公开等。当事人个人隐私的内容被不应当知道的公众所知悉，不仅会给当事人的个人社会评价造成损害，也会给他以后的生活、工作带来不必要的麻烦，影响其正常的生活与工作。

案件处理情况包括仲裁庭在处理争议案件过程中的调查取证情况、合议情况、调解方案等。需要注意的是，在案件调解过程中，仲裁员结合案情进行的必要分析以及向当事人作出的必要的法律释明，不属于擅

自透露案件处理情况。

（八）在受聘期间担任所在仲裁委员会受理案件的代理人

仲裁员担任争议案件代理人，这里的代理人既包括法定代理人，也包括委托代理人。仲裁员的中立性是居中作出裁决的基础。仲裁员担任所在仲裁委员会受理案件的代理人，明显违反回避原则，难以保证案件得到公正处理。

（九）其他违法违纪的行为

本条为兜底性表述，涵盖了其他相关规定涉及的违法违纪行为。

【经验介绍】

《四川省劳动人事争议仲裁办案监督规定》第六条规定："仲裁员不得有下列行为：（一）接受当事人申请立案材料不登记、不签收、不给回执，对当事人的仲裁申请，超过规定时效不予立案又不予答复；（二）不按规定通知当事人开庭时间、送达仲裁文书；（三）违反仲裁庭审程序规定，不当庭告知当事人权利义务和进行质证；（四）对当事人态度粗暴，庭审用语不规范，言行举止有损仲裁形象；（五）庭审时不按规定着装；（六）徇情枉法，偏袒一方当事人；（七）滥用职权，侵犯当事人合法权益；（八）利用职权为自己或者他人谋取私利；（九）隐瞒证据或者伪造证据；（十）私自会见当事人及其代理人，接受当事人及其代理人的请客送礼、旅游、考察活动，或向当事人、代理人报销费用的；（十一）故意拖延办案、玩忽职守；（十二）擅自对外透露案件处理情况和用人单位商业秘密、当事人个人隐私的；（十三）在任职期间担任仲裁案件的代理人，或为当事人介绍或指定律师担任自己承办案件代理人；（十四）其他违法乱纪的行为。"

《重庆市人力资源和社会保障局 重庆市司法局关于印发重庆市劳动人事争议仲裁代理规定的通知》第九条规定，仲裁委员会主任、副主任、成员，专兼职仲裁员，人力资源社会保障部门从事调解仲裁工作的其他在编人员在任期、聘期或者在岗期间，不得担任本市各仲裁委员会审理案件的委托代理人，其配偶、子女或者父母不得担任其所在仲裁委员会审理案件的委托代理人；仲裁员因退休、调离、解聘、辞职、辞退、开除等原因，离开仲裁工作岗位两年内不得担任原所在仲裁委员会审理案件的委托代理人，且除兼职仲裁员外两年内也不得以律师身份担任本市其他仲裁委员会审理案件的委托代理人。

第三十四条 [违反仲裁员纪律的处理] 仲裁员有本规则第三十三条规定情形的，仲裁委员会视情节轻重，给予批评教育、解聘等处理；被解聘的，五年内不得再次被聘为仲裁员。仲裁员所在单位根据国家有关规定对其给予处分；构成犯罪的，依法追究刑事责任。

【条文释义】

本条明确了仲裁员违反禁止性规定需要承担的法律责任和后果，还明确了责任追究主体之间的权限。

一、仲裁委员会的处理权限和种类

仲裁委员会不具有人事管理权，也不具有纪律处分、行政处分的处理权。本条仅列举了仲裁委员会"批评教育、解聘"两种处理方式，以"等"字进行了概括。

二、仲裁员禁止再聘制度

本条规定了仲裁员的禁止再聘制度。仲裁员因违法违纪被解聘的，从解聘之日起五年内不得被全国任一家仲裁委员会聘任为仲裁员。

三、仲裁员所在单位的处理权限和处分种类

仲裁委员会发现专职仲裁员、兼职仲裁员违法违纪行为后，应当将有关情况及时通报专职仲裁员、兼职仲裁员所在单位。其所在单位应当按照干部人事管理权限，依据国家有关规定给予处分。这里的处分包括党纪处分和行政处分。党纪处分的种类包括：警告、严重警告、撤销党内职务、留党察看、开除党籍。公务员行政处分的种类包括：警告、记过、记大过、降级、撤职、开除。事业单位人员的处分种类包括：警告、记过、降低岗位等级或者撤职、开除。需要注意的是，仲裁委员会对仲裁员的处理，不能影响仲裁员所在单位对其作出的处分。

四、仲裁员的刑事责任

《劳动争议调解仲裁法》第三十四条规定，仲裁员有本法第三十三条第（四）项规定情形（即私自会见当事人、代理人，或者接受当事人、代理人的请客送礼的），或者索贿受贿、徇私舞弊、枉法裁决行为的，应当依法承担法律责任。这里的法律责任包括刑事责任。依据《刑法》有关规定，仲裁员可能涉嫌构成的罪名包括枉法裁决罪、滥用职权罪、受贿罪、伪造证据罪、玩忽职守罪、泄露国家秘密罪、侵犯商业秘密罪、侵犯公民个人信息罪等。

【法条链接】

《劳动争议调解仲裁法》第三十四条，《刑法》第二百一十九条、第二百五十三条之一、第三百零七条、第三百零八条之一、第三百八十五条、第三百八十六条、第三百八十八条、第三百九十七条、第三百九十九条。

第三十五条 [仲裁办案辅助人员的纪律和违纪处理] 记录人员等办案辅助人员应当认真履行职责，严守工作纪律，不得有玩忽职守、偏袒一方当事人、泄露案件涉及的国家秘密、商业秘密和个人隐私或者擅自透露案件处理情况等行为。

办案辅助人员违反前款规定的，应当按照有关法律法规和本规则第三十四条的规定处理。

【条文释义】

本条明确了办案辅助人员的两项积极义务、三种禁止性行为以及相应的法律责任和后果，为规范办案辅助人员的行为提供了直接依据。

办案辅助人员应当认真履行两项积极义务：一是认真履行职责；二是严守工作纪律。这是办案辅助人员确保依法完成工作任务的基本要求。同时,办案辅助人员不得从事三种禁止性行为:一是不得玩忽职守、偏袒一方当事人;二是不得泄露案件涉及的国家秘密、商业秘密和个人隐私;三是不得擅自透露案件处理情况。除了上述条文列举的义务外,条文采用"等"的方式,对办案辅助人员的义务作了兜底性规定。办案辅助人员违反禁止性规定需要承担的法律责任和后果与仲裁员相同。

【法条链接】

《劳动争议调解仲裁法》第四十条,《人民法院书记员管理办法(试行)》第四条、第十条。

第六章 附 则

本章规定了仲裁员证和仲裁徽章的管理以及《组织规则》的生效时间。

第三十六条 [仲裁员证和仲裁徽章] 被聘任为仲裁员的,由人力资源社会保障部统一免费发放仲裁员证和仲裁徽章。

【条文释义】

本条是关于仲裁员证和仲裁徽章发放的规定。明确发放对象为被聘任的仲裁员,强调发放前提为被仲裁委员会聘任,规定了仲裁员证和仲裁徽章的制作主体是人力资源社会保障部,同时明确了免费发放的原则。

仲裁员证是仲裁员履行职责的身份证明,仲裁徽章是仲裁员履行职责的标志。符合《劳动争议调解仲裁法》第二十条规定条件的人员,按照《组织规则》第二十七条规定,参加人力资源社会保障行政部门组织的聘前培训,经考试合格的,取得仲裁员资格。仲裁委员会将其聘任为仲裁员的,发放仲裁员证和仲裁徽章。目前,仲裁员证可以通过全国劳动人事争议仲裁员管理信息系统网上申报。仲裁员证由人力资源社会保障部统一印制,并免费发放给符合条件的仲裁员,证号唯一。

【法条链接】

《人力资源和社会保障部关于启用劳动人事争议仲裁庭庭徽和仲裁员胸徽的通知》。

第三十七条 [收回仲裁员证和仲裁徽章的情形] 仲裁委员会对被解聘、辞职以及其他原因不再聘任的仲裁员,应当及时收回仲裁员证和仲裁徽章,并予以公告。

【条文释义】

本条规定仲裁员在被解聘、辞职以及其他原因不再聘任三种情况下,仲裁委员会应当及时收回仲裁员证和仲裁徽章,并予以公告。

仲裁员不具备仲裁员职务身份时,其行使仲裁权的资格自然取消,依法收回仲裁员证和仲裁徽章,这是维护仲裁严肃性的需要。仲裁委员会对不再担任仲裁员的人员收回仲裁员证后,应当及时参照《组织规则》第二十三条规定予以公告。公告方式与聘任仲裁员的公告方式相同,应当充分考虑周知性。

第三十八条 [生效时间] 本规则自 2017 年 7 月 1 日起施行。2010 年 1 月 20 日人力资源社会保障部公布的《劳动人事争议仲裁组织规则》(人力资源和社会保障部令第 5 号)同时废止。

【条文释义】

本条就《组织规则》的生效日期也就是施行日期作出规定,这是每一部法律、法规、规章必不可少的条文,从而明确全国各级仲裁委员会适用该规则的具体日期。

一、施行日期

《规章制定程序条例》第三十二条规定:"规章应当自公布之日起 30 日后施行;但是,涉及国家安全、外汇汇率、货币政策的确定以及公布后不立即施行将有碍规章施行的,可以自公布之日起施行。"《组织规则》于 2017 年 4 月 24 日经人力资源社会保障部第 123 次部务会审议通过,自 2017 年 7 月 1 日起施行。

二、溯及力问题

《立法法》第九十二条规定:"同一机关制定的法律、行政法规、地方性法规、自治条例和单行条例、规章，特别规定与一般规定不一致的，适用特别规定；新的规定与旧的规定不一致的，适用新的规定。"第九十三条规定："法律、行政法规、地方性法规、自治条例和单行条例、规章不溯及既往，但为了更好地保护公民、法人和其他组织的权利和利益而作的特别规定除外。"鉴于《组织规则》没有作出保护公民、法人和其他组织的权利和利益的特别规定，因此，《组织规则》的规定没有溯及力。自 2017 年 7 月 1 日起，仲裁活动适用《组织规则》。

三、地方性法规与《组织规则》对同一事项的规定不一致时的处理

《立法法》第九十五条第一款第二项规定："地方性法规与部门规章之间对同一事项的规定不一致，不能确定如何适用时，由国务院提出意见，国务院认为应当适用地方性法规的，应当决定在该地方适用地方性法规的规定；认为应当适用部门规章的，应当提请全国人民代表大会常务委员会裁决。"截至 2018 年 6 月底，全国共有两部劳动人事争议调解仲裁地方性法规，分别由浙江省和山东省出台。

四、原规则的废止

2010 年 1 月 20 日人力资源社会保障部公布的原《组织规则》于 2017 年 7 月 1 日废止。

【法条链接】

《立法法》第五十七条、第九十二条、第九十三条、第九十五条，《规章制定程序条例》第三十二条。

附录一

劳动人事争议仲裁办案规则

(2017年5月8日 人力资源和社会保障部令第33号)

第一章 总 则

第一条 为公正及时处理劳动人事争议(以下简称争议),规范仲裁办案程序,根据《中华人民共和国劳动争议调解仲裁法》(以下简称调解仲裁法)以及《中华人民共和国公务员法》(以下简称公务员法)、《事业单位人事管理条例》、《中国人民解放军文职人员条例》和有关法律、法规、国务院有关规定,制定本规则。

第二条 本规则适用下列争议的仲裁:

(一)企业、个体经济组织、民办非企业单位等组织与劳动者之间,以及机关、事业单位、社会团体与其建立劳动关系的劳动者之间,因确认劳动关系,订立、履行、变更、解除和终止劳动合同,工作时间、休息休假、社会保险、福利、培训以及劳动保护,劳动报酬、工伤医疗费、经济补偿或者赔偿金等发生的争议;

(二)实施公务员法的机关与聘任制公务员之间、参照公务员法管理的机关(单位)与聘任工作人员之间因履行聘任合同发生的争议;

(三)事业单位与其建立人事关系的工作人员之间因终止人事关系以及履行聘用合同发生的争议;

(四)社会团体与其建立人事关系的工作人员之间因终止人事关系以及履行聘用合同发生的争议;

（五）军队文职人员用人单位与聘用制文职人员之间因履行聘用合同发生的争议；

（六）法律、法规规定由劳动人事争议仲裁委员会（以下简称仲裁委员会）处理的其他争议。

第三条 仲裁委员会处理争议案件，应当遵循合法、公正的原则，先行调解，及时裁决。

第四条 仲裁委员会下设实体化的办事机构，称为劳动人事争议仲裁院（以下简称仲裁院）。

第五条 劳动者一方在十人以上并有共同请求的争议，或者因履行集体合同发生的劳动争议，仲裁委员会应当优先立案，优先审理。

第二章 一般规定

第六条 发生争议的用人单位未办理营业执照、被吊销营业执照、营业执照到期继续经营、被责令关闭、被撤销以及用人单位解散、歇业，不能承担相关责任的，应当将用人单位和其出资人、开办单位或者主管部门作为共同当事人。

第七条 劳动者与个人承包经营者发生争议，依法向仲裁委员会申请仲裁的，应当将发包的组织和个人承包经营者作为共同当事人。

第八条 劳动合同履行地为劳动者实际工作场所地，用人单位所在地为用人单位注册、登记地或者主要办事机构所在地。用人单位未经注册、登记的，其出资人、开办单位或者主管部门所在地为用人单位所在地。

双方当事人分别向劳动合同履行地和用人单位所在地的仲裁委员会申请仲裁的，由劳动合同履行地的仲裁委员会管辖。有多个劳动合同履行地的，由最先受理的仲裁委员会管辖。劳动合同履行地不明确的，由用人单位所在地的仲裁委员会管辖。

案件受理后，劳动合同履行地或者用人单位所在地发生变化的，不改变争议仲裁的管辖。

第九条 仲裁委员会发现已受理案件不属于其管辖范围的，应当移送至有管辖权的仲裁委员会，并书面通知当事人。

对上述移送案件，受移送的仲裁委员会应当依法受理。受移送的仲裁委员会认为移送的案件按照规定不属于其管辖，或者仲裁委员会之间因管辖争议协商不成的，应当报请共同的上一级仲裁委员会主管部门指定管辖。

第十条 当事人提出管辖异议的，应当在答辩期满前书面提出。仲裁委员会应当审查当事人提出的管辖异议，异议成立的，将案件移送至有管辖权的仲裁委员会并书面通知当事人；异议不成立的，应当书面决定驳回。

当事人逾期提出的，不影响仲裁程序的进行。

第十一条 当事人申请回避，应当在案件开庭审理前提出，并说明理由。回避事由在案件开庭审理后知晓的，也可以在庭审辩论终结前提出。

当事人在庭审辩论终结后提出回避申请的，不影响仲裁程序的进行。

仲裁委员会应当在回避申请提出的三日内，以口头或者书面形式作出决定。以口头形式作出的，应当记入笔录。

第十二条 仲裁员、记录人员是否回避，由仲裁委员会主任或者其委托的仲裁院负责人决定。仲裁委员会主任担任案件仲裁员是否回避，由仲裁委员会决定。

在回避决定作出前，被申请回避的人员应当暂停参与该案处理，但因案件需要采取紧急措施的除外。

第十三条 当事人对自己提出的主张有责任提供证据。与争议事项有关的证据属于用人单位掌握管理的，用人单位应当提供；用人单位不提供的，应当承担不利后果。

第十四条 法律没有具体规定、按照本规则第十三条规定无法确定举证责任承担的，仲裁庭可以根据公平原则和诚实信用原则，综合当事人举证能力等因素确定举证责任的承担。

第十五条 承担举证责任的当事人应当在仲裁委员会指定的期限内提供有关证据。当事人在该期限内提供证据确有困难的，可以向仲裁委员会申请延长期限，仲裁委员会根据当事人的申请适当延长。当事人逾期提供证据的，仲裁委员会应当责令其说明理由；拒不说明理由或者理由不成立的，仲裁委员会可以根据不同情形不予采纳该证据，或者采纳该证据但予以训诫。

第十六条 当事人因客观原因不能自行收集的证据，仲裁委员会可以根据当事人的申请，参照民事诉讼有关规定予以收集；仲裁委员会认为有必要的，也可以决定参照民事诉讼有关规定予以收集。

第十七条 仲裁委员会依法调查取证时，有关单位和个人应当协助配合。

仲裁委员会调查取证时，不得少于两人，并应当向被调查对象出示工作证件和仲裁委员会出具的介绍信。

第十八条 争议处理中涉及证据形式、证据提交、证据交换、证据质证、证据认定等事项，本规则未规定的，可以参照民事诉讼证据规则的有关规定执行。

第十九条 仲裁期间包括法定期间和仲裁委员会指定期间。

仲裁期间的计算，本规则未规定的，仲裁委员会可以参照民事诉讼关于期间计算的有关规定执行。

第二十条 仲裁委员会送达仲裁文书必须有送达回证，由受送达人在送达回证上记明收到日期，并签名或者盖章。受送达人在送达回证上的签收日期为送达日期。

因企业停业等原因导致无法送达且劳动者一方在十人以上的，或者受送达人拒绝签收仲裁文书的，通过在受送达人住所留置、张贴仲裁文书，并采用拍照、录像等方式记录的，自留置、张贴之日起经过三日即视为送达，不受本条第一款的限制。

仲裁文书的送达方式，本规则未规定的，仲裁委员会可以参照民事诉讼关于送达方式的有关规定执行。

第二十一条 案件处理终结后，仲裁委员会应当将处理过程中形成的全部材料立卷归档。

第二十二条 仲裁案卷分正卷和副卷装订。

正卷包括：仲裁申请书、受理（不予受理）通知书、答辩书、当事人及其他仲裁参加人的身份证明材料、授权委托书、调查证据、勘验笔录、当事人提供的证据材料、委托鉴定材料、开庭通知、庭审笔录、延期通知书、撤回仲裁申请书、调解书、裁决书、决定书、案件移送函、送达回证等。

副卷包括：立案审批表、延期审理审批表、中止审理审批表、调查提纲、阅卷笔录、会议笔录、评议记录、结案审批表等。

第二十三条 仲裁委员会应当建立案卷查阅制度。对案卷正卷材料，应当允许当事人及其代理人依法查阅、复制。

第二十四条 仲裁裁决结案的案卷，保存期不少于十年；仲裁调解和其他方式结案的案卷，保存期不少于五年；国家另有规定的，从其规定。

保存期满后的案卷，应当按照国家有关档案管理的规定处理。

第二十五条 在仲裁活动中涉及国家秘密或者军事秘密的，按照国家或者军队有关保密规定执行。

当事人协议不公开或者涉及商业秘密和个人隐私的，经相关当事人书面申请，仲裁委员会应当不公开审理。

第三章 仲裁程序

第一节 申请和受理

第二十六条 本规则第二条第（一）、（三）、（四）、（五）项规定的争议，申请仲裁的时效期间为一年。仲裁时效期间从当事人知道或者应当知道其权利被侵害之日起计算。

本规则第二条第（二）项规定的争议，申请仲裁的时效期间适用公务员法有关规定。

劳动人事关系存续期间因拖欠劳动报酬发生争议的，劳动者申请仲裁不受本条第一款规定的仲裁时效期间的限制；但是，劳动人事关系终止的，应当自劳动人事关系终止之日起一年内提出。

第二十七条 在申请仲裁的时效期间内，有下列情形之一的，仲裁时效中断：

（一）一方当事人通过协商、申请调解等方式向对方当事人主张权利的；

（二）一方当事人通过向有关部门投诉，向仲裁委员会申请仲裁，向人民法院起诉或者申请支付令等方式请求权利救济的；

（三）对方当事人同意履行义务的。

从中断时起，仲裁时效期间重新计算。

第二十八条 因不可抗力，或者有无民事行为能力或者限制民事行为能力劳动者的法定代理人未确定等其他正当理由，当事人不能在规定的仲裁时效期间申请仲裁的，仲裁时效中止。从中止时效的原因消除之日起，仲裁时效期间继续计算。

第二十九条 申请人申请仲裁应当提交书面仲裁申请，并按照被申请人人数提交副本。

仲裁申请书应当载明下列事项：

（一）劳动者的姓名、性别、出生日期、身份证件号码、住所、通讯地址和联系电话，用人单位的名称、住所、通讯地址、联系电话和法定代表人或者主要负责人的姓名、职务；

（二）仲裁请求和所根据的事实、理由；

（三）证据和证据来源，证人姓名和住所。

书写仲裁申请确有困难的，可以口头申请，由仲裁委员会记入笔录，经申请人签名、盖章或者捺印确认。

对于仲裁申请书不规范或者材料不齐备的，仲裁委员会应当当场或者在五日内一次性告知申请人需要补正的全部材料。

仲裁委员会收取当事人提交的材料应当出具收件回执。

第三十条 仲裁委员会对符合下列条件的仲裁申请应当予以受理，并在收到仲裁申请之日起五日内向申请人出具受理通知书：

（一）属于本规则第二条规定的争议范围；

（二）有明确的仲裁请求和事实理由；

（三）申请人是与本案有直接利害关系的自然人、法人或者其他组织，有明确的被申请人；

（四）属于本仲裁委员会管辖范围。

第三十一条 对不符合本规则第三十条第（一）、（二）、（三）项规定之一的仲裁申请，仲裁委员会不予受理，并在收到仲裁申请之日起五日内向申请人出具不予受理通知书；对不符合本规则第三十条第（四）项规定的仲裁申请，仲裁委员会应当在收到仲裁申请之日起五日内，向申请人作出书面说明并告知申请人向有管辖权的仲裁委员会申请仲裁。

对仲裁委员会逾期未作出决定或者决定不予受理的，申请人可以就该争议事项向人民法院提起诉讼。

第三十二条 仲裁委员会受理案件后，发现不应当受理的，除本规则第九条规定外，应当撤销案件，并自决定撤销案件后五日内，以决定书的形式通知当事人。

第三十三条 仲裁委员会受理仲裁申请后，应当在五日内将仲裁申请书副本送达被申请人。

被申请人收到仲裁申请书副本后，应当在十日内向仲裁委员会提交答辩书。仲裁委员会收到答辩书后，应当在五日内将答辩书副本送达申请人。被申请人逾期未提交答辩书的，不影响仲裁程序的进行。

第三十四条 符合下列情形之一，申请人基于同一事实、理由和仲裁请求又申请仲裁的，仲裁委员会不予受理：

（一）仲裁委员会已经依法出具不予受理通知书的；

（二）案件已在仲裁、诉讼过程中或者调解书、裁决书、判决书已经发生法律效力的。

第三十五条 仲裁处理结果作出前，申请人可以自行撤回仲裁申请。申请人再次申请仲裁的，仲裁委员会应当受理。

第三十六条 被申请人可以在答辩期间提出反申请，仲裁委员会应当自收到被申请人反申请之日起五日内决定是否受理并通知被申请人。

决定受理的，仲裁委员会可以将反申请和申请合并处理。

反申请应当另行申请仲裁的，仲裁委员会应当书面告知被申请人另行申请仲裁；反申请不属于本规则规定应当受理的，仲裁委员会应当向被申请人出具不予受理通知书。

被申请人答辩期满后对申请人提出反申请的，应当另行申请仲裁。

第二节 开庭和裁决

第三十七条 仲裁委员会应当在受理仲裁申请之日起五日内组成仲裁庭并将仲裁庭的组成情况书面通知当事人。

第三十八条 仲裁庭应当在开庭五日前，将开庭日期、地点书面通知双方当事人。当事人有正当理由的，可以在开庭三日前请求延期开庭。是否延期，由仲裁委员会根据实际情况决定。

第三十九条 申请人收到书面开庭通知，无正当理由拒不到庭或者未经仲裁庭同意中途退庭的，可以按撤回仲裁申请处理；申请人重新申请仲裁的，仲裁委员会不予受理。被申请人收到书面开庭通知，无正当理由拒不到庭或者未经仲裁庭同意中途退庭的，仲裁庭可以继续开庭审理，并缺席裁决。

第四十条 当事人申请鉴定的，鉴定费由申请鉴定方先行垫付，案件处理终结后，由鉴定结果对其不利方负担。鉴定结果不明确的，由申请鉴定方负担。

第四十一条 开庭审理前，记录人员应当查明当事人和其他仲裁参与人是否到庭，宣布仲裁庭纪律。

开庭审理时，由仲裁员宣布开庭、案由和仲裁员、记录人员名单，核对当事人，告知当事人有关的权利义务，询问当事人是否提出回避申请。

开庭审理中，仲裁员应当听取申请人的陈述和被申请人的答辩，主持庭审调查、质证和辩论、征询当事人最后意见，并进行调解。

第四十二条 仲裁庭应当将开庭情况记入笔录。当事人或者其他仲裁参与人认为对自己陈述的记录有遗漏或者差错的，有权当庭申请补正。仲裁庭认为申请无理由或者无必要的，可以不予补正，但是应当记录该申请。

仲裁员、记录人员、当事人和其他仲裁参与人应当在庭审笔录上签名或者盖章。当事人或者其他仲裁参与人拒绝在庭审笔录上签名或者盖章的，仲裁庭应当记明情况附卷。

第四十三条 仲裁参与人和其他人应当遵守仲裁庭纪律，不得有下列行为：

（一）未经准许进行录音、录像、摄影；

（二）未经准许以移动通信等方式现场传播庭审活动；

（三）其他扰乱仲裁庭秩序、妨害审理活动进行的行为。

仲裁参与人或者其他人有前款规定的情形之一的，仲裁庭可以训诫、责令退出仲裁庭，也可以暂扣进行录音、录像、摄影、传播庭审活动的器材，并责令其删除有关内容。拒不删除的，可以采取必要手段强制删除，并将上述事实记入庭审笔录。

第四十四条 申请人在举证期限届满前可以提出增加或者变更仲裁请求；仲裁庭对申请人增加或者变更的仲裁请求审查后认为应当受理的，应当通知被申请人并给予答辩期，被申请人明确表示放弃答辩期的除外。

申请人在举证期限届满后提出增加或者变更仲裁请求的，应当另行申请仲裁。

第四十五条 仲裁庭裁决案件，应当自仲裁委员会受理仲裁申请之日起四十五日内结束。案情复杂需要延期的，经仲裁委员会主任或者其委托的仲裁院负责人书面批准，可以延期并书面通知当事人，但延长期限不得超过十五日。

第四十六条 有下列情形的，仲裁期限按照下列规定计算：

（一）仲裁庭追加当事人或者第三人的，仲裁期限从决定追加之日起重新计算；

（二）申请人需要补正材料的，仲裁委员会收到仲裁申请的时间从材料补正之日起重新计算；

（三）增加、变更仲裁请求的，仲裁期限从受理增加、变更仲裁请求之日起重新计算；

（四）仲裁申请和反申请合并处理的，仲裁期限从受理反申请之日起重新计算；

（五）案件移送管辖的，仲裁期限从接受移送之日起重新计算；

（六）中止审理期间、公告送达期间不计入仲裁期限内；

（七）法律、法规规定应当另行计算的其他情形。

第四十七条 有下列情形之一的，经仲裁委员会主任或者其委托的仲裁院负责人批准，可以中止案件审理，并书面通知当事人：

（一）劳动者一方当事人死亡，需要等待继承人表明是否参加仲裁的；

（二）劳动者一方当事人丧失民事行为能力，尚未确定法定代理人参加仲裁的；

（三）用人单位终止，尚未确定权利义务承继者的；

（四）一方当事人因不可抗拒的事由，不能参加仲裁的；

（五）案件审理需要以其他案件的审理结果为依据，且其他案件尚未审结的；

（六）案件处理需要等待工伤认定、伤残等级鉴定以及其他鉴定结论的；

（七）其他应当中止仲裁审理的情形。

中止审理的情形消除后，仲裁庭应当恢复审理。

第四十八条 当事人因仲裁庭逾期未作出仲裁裁决而向人民法院提起诉讼并立案受理的，仲裁委员会应当决定该案件终止审理；当事人未就该争议事项向人民法院提起诉讼的，仲裁委员会应当继续处理。

第四十九条 仲裁庭裁决案件时，其中一部分事实已经清楚的，可以就该部分先行裁决。当事人对先行裁决不服的，可以按照调解仲裁法有关规定处理。

第五十条 仲裁庭裁决案件时，申请人根据调解仲裁法第四十七条第（一）项规定，追索劳动报酬、工伤医疗费、经济补偿或者赔偿金，如果仲裁裁决涉及数项，对单项裁决数额不超过当地月最低工资标准十二个月金额的事项，应当适用终局裁决。

前款经济补偿包括《中华人民共和国劳动合同法》（以下简称劳动合同法）规定的竞业限制期限内给予的经济补偿、解除或者终止劳动合同的经济补偿等；赔偿金包括劳动合同法规定的未签订书面劳动合同第二倍工资、违法约定试用期的赔偿金、违法解除或者终止劳动合同的赔偿金等。

根据调解仲裁法第四十七条第（二）项的规定，因执行国家的劳动标准在工作时间、休息休假、社会保险等方面发生的争议，应当适用终局裁决。

仲裁庭裁决案件时，裁决内容同时涉及终局裁决和非终局裁决的，应当分别制作裁决书，并告知当事人相应的救济权利。

第五十一条 仲裁庭对追索劳动报酬、工伤医疗费、经济补偿或者赔偿金的案件，根据当事人的申请，可以裁决先予执行，移送人民法院执行。

仲裁庭裁决先予执行的，应当符合下列条件：

（一）当事人之间权利义务关系明确；

（二）不先予执行将严重影响申请人的生活。

劳动者申请先予执行的，可以不提供担保。

第五十二条 裁决应当按照多数仲裁员的意见作出，少数仲裁员的不同意见应当记入笔录。仲裁庭不能形成多数意见时，裁决应当按照首席仲裁员的意见作出。

第五十三条 裁决书应当载明仲裁请求、争议事实、裁决理由、裁决结果、当事人权利和裁决日期。裁决书由仲裁员签名，加盖仲裁委员会印章。对裁决持不同意见的仲裁员，可以签名，也可以不签名。

第五十四条 对裁决书中的文字、计算错误或者仲裁庭已经裁决但在裁决书中遗漏的事项，仲裁庭应当及时制作决定书予以补正并送达当事人。

第五十五条 当事人对裁决不服向人民法院提起诉讼的，按照调解仲裁法有关规定处理。

第三节 简易处理

第五十六条 争议案件符合下列情形之一的，可以简易处理：

（一）事实清楚、权利义务关系明确、争议不大的；

（二）标的额不超过本省、自治区、直辖市上年度职工年平均工资的；

（三）双方当事人同意简易处理的。

仲裁委员会决定简易处理的，可以指定一名仲裁员独任仲裁，并应当告知当事人。

第五十七条 争议案件有下列情形之一的，不得简易处理：

（一）涉及国家利益、社会公共利益的；

（二）有重大社会影响的；

（三）被申请人下落不明的；

（四）仲裁委员会认为不宜简易处理的。

第五十八条 简易处理的案件，经与被申请人协商同意，仲裁庭可以缩短或者取消答辩期。

第五十九条 简易处理的案件，仲裁庭可以用电话、短信、传真、电子邮件等简便方式送达仲裁文书，但送达调解书、裁决书除外。

以简便方式送达的开庭通知，未经当事人确认或者没有其他证据证明当事人已经收到的，仲裁庭不得按撤回仲裁申请处理或者缺席裁决。

第六十条 简易处理的案件，仲裁庭可以根据案件情况确定举证期限、开庭日期、审理程序、文书制作等事项，但应当保障当事人陈述意见的权利。

第六十一条 仲裁庭在审理过程中，发现案件不宜简易处理的，应当在仲裁期限届满前决定转为按照一般程序处理，并告知当事人。

案件转为按照一般程序处理的，仲裁期限自仲裁委员会受理仲裁申请之日起计算，双方当事人已经确认的事实，可以不再进行举证、质证。

第四节 集体劳动人事争议处理

第六十二条 处理劳动者一方在十人以上并有共同请求的争议案

件，或者因履行集体合同发生的劳动争议案件，适用本节规定。

符合本规则第五十六条第一款规定情形之一的集体劳动人事争议案件，可以简易处理，不受本节规定的限制。

第六十三条 发生劳动者一方在十人以上并有共同请求的争议的，劳动者可以推举三至五名代表参加仲裁活动。代表人参加仲裁的行为对其所代表的当事人发生效力，但代表人变更、放弃仲裁请求或者承认对方当事人的仲裁请求，进行和解，必须经被代表的当事人同意。

因履行集体合同发生的劳动争议，经协商解决不成的，工会可以依法申请仲裁；尚未建立工会的，由上级工会指导劳动者推举产生的代表依法申请仲裁。

第六十四条 仲裁委员会应当自收到当事人集体劳动人事争议仲裁申请之日起五日内作出受理或者不予受理的决定。决定受理的，应当自受理之日起五日内将仲裁庭组成人员、答辩期限、举证期限、开庭日期和地点等事项一次性通知当事人。

第六十五条 仲裁委员会处理集体劳动人事争议案件，应当由三名仲裁员组成仲裁庭，设首席仲裁员。

仲裁委员会处理因履行集体合同发生的劳动争议，应当按照三方原则组成仲裁庭处理。

第六十六条 仲裁庭处理集体劳动人事争议，开庭前应当引导当事人自行协商，或者先行调解。

仲裁庭处理集体劳动人事争议案件，可以邀请法律工作者、律师、专家学者等第三方共同参与调解。

协商或者调解未能达成协议的，仲裁庭应当及时裁决。

第六十七条 仲裁庭开庭场所可以设在发生争议的用人单位或者其他便于及时处理争议的地点。

第四章 调 解 程 序

第一节 仲 裁 调 解

第六十八条 仲裁委员会处理争议案件，应当坚持调解优先，引导当事人通过协商、调解方式解决争议，给予必要的法律释明以及风险提示。

第六十九条 对未经调解、当事人直接申请仲裁的争议，仲裁委员会可以向当事人发出调解建议书，引导其到调解组织进行调解。当事人同意先行调解的，应当暂缓受理；当事人不同意先行调解的，应当依法受理。

第七十条 开庭之前，经双方当事人同意，仲裁庭可以委托调解组织或者其他具有调解能力的组织、个人进行调解。

自当事人同意之日起十日内未达成调解协议的，应当开庭审理。

第七十一条 仲裁庭审理争议案件时，应当进行调解。必要时可以邀请有关单位、组织或者个人参与调解。

第七十二条 仲裁调解达成协议的，仲裁庭应当制作调解书。

调解书应当写明仲裁请求和当事人协议的结果。调解书由仲裁员签名，加盖仲裁委员会印章，送达双方当事人。调解书经双方当事人签收后，发生法律效力。

调解不成或者调解书送达前，一方当事人反悔的，仲裁庭应当及时作出裁决。

第七十三条 当事人就部分仲裁请求达成调解协议的，仲裁庭可以就该部分先行出具调解书。

第二节　调解协议的仲裁审查

第七十四条　经调解组织调解达成调解协议的，双方当事人可以自调解协议生效之日起十五日内，共同向有管辖权的仲裁委员会提出仲裁审查申请。

当事人申请审查调解协议，应当向仲裁委员会提交仲裁审查申请书、调解协议和身份证明、资格证明以及其他与调解协议相关的证明材料，并提供双方当事人的送达地址、电话号码等联系方式。

第七十五条　仲裁委员会收到当事人仲裁审查申请，应当及时决定是否受理。决定受理的，应当出具受理通知书。

有下列情形之一的，仲裁委员会不予受理：

（一）不属于仲裁委员会受理争议范围的；

（二）不属于本仲裁委员会管辖的；

（三）超出规定的仲裁审查申请期间的；

（四）确认劳动关系的；

（五）调解协议已经人民法院司法确认的。

第七十六条　仲裁委员会审查调解协议，应当自受理仲裁审查申请之日起五日内结束。因特殊情况需要延期的，经仲裁委员会主任或者其委托的仲裁院负责人批准，可以延长五日。

调解书送达前，一方或者双方当事人撤回仲裁审查申请的，仲裁委员会应当准许。

第七十七条　仲裁委员会受理仲裁审查申请后，应当指定仲裁员对调解协议进行审查。

仲裁委员会经审查认为调解协议的形式和内容合法有效的，应当制作调解书。调解书的内容应当与调解协议的内容相一致。调解书经双方当事人签收后，发生法律效力。

第七十八条　调解协议具有下列情形之一的，仲裁委员会不予制作调解书：

（一）违反法律、行政法规强制性规定的；

（二）损害国家利益、社会公共利益或者公民、法人、其他组织合法权益的；

（三）当事人提供证据材料有弄虚作假嫌疑的；

（四）违反自愿原则的；

（五）内容不明确的；

（六）其他不能制作调解书的情形。

仲裁委员会决定不予制作调解书的，应当书面通知当事人。

第七十九条　当事人撤回仲裁审查申请或者仲裁委员会决定不予制作调解书的，应当终止仲裁审查。

第五章　附　　则

第八十条　本规则规定的"三日"、"五日"、"十日"指工作日，"十五日"、"四十五日"指自然日。

第八十一条　本规则自 2017 年 7 月 1 日起施行。2009 年 1 月 1 日人力资源社会保障部公布的《劳动人事争议仲裁办案规则》（人力资源和社会保障部令第 2 号）同时废止。

附录二

劳动人事争议仲裁组织规则

（2017年5月8日 人力资源和社会保障部令第34号）

第一章 总 则

第一条 为公正及时处理劳动人事争议（以下简称争议），根据《中华人民共和国劳动争议调解仲裁法》（以下简称调解仲裁法）和《中华人民共和国公务员法》、《事业单位人事管理条例》、《中国人民解放军文职人员条例》等有关法律、法规，制定本规则。

第二条 劳动人事争议仲裁委员会（以下简称仲裁委员会）由人民政府依法设立，专门处理争议案件。

第三条 人力资源社会保障行政部门负责指导本行政区域的争议调解仲裁工作，组织协调处理跨地区、有影响的重大争议，负责仲裁员的管理、培训等工作。

第二章 仲裁委员会及其办事机构

第四条 仲裁委员会按照统筹规划、合理布局和适应实际需要的原则设立，由省、自治区、直辖市人民政府依法决定。

第五条 仲裁委员会由干部主管部门代表、人力资源社会保障等相关行政部门代表、军队文职人员工作管理部门代表、工会代表和用人单位方面代表等组成。

仲裁委员会组成人员应当是单数。

第六条 仲裁委员会设主任一名，副主任和委员若干名。

仲裁委员会主任由政府负责人或者人力资源社会保障行政部门主要负责人担任。

第七条 仲裁委员会依法履行下列职责：

（一）聘任、解聘专职或者兼职仲裁员；

（二）受理争议案件；

（三）讨论重大或者疑难的争议案件；

（四）监督本仲裁委员会的仲裁活动；

（五）制定本仲裁委员会的工作规则；

（六）其他依法应当履行的职责。

第八条 仲裁委员会应当每年至少召开两次全体会议，研究本仲裁委员会职责履行情况和重要工作事项。

仲裁委员会主任或者三分之一以上的仲裁委员会组成人员提议召开仲裁委员会会议的，应当召开。

仲裁委员会的决定实行少数服从多数原则。

第九条 仲裁委员会下设实体化的办事机构，具体承担争议调解仲裁等日常工作。办事机构称为劳动人事争议仲裁院（以下简称仲裁院），设在人力资源社会保障行政部门。

仲裁院对仲裁委员会负责并报告工作。

第十条 仲裁委员会的经费依法由财政予以保障。仲裁经费包括人员经费、公用经费、仲裁专项经费等。

仲裁院可以通过政府购买服务等方式聘用记录人员、安保人员等办案辅助人员。

第十一条 仲裁委员会组成单位可以派兼职仲裁员常驻仲裁院，参与争议调解仲裁活动。

第三章 仲 裁 庭

第十二条 仲裁委员会处理争议案件实行仲裁庭制度，实行一案一庭制。

仲裁委员会可以根据案件处理实际需要设立派驻仲裁庭、巡回仲裁庭、流动仲裁庭，就近就地处理争议案件。

第十三条 处理下列争议案件应当由三名仲裁员组成仲裁庭，设首席仲裁员：

（一）十人以上并有共同请求的争议案件；

（二）履行集体合同发生的争议案件；

（三）有重大影响或者疑难复杂的争议案件；

（四）仲裁委员会认为应当由三名仲裁员组庭处理的其他争议案件。

简单争议案件可以由一名仲裁员独任仲裁。

第十四条 记录人员负责案件庭审记录等相关工作。

记录人员不得由本庭仲裁员兼任。

第十五条 仲裁庭组成不符合规定的，仲裁委员会应当予以撤销并重新组庭。

第十六条 仲裁委员会应当有专门的仲裁场所。仲裁场所应当悬挂仲裁徽章，张贴仲裁庭纪律及注意事项等，并配备仲裁庭专业设备、档案储存设备、安全监控设备和安检设施等。

第十七条 仲裁工作人员在仲裁活动中应当统一着装，佩戴仲裁徽章。

第四章　仲　裁　员

第十八条　仲裁员是由仲裁委员会聘任、依法调解和仲裁争议案件的专业工作人员。

仲裁员分为专职仲裁员和兼职仲裁员。专职仲裁员和兼职仲裁员在调解仲裁活动中享有同等权利，履行同等义务。

兼职仲裁员进行仲裁活动，所在单位应当予以支持。

第十九条　仲裁委员会应当依法聘任一定数量的专职仲裁员，也可以根据办案工作需要，依法从干部主管部门、人力资源社会保障行政部门、军队文职人员工作管理部门、工会、企业组织等相关机构的人员以及专家学者、律师中聘任兼职仲裁员。

第二十条　仲裁员享有以下权利：

（一）履行职责应当具有的职权和工作条件；

（二）处理争议案件不受干涉；

（三）人身、财产安全受到保护；

（四）参加聘前培训和在职培训；

（五）法律、法规规定的其他权利。

第二十一条　仲裁员应当履行以下义务：

（一）依法处理争议案件；

（二）维护国家利益和公共利益，保护当事人合法权益；

（三）严格执行廉政规定，恪守职业道德；

（四）自觉接受监督；

（五）法律、法规规定的其他义务。

第二十二条　仲裁委员会聘任仲裁员时，应当从符合调解仲裁法第二十条规定的仲裁员条件的人员中选聘。

仲裁委员会应当根据工作需要，合理配备专职仲裁员和办案辅助人员。专职仲裁员数量不得少于三名,办案辅助人员不得少于一名。

第二十三条　仲裁委员会应当设仲裁员名册,并予以公告。

省、自治区、直辖市人力资源社会保障行政部门应当将本行政区域内仲裁委员会聘任的仲裁员名单报送人力资源社会保障部备案。

第二十四条　仲裁员聘期一般为五年。仲裁委员会负责仲裁员考核,考核结果作为解聘和续聘仲裁员的依据。

第二十五条　仲裁委员会应当制定仲裁员工作绩效考核标准,重点考核办案质量和效率、工作作风、遵纪守法情况等。考核结果分为优秀、合格、不合格。

第二十六条　仲裁员有下列情形之一的,仲裁委员会应当予以解聘:

（一）聘期届满不再续聘的;

（二）在聘期内因工作岗位变动或者其他原因不再履行仲裁员职责的;

（三）年度考核不合格的;

（四）因违纪、违法犯罪不能继续履行仲裁员职责的;

（五）其他应当解聘的情形。

第二十七条　人力资源社会保障行政部门负责对拟聘任的仲裁员进行聘前培训。

拟聘为省、自治区、直辖市仲裁委员会仲裁员及副省级市仲裁委员会仲裁员的,参加人力资源社会保障部组织的聘前培训;拟聘为地（市）、县（区）仲裁委员会仲裁员的,参加省、自治区、直辖市人力资源社会保障行政部门组织的仲裁员聘前培训。

第二十八条　人力资源社会保障行政部门负责每年对本行政区域内的仲裁员进行政治思想、职业道德、业务能力和作风建设培训。

仲裁员每年脱产培训的时间累计不少于四十学时。

第二十九条　仲裁委员会应当加强仲裁员作风建设,培育和弘扬具有行业特色的仲裁文化。

第三十条 人力资源社会保障部负责组织制定仲裁员培训大纲，开发培训教材，建立师资库和考试题库。

第三十一条 建立仲裁员职业保障机制，拓展仲裁员职业发展空间。

第五章 仲 裁 监 督

第三十二条 仲裁委员会应当建立仲裁监督制度，对申请受理、办案程序、处理结果、仲裁工作人员行为等进行监督。

第三十三条 仲裁员不得有下列行为：

（一）徇私枉法，偏袒一方当事人；

（二）滥用职权，侵犯当事人合法权益；

（三）利用职权为自己或者他人谋取私利；

（四）隐瞒证据或者伪造证据；

（五）私自会见当事人及其代理人，接受当事人及其代理人的请客送礼；

（六）故意拖延办案、玩忽职守；

（七）泄露案件涉及的国家秘密、商业秘密和个人隐私或者擅自透露案件处理情况；

（八）在受聘期间担任所在仲裁委员会受理案件的代理人；

（九）其他违法违纪的行为。

第三十四条 仲裁员有本规则第三十三条规定情形的，仲裁委员会视情节轻重，给予批评教育、解聘等处理；被解聘的，五年内不得再次被聘为仲裁员。仲裁员所在单位根据国家有关规定对其给予处分；构成犯罪的，依法追究刑事责任。

第三十五条 记录人员等办案辅助人员应当认真履行职责，严守工作纪律，不得有玩忽职守、偏袒一方当事人、泄露案件涉及的国家秘密、商业秘密和个人隐私或者擅自透露案件处理情况等行为。

办案辅助人员违反前款规定的，应当按照有关法律法规和本规则第三十四条的规定处理。

第六章 附 则

第三十六条 被聘任为仲裁员的，由人力资源社会保障部统一免费发放仲裁员证和仲裁徽章。

第三十七条 仲裁委员会对被解聘、辞职以及其他原因不再聘任的仲裁员，应当及时收回仲裁员证和仲裁徽章，并予以公告。

第三十八条 本规则自 2017 年 7 月 1 日起施行。2010 年 1 月 20 日人力资源社会保障部公布的《劳动人事争议仲裁组织规则》（人力资源和社会保障部令第 5 号）同时废止。

参 考 文 献

[1]《中华人民共和国劳动争议调解仲裁法》立法小组.《中华人民共和国劳动争议调解仲裁法》释义[M].北京：中国劳动社会保障出版社，2008.

[2] 杨志明.劳动关系[M].北京：中国劳动社会保障出版社，2012.

[3] 杨志明.劳动人事争议调解仲裁[M].北京：中国劳动社会保障出版社，2012.

[4] 姜颖.劳动争议处理教程[M].北京：法律出版社，2003.

[5] 杨德敏.我国劳动争议处理机制的反思与重构[M].南昌：江西人民出版社，2006.